数字图书馆实践思考

——文化共享工程的发展与创新之路

王芬林　著

國家圖書館出版社

图书在版编目(CIP)数据

数字图书馆实践思考——文化共享工程的发展与创新之路 / 王芬林. —北京:国家图书馆出版社, 2012.7

ISBN 978-7-5013-4809-1

Ⅰ.①数… Ⅱ.①王… Ⅲ.①数字图书馆—研究—中国 ②文化—信息资源—文献资源共享—研究—中国 Ⅳ.①G250.76 ②G253

中国版本图书馆 CIP 数据核字（2012）第 140115 号

责任编辑：高爽

书名 数字图书馆实践思考——文化共享工程的发展与创新之路

著者 王芬林 著

出版 国家图书馆出版社(原北京图书馆出版社)

（100034 北京市西城区文津街 7 号）

发行 010-66139745 66151313 66175620 66126153

66174391（传真） 66126156（门市部）

E-mail btsfxb@nlc.gov.cn（邮购）

Website www.nlcpress.com→投稿中心

经销 新华书店

印刷 北京佳顺印务有限公司

开本 710×1000(毫米) 1/16

印张 14.5

字数 260 千字

版次 2012 年 7 月第 1 版 2012 年 7 月第 1 次印刷

书号 ISBN 978-7-5013-4809-1

定价 62.00 元

对数字图书馆的系统思考与研究

——写在王芬林系列成果出版之际

七年理学教育背景，十年科技情报从业经历，十二年数字图书馆建设实践，期间直接参与了全国文化信息资源共享工程从无到有发展跨越的全过程，长期的知识积累、工作实践和思考研究，终于结出硕果，王芬林女士将她的两部系列专著《数字图书馆发展研究》和《数字图书馆实践思考——文化共享工程的发展与创新之路》摆到了世人面前。

由于是校友，也因为近年来承担了与文化共享工程相关的多项课题，我对王芬林女士是熟悉的。十六岁被北京大学录取，称得上是同龄人中的佼佼者；二十二年的专业实践，芬林女士在工作中积累，在实践中思考，并随时把实践和思考的结果记录下来，积少成多，集腋成裘，自然是不发则已，一发便是成体系的系列化成果。她的思考和研究不是偶发的、随意的，而是有计划、有步骤，从梳理数字图书馆的发展开始，到思考数字图书馆的建设实践，相信将来在该领域还会有进一步的拓展和延伸。

《数字图书馆发展研究》是芬林女士系列成果中的基础性著述，阐述了她对数字图书馆基本概念、基本原理、发展历程、国内外现状的理解和认识，体现了她在数字图书馆方面的深厚积累。介绍数字图书馆基本知识和原理的书很多，作为一本专著，“规定动作”在所难免。在浏览书稿时，我特别关注了作者对数字图书馆建设的独到思考。数字图书馆成功的要素是什么？怎样对数字图书馆进行评价？这是作者重点思考的问题。“认识决定成败”，数字图书馆不是传统图书馆信息化的代名词，不能把数字图书馆理解为一个信息化工程、项目或一个数字资源库。数字图书馆服务以网络为依托，应用的是网络技术，使用的是网络资源，参与的是网络群体，服务的是网络社会，实质上是一个整合、组织和利用各类网络资源的知识服务系统。作者提出的如上思考，给了数字图书馆以更多的人文关怀和社会性解读，新颖独到，令人深思，说明作者在理解和认识的过程中，同时也在思考、在批判、在升华。作者还较为系统地梳理总结了美国、英国、法国、日本、俄罗斯等主要国家的数字图书馆发展状况，一方面帮助读者了解数字图书馆建设在全球的发展；另一方面也体现了作者的开阔视野，全面、系统、客观地审视了中国数字图书馆发展的水平和能力。

《数字图书馆实践思考——文化共享工程的发展与创新之路》，则把文化共享工程作为数字图书馆的一个实践案例，探讨数字图书馆建设中遇到的实际问题。文化共享工程和数字图书馆的交汇点在哪里？作者的一个基本观点回答了这一问题：文化共享工程是数字图书馆在文化信息资源服务中的实际应用，是服务型数字图书馆。这意味着什么？意味着文化共享工程不是一个立足于突破数字图书馆前沿技术的项目，而是一个以提供资源、服务基层、服务群众为目标的工程。因此，文化共享工程建设的重点围绕资源建设和提供而展开：怎样规划和建设资源，怎样传输资源，怎样利用资源开展服务，怎样保证资源利用的合法性，怎样评价资源利用和服务开展的效果，等等。这些内容是该书探讨的主要内容。十多年来，芬林女士亲历了文化共享工程从筹备到启动到今天实现全国广覆盖的全过程。书中总结的经验、概述的模式、剖析的问题、提出的对策，都明显地体现了她在实践中总结反思、在领悟中提升发展、在理论指导下升华完善的特点。

由于职业和研究方向的缘故，我一直比较关注文化共享工程在基层公共图书馆建设和发展中发挥的重要作用。在许多场合我表达过一个观点：文化共享工程带动和促进我国基层公共图书馆数字化、网络化事业实现跨越式发展。十多年前，我国基层，特别是中西部经济欠发达地区的基层公共图书馆，数字化、网络化几乎是一片空白。文化共享工程的资金、设备、资源、技术、人才培训，让我国基层公共图书馆迅速具备了数字资源提供能力和远程服务能力，图书馆的现代化水平迅速提高。今天，公共图书馆的数字化、网络化水平在所有公共文化服务机构中走在前列，与这些年来文化共享工程的实施以基层公共图书馆为主要依托密切相关。作者在书中总结概括的文化共享工程数字资源建设与整合的方式、数字资源的传输手段和多样化的地方传输模式、数字资源的服务模式和服务成效、数字资源建设的知识产权保护实践、文化共享工程的绩效考核体系，都是以基层公共图书馆为主要阵地创造和实现的。这又从另一角度印证了作者提出的基本观点：文化共享工程就是服务型的数字图书馆。

芬林女士在书中对文化共享工程建设服务型数字图书馆的实践作了全面的总结、分析、提炼和探究，对中国其他的文化惠民工程、信息化工程以及他国的信息化项目建设均具有借鉴意义。文化共享工程是中国政府在信息时代缩小数字鸿沟、消除知识差距、保障人民基本知识和信息权利的创举。放眼当今世界，各国政府面对信息时代的挑战，不约而同地都在实施一些政府主导或引导的信息化项目，以期缩小数字鸿沟，弥合知识差距。发达国家如美国的“社区科技中心计划（Community Technology Centers Program）”、英国的“学习资料数字化和学习型社区网络（Digitisation for Learning Materials and the Community Grids for Learning）”；发展中国家如印度的“数字农村（Digital Village）”和“墙上之窗（A Hole in the Wall）”项目、智利的“图书馆网络（Biblioredes：Abretu Mundo）”项目、南非的“数字之门（Digital Doorway）”项目等。但像中国政府实施文化共享工程这样大规模的政府项目，在全国范围内把计算机公共接入点大规模地延伸到社区乡村，通过计算机网络把知识和信息送到老百姓身边，如此创举在当今世界堪称举世无双。因此，以国际视野来研究文化共享工程，向世界推广文化共享工程在保障公众知识和信息权利方面取得的实际成效，也应是未来文化共享工程研究的重要任务之一。

党的十七届六中全会提出了建设社会主义文化强国的宏伟目标。基本建立覆盖全社会的公共文化服务体系、努力实现基本公共文化服务均等化，是文化强国战略对公共文化提出的明确要求。覆盖全社会的公共文化服务体系，必须以互为补充、相辅相成的固定设施体系、流动服务体系和数字传播体系为载体。文化共享工程作为我国的一项重大文化惠民工程，在公共数字文化体系建设中，如何发挥主导作用真正实现文化信息资源的共建、共享和共用；“云技术”怎样为文化共享工程提供更好的技术支撑；等等，都是新时期文化共享工程面临的新任务，也是迫切需要进一步研究的新课题。希望能不断看到芬林女士新的研究成果。

北京大学教授　李国新

2012 年 7 月

目　　录

1 全国文化信息资源共享工程是服务型数字图书馆

1.1 全国文化信息资源共享工程概述

1.1.1 引言

随着全球信息化进程加快,如何消除数字鸿沟、缩小城乡差距成为各国政府面临的一个世界性难题。从中国步入新世纪后社会发展的时代主题看,建设社会主义新农村、完善公共文化服务体系、构建和谐社会是当务之急。基于此,自 2002 年 4 月始,我国政府积极推进全国文化信息资源共享工程(以下简称文化共享工程)的实施和建设,在 2006—2008 连续三年的《政府工作报告》[1—3]和《中华人民共和国国民经济和社会发展第十一个五年规划纲要》[4]《国家"十一五"时期文化发展规划纲要》[5]《中华人民共和国国民经济和社会发展第十二个五年规划纲要》[6]《国家"十二五"时期文化改革发展规划纲要》[7]《2006—2020 年国家信息化发展战略》[8]《国家中长期教育改革和发展规划纲要(2010—2020)》[9]等一系列重大发展规划,以及十七届六中全会通过的《中共中央关于深化文化体制改革推动社会主义文化大发展大繁荣若干重大问题的决定》[10]等一系列重要文件中,都将文化工程上升到关系群众切身利益的高度。为科学谋划未来工程发展的目标任务和具体措施并推动工程建设不断取得新进展,很有必要深入总结过去十年文化共享工程建设的成功做法和有益经验。

1.1.2 启动背景

新世纪之初,中国基层文化建设面临着许多困难和问题。截止到 2000 年底,全国共有公共图书馆 2675 个,人均拥有图书 0.3 册;到馆读者18 854万人次,占全国总人口的 15%;有 756 个县级图书馆全年无一分购书费,占全国公共图书馆总数的 28.3%。全国文化部门共有艺术表演场所 1900 个,2000 年演出场次 6.4 万场,观众 3738 万人次,直接到剧场观看演出的人次仅占全国人口的 3%。全国共有博物馆 1384 个,2000 年举办陈列、展览17 752个,共 8540 万人次参观,仅占全国人口的 6%,这些困难和问题严重阻碍了文化信息的传播[11]。

而与此形成鲜明对比的却是,进入 21 世纪,蓬勃发展的高新技术,广泛而深刻地影响着人类的生产方式、生活方式和思维方式。互联网的应用,使信息达到的范围、传播的速度都有了显著增长和提高。世界各国争相运用现代信息技术强化对外传播手段,力争在21世纪的世界舆论格局中占据有利位置。统计数据表明:当时的互联网上,英文内容约占95%,法文内容是3%,其他语系只有2%。据估计,中文仅占8‰[12]。

在上述社会背景下,为迅速改变我国基层文化建设的现状,保障基层群众的基本文化权益,全面提升基层文化单位的公共服务能力,扭转互联网上中文信息匮乏的状况,逐步消除中国不同地区在获取文化信息资源上的不平等,缩小数字鸿沟,同时为解决国家数字图书馆工程数字资源建设经费缺项的实际问题,2001年6月,文化部联合财政部开始策划并研制文化共享工程试验系统。2001年12月,国务院法制办、北京市大运村、北京市北辰小区、河北承德地区满蒙自治县围场一中分别对试验系统进行了测试,文化共享工程试验系统研制成功,为2002年4月文化部和财政部在全国组织实施文化共享工程奠定了必要的基础。

1.1.3 建设目标

文化共享工程建设的总体目标:充分利用现代高新技术手段,将中华民族几千年来积淀的各种类型的文化信息资源精华以及贴近大众生活的现代社会文化信息资源,进行数字化加工处理与整合;建成互联网上的中华文化信息中心和网络中心,并通过覆盖全国所有省、自治区、直辖市和大部分地(市)、县(市)以及部分乡镇(街道)、村(社区)的文化信息资源网络传输系统,实现优秀文化信息在全国范围内的共建共享。

1.1.3.1 2002年—2005年建设目标[13]

文化共享工程在国家第十个五年计划期间的建设目标是实现网络互联的"135"计划,即在建设1个国家中心的基础上,建设30个以上省级分中心或专业分中心;借助国家骨干通讯网,在分中心的周围搭建起一个包括全国5000个以上的市、县、乡、街道和社区图书馆或文化馆、文化站的联网系统,实现数字文化信息资源的广泛传播与利用。数字资源总量达到5TB。

1.1.3.2 2006年—2010年建设目标[14]

文化共享工程在2006年被纳入《中华人民共和国国民经济和社会发展第十一个五年规划纲要》。"十一五"期间,其建设目标是以数字资源建设为核心,以农村服务网点建设为重点,以共建共享为基本途径,全面实施文化共享工程,到2010年,基本建成资源丰富、技术先进、服务便捷、覆盖城乡的数字文化服务体系,成为公共文化服务体系的重要支撑，使广大基层群众能够普遍享受到数字文化服务。数字资源总量达到100TB。

1.1.3.3　2011年—2015年建设目标[15]

文化共享工程在2011年被纳入《中华人民共和国国民经济和社会发展第十二个五年规划纲要》。“十二五”期间，其建设目标是建成资源优质丰富、技术先进实用、传播高效互动、服务便捷贴近、管理科学规范、体系完整可控的公共数字文化传播服务体系，实现“时时可看，处处可学，人人可享”，使文化共享工程成为基层群众的信息中心、学习中心和数字文化中心，成为网上爱国主义的教育基地，青少年喜爱的网上家园，基层群众特别是广大农民的网上学校。数字资源建设总量达到530TB。

1.1.4　建设进展

文化共享工程实施十年以来，在服务网络、数字资源、技术平台、工作队伍、共建共享、服务成效等方面均取得了丰硕成果。

1.1.4.1　文化共享工程建设得到各级财政有力支持

财政部将文化共享工程建设列为“十一五”期间重点支持的文化建设工程。截至2011年底，各级财政投入累计达66.87亿元[16]。文化共享工程实现了“十一五”时期的主要目标，基本建成资源丰富、技术先进、服务便捷、覆盖城乡的数字文化服务体系，基本实现“村村通”。

1.1.4.2　文化共享工程技术手段不断创新，服务网络有效拓展

基于现代信息技术和国家网络通信平台，各地开拓创新，因地制宜，已开通互联网、卫星网、有线（数字）电视网、移动通讯网、电子政务专网和光盘（移动硬盘）等多种传输渠道，并积极探索面向“三网融合”的网络电视、IPTV、3G等新兴技术手段，创新实践入户服务。文化共享工程初步建立了层次分明、互联互通、多种方式共用的信息传输网络，使基层文化单位的信息化水平和数字资源服务能力得到跨越式提升。建成1个国家中心，33个省级分中心（覆盖率达100%），2840个县级支中心（覆盖率达99%），28 595个乡镇基层服务点（覆盖率达83%），60.2万个行政村基层服务点（覆盖率达99%），部分省（区、市）村级覆盖范围已经延伸到自然村。其中，北京、天津、河北、山西、辽宁、吉林、黑龙江、上海、江苏、浙江、安徽、江西、山东、河南、湖北、湖南、广东、海南、广西、重庆、四川、贵州、西藏、陕西、甘肃、青海、宁夏、新疆等29个省（区、市）完成县级支中心全覆盖和“村村通”目标。

1.1.4.3　文化共享工程数字资源建设形成规模

通过广泛整合图书馆、博物馆、美术馆、艺术院团及广电、教育、科技、农业等部门的优秀数字资源，至 2011 年底，数字资源建设总量累计达到 136.4TB，其中文化共享工程国家中心建设资源 35.9TB，地方建设资源 100.5TB。国家中心建设的资源主要包括艺术欣赏、农业科技、文化教育、知识讲座、少儿动漫等视频类资源 34 809部(场)、21 964小时，少数民族语言资源 1956 小时。在中央财政专项经费的支持下，各地深入挖掘、整合、制作出一批具有本地特色文化内涵的优秀资源，共建成 207 个地方特色专题资源库，成为文化共享工程资源建设的品牌和亮点。山西省建成了风雅颂地方资源多媒体数据库。吉林省建设了《吉林二人转专题数据库》等。安徽省立足“徽风皖韵”的特色，先后完成了《徽州建筑》等六部大型电视专题片的拍摄制作任务。福建省已初步建成闽南文化专题资源数据库、福建省非物质文化遗产保护资源数据库等特色数据库。湖北省完成了《辛亥革命专题数据库》的建设，打造全国红色数据库精品。湖南省初步建成湖南地方戏剧资源库、湖南近代名人资源库、湖南非物质文化遗产资源库。西藏自治区建成了集视频、文字、图片、音频、网页包等形式的《藏族传统八大藏戏资源库》和《西藏舞蹈资源库》。

1.1.4.4　文化共享工程工作队伍初步建立，素质不断提高

经过几年的快速发展，至 2011 年底，文化共享工程全系统拥有专兼职工作人员 68 万人，从事管理、资源建设、技术支持、开展服务等工作，成为文化共享工程和当地公共文化建设与服务的骨干力量。国家中心和各地分中心通过集中与分散，教师面授与远程视频，课堂教学与知识竞赛等不同方式，从工程管理、系统构建、资源制作、信息服务等方面对各级文化共享工程人员进行系统培训，全面提高了工程队伍的业务素质和服务能力。截止到 2011 年底，培训人次总计 591 万。2011 年文化共享工程国家中心举办了第二届“文化共享杯——全国文化信息资源共享工程知识与技能竞赛”，在各地再次掀起了岗位练兵的热潮，各分支中心共计 4 万余人参加了 32 个省级分中心举办的地区性竞赛活动，10 余万人在线观看了竞赛活动。

四川省将针对性培训、分层次培训、多样化培训和规范化培训相结合，实现培训的科学化和规范化。湖北省积极结合全省农家书屋和文化站长培训班等各类文化培训项目，对参训人员进行文化共享工程宣传和技术服务培训，收效明显。河北省制定了《河北省文化信息资源共享工程人员能力标准》，加强了人才培训的规范化建设。湖南省“十一五”期间完成面授培训 2.3 万余人次，远程培训 7000 余人次。江西省通过集中授课、现场讲解和网络远程培训，对培训合格者发放上岗证，

提高了县、乡、村三级工作人员的业务素质。

1.1.4.5　文化共享工程合作共建机制基本形成

各地结合实际，与全国农村党员干部现代远程教育、全国农村中小学远程教育以及信息产业、农业、科研、部队等系统广泛开展共建共享，在基层服务网络设施、服务内容、管理以及人才培养等方面进行了有效整合。截至2011年底，文化共享工程与全国农村党员干部现代远程教育、全国农村中小学远程教育合作共建基层服务点85万个，向各地农村党员干部现代远程教育累计提供数字资源68TB。文化共享工程国家中心从2007年开始每年向远程教育平台提供不少于100小时的资源，通过该平台专用卫星频道的"文化共享园地"向基层服务点播放。天津市与广电网络公司联合建设"文化共享"栏目，实现入户覆盖200万户，约600万人口。山东省通过与省数字电视合作，开通文化频道，实现文化信息资源的入户，为本省"十二五"期间文化共享工程50%的入户目标奠定了良好的基础。广东省通过与广电等部门的合作，在服务形式上进行了创新，注重公共、教育、科研三大系统文献资源的共建共享、人员培训、文献远程传递及科研立项、项目评奖等合作。

1.1.4.6　文化共享工程服务效果日益明显

至2011年底，累计服务超过11.2亿人次。文化共享工程走进农村、走进社区、走进军营、走进学校、走进企业，通过优秀的数字文化资源，初步满足了基层群众"求知识、求富裕、求健康、求快乐"的基本需求，初步缓解了农民群众看书难、看戏难、看电影难的问题。针对少数民族群众、青少年、新一代农民工和低收入人群的实际需求，开展专项服务，丰富了他们的精神文化生活。紧密围绕国家大局，结合重大节日和事件，开展多种形式的宣传服务活动，在汶川地震灾后重建、应对国际金融危机、组织农民工培训、庆祝新中国成立六十周年、庆祝建党90周年等方面发挥了积极有效的作用。

文化共享工程的出现，使得一大批电脑、服务器、投影仪等现代信息设备进入了图书馆、文化站，特别是乡村和社区的文化活动室。正是依托文化共享工程，许多常年无一分购书经费、更无缘于电脑的基层图书馆，建立起设备齐全，条件良好的电子阅览室。有不少农民群众，就是在这样的电子阅览室，第一次接触到了所谓的"电脑"。国家公共文化服务体系建设专家组副组长、北京大学教授李国新称："与2005年相比，2008年我国县级图书馆馆均计算机拥有量增长了77%，独立网站增长了73%，可以说，共享工程使许多基层图书馆一步跨入计算机和网络时代，创造了基层图书馆实现跨越式发展的'中国模式'。"[17]

1.1.4.7　公共电子阅览室建设试点工作全面推进，取得良好成效

自2009年下半年在北京、天津、辽宁、山东、上海、浙江、广东、安徽、陕西九省(市)开展试点工作以来，各试点省(市)积极研究制订试点方案，启动试点工作，推进免费开放，服务成效显著。截至2011年底，九个试点省(市)各级经费总投入近2.7亿元，参加试点的公共电子阅览室数量达6200个，资源总量达386GB，服务人次近1700万。

北京市为各试点单位统一配备了信息浏览监控软件，并制作了“公共电子阅览室导航系统”，推荐优秀、绿色的网站。天津市结合公共电子阅览室建设，推进文化共享工程资源进中小学校园服务模式。辽宁省落实了全省本级及县区、乡镇公共电子阅览室建设经费4890万元。上海市以现有的300多家东方社区信息苑为基础，大力开展公共电子阅览室建设，重点建设一批具有示范性的农民工公共电子阅览室，在开展合作共建、拓展服务领域等方面起到了示范效应。浙江省实施了公共电子阅览室备案制度，同时加大检查力度，对不符合条件和服务标准的公共电子阅览室，取消服务资格。安徽省将全省所有乡镇、街道和社区的公共电子阅览室配置标准提高到每个5万元，2012年省财政总投入将达到2062.2万元，高标准完成全省667个乡镇、22个社区、40个街道公共电子阅览室建设任务。山东省已建成公共电子阅览室3400多个，其中建在文化系统2300多个，与青少年宫、学校和企业等共建1100多个，3G网络终端4400多个，成为向群众提供公共文化服务的有效途径。广东省通过统一身份管理、统一认证、上网行为审计管理、VPN网络及资源授权访问等技术，构建了以广东省分中心为枢纽，以县级支中心为节点，覆盖市、县、镇的三级联合服务网络。陕西省建立了公共电子阅览室运行情况的考核办法、运行资金使用办法以及设备资产管理办法，按照分级管理原则，层层加强考核，确保公共电子阅览室“建得好、管得住”。

1.1.5　“十二五”规划

“十一五”期间，文化共享工程取得了丰硕成果，覆盖城乡的服务网络基本建成，数字资源初具规模，技术平台日趋成熟，管理体系不断完善，服务效果成绩显著，初步实现了优秀文化信息资源在全国范围的共建共享。为深入贯彻党的十七届六中全会精神，全面实现“十二五”奋斗目标，充分发挥文化共享工程在公共文化服务体系建设中的重要作用，推动社会主义文化大发展大繁荣，文化共享工程确定“十二五”期间主要任务如下。

1.1.5.1　完善覆盖城乡的服务网络

完善文化共享工程国家、省、市、县(区)、乡镇(街道)、村(社区)六级服务网络,在城市街道社区、文化馆新建基层服务点,实现从城市到农村服务网络的全覆盖。加强制度设计,实现基层服务点的科学化、规范化管理。

1.1.5.2　推进文化共享工程进入居民家庭

推广辽宁省文化共享工程"进村入户"经验,紧密结合国家三网融合发展战略,加强与信息技术和广播电视等部门的合作。结合各地实际,通过有线电视、直播卫星、通信网、互联网等多种方式进入居民家庭,入户率达到50%。

1.1.5.3　实施公共电子阅览室建设计划

以未成年人、老年人、进城务工人员等特殊群体为重点服务对象,与乡镇文化站建设、街道(社区)文化中心(文化活动室)建设以及中央文明办组织实施的"绿色电脑进西部"工程结合,与共青团中央、全国总工会、全国妇联合作,共同推进公共电子阅览室建设。到2015年,努力实现公共电子阅览室在全国所有乡镇和街道、社区的全覆盖。

1.1.5.4　构建优秀数字资源库群

(1)建设公共文化数字资源基础库群

建设体现社会主义核心价值、弘扬中华民族传统文化、关系文化民生的公共文化数字资源,增强文化信息资源的针对性、实用性和吸引力、感染力,重点建设若干主题鲜明、体系完整、质量上乘、具备广度和深度的数字资源库。整合制作适合公共电子阅览室和入户使用的专题资源,吸纳公益性健康网络游戏进入公共电子阅览室,整合制作一批适用于农村实用人才和进城务工人员培训的专题资源。

(2)建设红色历史文化多媒体资源库

以中国共产党在革命、建设、改革过程中的重要事件、主要人物、发生地点、历史资料、文艺作品为主要内容,利用现代多媒体信息技术,制作融文字、图片、视频、动漫、游戏为一体的红色历史文化大型多媒体资源库,将文化共享工程建设成为网上爱国主义教育基地。

(3)加强少数民族文化产品译制工作

重点整合译制藏语、维吾尔语、哈萨克语、蒙语、朝鲜语资源。贯彻落实中央宣传部、国家发改委、教育部、国家民委、财政部、文化部、国家广电总局、新闻出版署《关于做好新疆少数民族文化产品译制工作的意见》,进一步做好新疆少数民族语言文字资源建设和网站建设。到2015年,建成藏汉、维汉、哈汉、蒙汉、朝汉等文化共享工程双语网站。

1.1.5.5　打造先进实用的技术支撑平台

(1)实施基于云计算的全网优化计划

对文化共享工程网络数据的存储和服务进行优化。充分发挥现有基础设施的作用和规模优势，构建基于云计算的文化共享工程技术支撑平台，不断扩大共享范围，提升资源共享的深度和广度，提高信息服务的时效性、互动性、针对性与便捷性，实现服务安全高效、全网可管可控的目标。

(2)建设公共文化信息服务门户

打造资源丰富、内容权威、支持各种传播媒体的公共文化信息服务门户。建设国家、省、市、县(区)四级分布式互联网网站群；利用3G移动通信网，为公众开展手机文化信息服务；设立文化共享工程网络视听台，开展网络视频直播、点播和视频分享服务，满足基层群众多样化的网络文化信息需求。

(3)建设公共电子阅览室技术平台

建立公共电子阅览室信息资源导航系统，提升导航的实用性和针对性，引导基层用户访问互联网上优秀的文化信息资源。通过技术手段保障公共电子阅览室内容服务的健康、文明，杜绝反动、淫秽、暴力等不良信息的侵入和传播，确保公共电子阅览室网络信息安全。同时还应建设公共电子阅览室用户访问信息采集系统。

(4)建设分布式数字资源共建共享系统

建立并完善文化共享工程资源建设标准规范体系。建设分布式数字资源共建共享系统，采用开放式分级管理，实现数字资源的分布式加工、存储和元数据的统一管理以及跨库使用。利用技术手段实现数字资源的长期安全保存，与国家数字图书馆、国家电子政务外网等建设项目合作，对精品数字资源库群进行异地灾备。

(5)做好文化共享工程资源入户服务的技术保障

加强与广电、电信等部门合作共建，结合有线电视、直播卫星、通信网、互联网的发展，以自主可控的形式编播节目和推送资源，为文化共享工程资源入户服务提供技术支撑与保障。

1.1.5.6　推动国家中长期人才培训计划的实施

(1)开展国民信息素养教育培训

根据国家信息化发展战略确立的利用文化共享工程开展提高国民信息素养培训的要求，利用覆盖城乡的文化共享工程服务网络，通过建设与整合各类标准化、高质量的培训课件，因地制宜，有步骤、有组织地开展提高国民信息素养的教育培训。制作并翻译少数民族语言的培训课件，加大少数民族地区的培训力度。

(2)推进农村实用人才和进城务工人员培训

根据《国家中长期人才发展规划纲要(2010—2020年)》和《关于进一步加强农民工文化工作的意见》要求,充分发挥文化共享工程的服务优势,通过合作共建、网络教育等手段,大规模开展农村实用人才培养和进城务工人员培训。“十二五”期间,培训农村实用人才和进城务工人员1000万人次。

(3)继续实施文化共享工程基层队伍培训

根据文化部《关于开展全国基层文化队伍培训工作的意见》和文化共享工程基层队伍培训工作规划,完善工程培训体系,提升远程培训能力,实现培训工作的科学化、规范化、常态化。按照分级负责、分类实施、全员学习的原则,培训各级各类工作人员500万人次。

此外,“十二五”期间,文化共享工程还将继续坚持公益性质不动摇,坚持面向基层、服务民生不动摇,坚持共建共享不动摇,坚持勇于创新不动摇,认真汲取成功经验,深入分析存在的问题与不足,采取有力措施,努力实现“村村通、户户有、人人享”的目标。

1.2 文化共享工程特点分析

1.2.1 引言

文化共享工程作为政府向公众群体提供数字文化资源服务的重大公益性文化项目,有其自身的特点。工程启动以来,始终坚持“需求牵引”的原则,统筹考虑东西部之间、城乡之间、经济发达地区与欠发达地区之间的差距,着力构建并完善“建设→传输→服务→使用→反馈→分析→进一步建设”良性循环的闭环信息流体系。这种自上而下、自下而上的闭环信息流体系是文化共享工程最突出的特点之一。此外,为实现工程的最终目标——优秀文化信息资源在全国范围内的共建共享,必须开展跨地域、跨部委、跨行业的广泛合作,并树立传输网络、技术平台、人力资源、设备场所等多资源共建共享的思想。广泛的合作和多资源共建共享可谓文化共享工程的又一大特点。这些特点在工程组织管理、数字资源整合、传输网络建设、终端服务开展、技术平台搭建等方面又有着不同的表现形式。

1.2.2 组织管理特点

文化共享工程实施的范围遍及全国——从都市到乡村、从东部到西部、从经济发达地区到欠发达地区。实施的主体部分虽然是文化系统已建或在建的遍及城乡的文化设施，但服务范围却已扩展到国家机关、社区、学校、部队、企业、农村等更广泛的领域。同时，随着国家信息化建设和其他重大公益性工程，特别是重在服务农村的全国农村党员干部现代远程教育、农村中小学现代远程教育、广播电视村村通工程、2131 工程等项目的启动或推进，随着各地信息化建设的不断深入，文化共享工程跨地域、跨行业、跨部门的合作也随之深入，从而对工程的组织管理提出了更新而且更高的要求。

因此，文化共享工程的管理体系应能满足遍及全国跨地域、横向协调跨部委、项目合作跨行业，同时自上而下分层管理，同一系统不同部门之间可以统一调度资源的要求。提供决策服务的专家应涵盖信息服务、文化艺术、网络、通信、存储、计算、数字化、法律等各相关领域。具体组织实施的部门应有一支既懂业务、又懂管理、知识结构合理、技术过硬的复合型信息人才队伍。

实施如此浩大的系统工程，不可能完全靠人工随时掌握了解基层群众的真实文化需求。为了进行科学的汇总、统计、分析、分类，形成准确的导引，提供真正贴近广大群众真实需求的文化信息资源，必须通过技术手段构建文化共享工程运行管理系统，以实现对工程建设和运行监控两方面的管理。

1.2.3 资源建设特点

文化共享工程的核心是数字资源建设，最终目标是文化信息资源的共建共享，以实现广大人民群众的基本文化权益。这就要求文化共享工程应以文化系统的可控资源数字化为基础，突出文化信息资源特色，同时组织并整合与大众日常生活密切相关的社会文化信息。采用现代信息技术手段，对民族的、传统的、满足基层群众迫切需要的优秀文化资源，包括数字图书馆资源库、图书期刊等书目数据、其他系统建立的资源库、素材资料等进行加工整合，形成包括图书期刊、舞台艺术、音乐美术、影视作品、科普知识、文物鉴赏等内容的分布式文化信息资源库群。文化共享工程的资源组织形式可以是 MARC 数据、格式文本文件、数据库文件、HTML 文件、文本全文，还可以是多媒体文件。要通过纵、横两条线索组织贯穿资源内容，充分体现信息内容的关联性和信息组织的条理性，避免重复劳动；为达到数字资源的高度共享，应在统一的标准下进行整合，从数字资源元数据与对象数据两方面明确资源建设的具体标准。总之，内容要通俗易懂，形式要生动多样，并有浓郁的民族风格和乡土气息，这样才能更好地满足不同服务对象、不同资源类别、不同设施条件的需要。

1.2.4 传输网络特点

文化共享工程在全国范围内的城乡实施，各个地方网络设施条件千差万别；文化共享工程服务广大人民群众，各类群体获取信息服务的能力以及习惯参差不齐；文化共享工程的资源内容多姿多彩，各类资源格式所占存储空间十分悬殊。因此文化共享工程所采用的传输手段、建设的传输网络，应能使资源的发布、传输、存储形成一个完整、高效、自动化的体系；能确保网络传输的速度与带宽满足文化共享工程资源传输的要求；能与有线网、无线网、卫星网、有线电视网、数字电视网等进行合理的分工与协作；能确保网络传输的稳定、安全和可靠。唯此，传输网络才能满足文化共享工程可持续发展的要求。

1.2.5 终端服务特点

文化共享工程开展终端服务的主体既可设在直辖市、省会、市、县、乡、村的文化设施场所，又可通过广泛合作进入国家机关、学校、企业、部队等。此外，各地信息化建设的进程不一，实施的其它重点文化工程和信息化工程也不完全相同。因此，需针对不同地区，特别是针对农村需求种类多、地域广、分散性强、个性化明显的特点，确保终端服务能操作简单，使用方便，易于为广大基层群众所掌握；能够方便地实现信息资源的组织、更新与检索；能够自动形成信息资源的使用记录，为工程服务的统计分析提供基础性数据；还需有身份认证等安全措施，确保终端服务的可控性和合法性。总之，文化共享工程需创新服务模式、丰富服务手段、构建终端服务体系。

1.2.6 技术保障特点

文化共享工程是一项紧密依托数字图书馆，综合应用网络、通信、存储、计算、数字化等多种技术和研究成果的系统工程。文化共享工程技术保障体系，应合理系统地利用成熟先进的现代信息技术，保障文化共享工程组织管理、系统运行、资源管理、资源传输、资源服务等各环节能满足工程发展的需要，并确保服务信息流和反馈信息流的畅通；应与中组部全国农村党员干部现代远程教育、教育部农村中小学现代远程教育等工程，以及各地的数字图书馆建设相结合，科学规划，避免重复建设；应能贯穿国家中心、省级分中心、市/县支中心、乡镇（街道）/村（社区）基层服务点，使各级分支中心和基层服务点之间进行合理的分工和协作，形成多层次、开放式、分级服务管理并可不断扩展的共建共享的技术体系。

1.3 实施文化共享工程 构建服务型数字图书馆

1.3.1 引言

数字图书馆作为一种新型的信息资源组织模式，已经引起了许多发达国家的高度重视。各国在组织数字图书馆的内容建设时，都不约而同地把文化遗产数字化作为中心环节。例如1992年，联合国教科文组织开始推动的“世界记忆”(Memory of the World)[18]项目，是在世界范围内，用数字图书馆技术使文化遗产数字化，以便永久性地保存，最大限度地使社会公众能够公平地享有文化遗产；1995年美国正式启动的“美国记忆”(American Memory)[19]项目，其目标是将国会图书馆和其他公共图书馆、研究图书馆中的绘画、图书、音乐、手稿、照片、视频、音频等众多反映美国历史、文化的史实性文献转换成数字资源；2000年，由法国文化部组织实施的“文化精品数字化”(JOUVE)[20]项目，则是将精选的能够反映法国文化的资料制作成数字形式加以保存，同时在因特网上提供免费服务。

无疑，数字图书馆建设为文化事业在新的历史条件下的创新发展提供了千载难逢的历史契机。文化部紧紧抓住这一机遇，在对数字图书馆研发、应用、建设的基础上，联合财政部于2002年4月适时地启动了全国文化信息资源共享工程，涉及中国优秀传统文化遗产的抢救、保护、传播、利用、普及的各个方面，全力构建文化共享工程服务型数字图书馆。

1.3.2 服务型数字图书馆以及文化信息资源共享工程资源组成

1.3.2.1 服务型数字图书馆的资源组成

目前国际上已经诞生或正在建设的数字图书馆主要有三种类型[21]：①特种馆藏型数字图书馆；②服务主导型数字图书馆；③商用文献型数字图书馆。

其中服务主导型数字图书馆的资源一般由三部分组成[22]：①自有知识产权的特色资源；②商用数据库资源；③网上同类选题的知识普及性资源。这三大类资源需通过统一的界面向用户提供服务。

1.3.2.2 全国文化信息资源共享工程及其资源组成

全国文化信息资源共享工程是利用先进科技手段传播先进文化的创新工程，由国家中心、33个省级分中心、2840个县级支中心、28 595个乡镇基层服务点，60.2万个村基层服务点组成网络体系，采用现代信息技术，对全国各地包括图书馆、美术馆、艺术表演院团、艺术研究机构等现有的文化信息资源进行数字化处理和加工整合，完成以100万册（件）文献、1000台优秀地方剧目、1000部优秀音乐作品、1000部优秀美术作品、1000件珍贵文物、1000场优秀讲座为核心的数字资源建设，并通过覆盖全国的文化信息资源网络为全国各地的基层单位服务。文化共享工程的建设核心是文化艺术类数字资源库的建设，实施的根本目的是服务基层、服务大众，因此构建以服务为主导的数字图书馆是该工程的必然选择。

文化共享工程的数字资源建设和服务规划符合服务型数字图书馆的基本特征。①自有知识产权的特色资源：文化部直属单位原创的文化艺术类资源，包括美术类作品、舞台表演类作品以及举办的专题讲座、收藏的珍贵文物等。②商用数据库资源：文化共享工程搭建了一个资源共建共享的平台，开辟了资源传输的通道，吸引了众多商家主动提供其商用数据库产品，如中国期刊全文数据库、中国重要报纸全文数据库、中国优秀博硕士学位论文全文数据库、重要学术会议论文数据库、电子图书等先后被整合到文化共享工程的资源体系中。③网上的知识普及性资源：与特色资源相关的普及性知识的组织加工，如围绕地方剧目组织戏剧发展史、戏曲剧种、经典剧目、名家名角、欣赏入门等。

这些资源经过整合，用统一的界面对外提供服务。其后台内容是数字图书馆多媒体资源库。这些资源库按照不同的内容主题归并栏目，下设子栏目。各栏目间既可纵向深入又可横向关联，从而构建了纵横交错的网状服务体系，充分体现了数字图书馆资源组织的特征。

文化共享工程服务型数字图书馆的资源建设体系如图1－1所示。

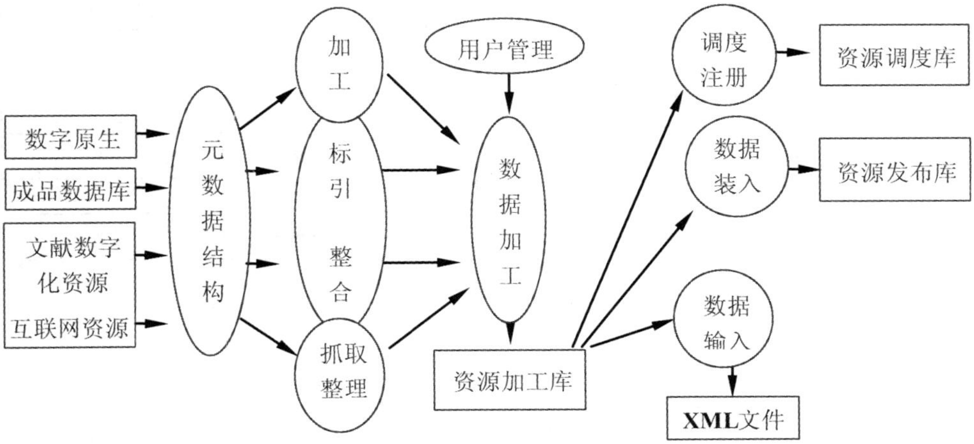

图1－1　服务型数字图书馆的资源建设体系

1.3.3 文化共享工程服务型数字图书馆资源建设流程设计

1.3.3.1 数字图书馆资源库建设流程

数字图书馆资源建设是一项具有科学性与规范性的工作,必须遵循一定的原则、按照一定的流程来进行,同时在加工过程中要妥善处理标准、技术与知识产权的问题。数字图书馆资源库建设流程如图 1 -2 所示。

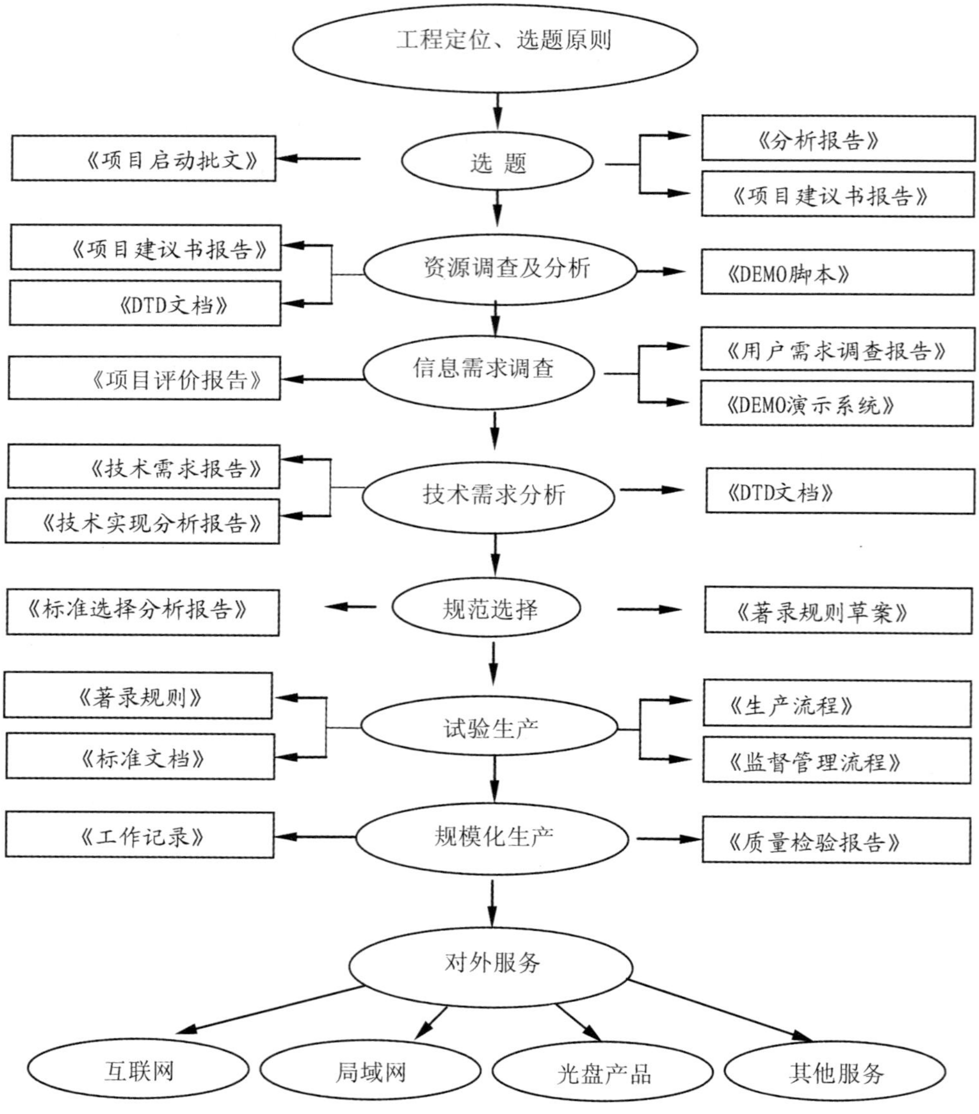

图 1 -2 数字图书馆资源库建设流程

（1）定位和选题

定位和选题是数字图书馆资源建设整个流程中的首要环节。根据工程的定位及选题原则进行选题策划，开展选题评价，批准项目实验性启动。提交《服务对象分析报告》《项目建议书报告》《项目启动批文》。文化共享工程最初的资源定位是文化部可控的文化艺术类资源，围绕资源建设目标确定选题时综合考虑了文化特色、地方特色、知识产权、受众范围、资源品质等因素。

（2）资源调查与分析

根据选题，重点对图书馆、美术馆、艺术院团、艺术研究机构进行资源调查，掌握资源数量、分布情况、原始形式、资源品质的具体信息，提出资源信息组织的详细方案，并建成上述机构的文化信息资源联合目录，为后续工作奠定基础。若需要，提交 DEMO 策划方案及初脚本；完成 DTD 的初步设计，提交《资源调查报告》《DEMO 脚本》《DTD 文档》。

（3）功能调查与分析

制定功能需求调查表，选定一定范围的目标用户进行调查。通过样本的统计分析，结合文化艺术类素材本身的特点，设计资源库结构，确定资源组织方式和用户使用形式，深入讨论资源组织、整合、加工、发布流程。若需要，完成 DEMO 制作。提交《用户需求调查报告》《DEMO 演示系统》《项目评价报告》。在此环节，文化共享工程制作了资源演示系统作为资源建设目标的参照。

（4）技术与规范的准备

根据资源库结构方案提出详细的技术需求，选择科学的资源建设标准规范，主要解决技术环境的搭建、技术需求的实现，以及资源建设标准规范的选择与制定问题。提交《技术需求报告》《技术实现分析报告》《DTD 文档》《著录规则草案》《标准选择分析报告》。共享工程资源建设参与单位均采用工程统一提供的资源加工与发布系统软件、素材加工标准、元数据标准、对象数据存储方式。

（5）试验性生产

资源建设进入规模化生产之前，试验性生产是非常重要的环节。试验性生产过程是完善资源库结构、磨合关联体系、检测资源库功能的环节，是发现问题、解决问题、消除资源建设隐患的重要措施。它为顺利地开展规模化生产打下良好基础，避免资源加工中人力、物力的浪费。具体步骤包括：素材数字化；素材整理与编辑；资源库结构定义；资源加工；资源预发布。提交《著录规则》《标准文档》《生产流程》文档、《监督管理流程》文档。

(6)规模化生产

规模化生产是资源积累的主要环节，是试验性生产的放大。资源加工人员按照资源入库流程分步、成批加工元数据，实施数据标引，而后发布数据，检查校验，最终实施整个资源库系统的调试。提交《工作记录》《质量检验报告》。

(7)对外服务

资源建设以数字信息资源面向用户提供服务为终点。已建的资源子库，通过资源库内部字段的关联、页面布局的有机组合、提供相应的查检途径来实现资源内容的整合，形成主题资源库。

1.3.3.2　资源加工发布流程

数字图书馆资源库建设流程的核心环节是资源的加工和发布，因此对该环节的流程进行了专门的设计，见图 1－3。

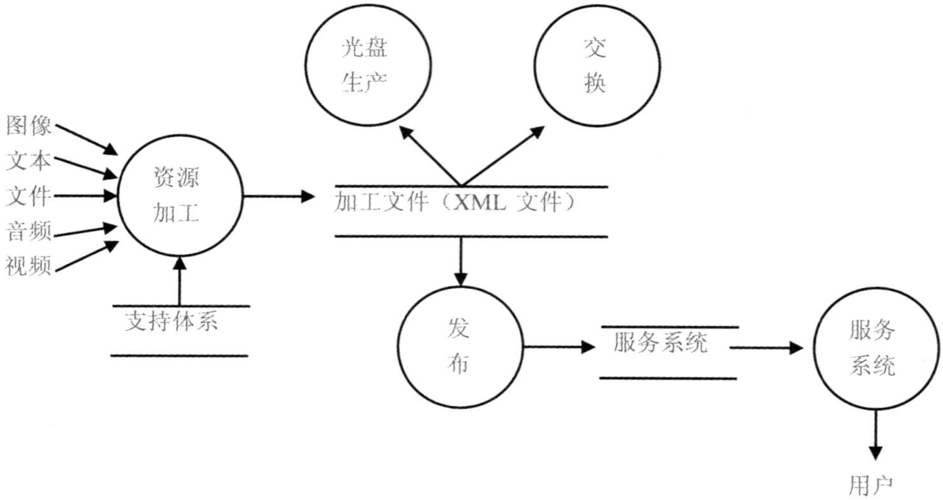

图 1－3　资源加工发布流程

(1)素材提取

首先需设计素材库的结构。为使提取的素材规范有序，并确保最大限度地为目标库建设创造便利条件，必须合理设计素材库的结构，充分考虑数据库间的关联，为未来跨库检索奠定基础，并确保新建资源库时能重复利用已积累的素材。

素材的来源包括书、刊、数据库、光盘、多媒体、网站等，其提取的形式有文章、图片、表格、音频、视频、文件。为保证提取素材的规范化和准确定位，还需制定素材提取规则和素材命名规则。

(2)资源加工

根据目标资源库的结构和著录细则,使用资源加工系统对多种元数据标准进行整合和转换,使之符合统一的元数据核心标准,以适应不同元数据之间互操作的应用需求;对不同形式、不同来源已经过预处理的素材,按照数字图书馆的技术加以整理和标引,转换为 XML 文件,完成验收、入库工作。

(3)资源发布

根据具体情况,使用资源发布系统将经过加工的元数据和数字资源以集中存放或者分布存放的方式,通过 Web 发布标准的 XML 数据,对用户提供统一的服务界面。

1.3.4 文化共享工程服务型数字图书馆的元数据标准

1.3.4.1 原始资源的组织形式

标准规范是数字资源存储、访问、管理过程中的关键因素。为达到数字资源的高度共享,资源建设应该在统一的标准下进行,要从数字资源元数据与对象数据两方面明确资源建设的具体标准。文化共享工程采集的原始资源组织形式主要有以下几种格式:

- MARC 数据
- 格式文本文件
- 数据库文件
- HTML 文件
- 文本全文
- 多媒体文件

经过整合后,数字资源在中文元数据与对象数据方面都应该符合文化共享工程提出的统一标准。

1.3.4.2 《中文元数据方案》总体框架

文化共享工程元数据加工遵照《中文元数据方案》[23],在总体框架结构上采用了 OAIS 参考模型;在元数据集方面,参考了美国国会图书馆(简称 LC)[24]、澳大利亚国家图书馆(简称 NLA)[25]、Cedars 项目[26]、Dublin Core[27](简称 DC)、NEDLIB[28]项目等较为成熟的元数据集。在保证总体框架结构的前提下,保持和 DC 项目的对应关系,方便现有元数据得以有效利用。《中文元数据方案》总体框架如图 1-4 所示。

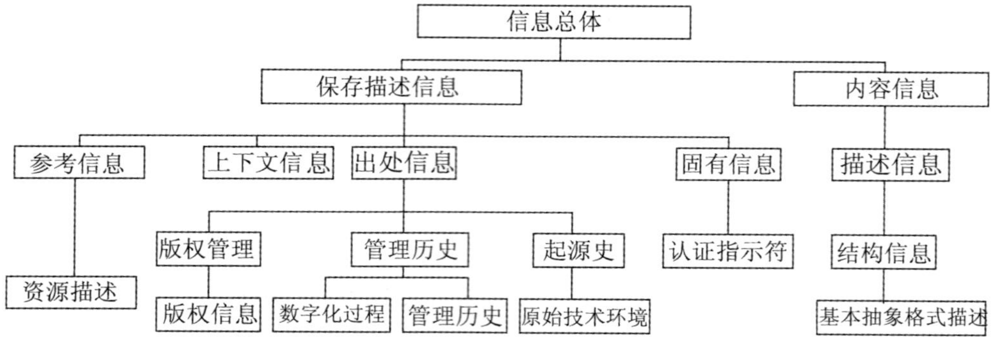

图 1－4 《中文元数据方案》总体框架

1.3.4.3 中文核心元数据集

表 1－1 中文核心元数据集 25 项

序号	元素(中文)	元素(英文)
1	名称	Title
2	主题	Subject
3	版本	Edition
4	内容摘要	Abstract
5	内容类型	Content Type
6	语种	Language
7	内容覆盖范围	Coverage
8	内容创建者	Creator
9	其他责任者	Contributor
10	内容创建日期	Date of Creation
11	出版	Publisher
12	版权所有者	Copyright Holder
13	资源标识符	Identifier
14	关联资源	Related Objects
15	数字资源制作者	Digital Publisher Name
16	数字资源制作日期	Digital Publisher Date
17	数字资源制作地	Digital Publisher Place
18	权限声明	Rights Warning

续表

序号	元素(中文)	元素(英文)
19	公开对象	Actors
20	操作许可	Actions
21	原始技术环境	Original Technical Environments
22	加工处理历史	Ingest Process History
23	维护历史	Administration History
24	认证指示符	Authentication Indicator
25	基本抽象格式描述	UAF-Description

以上25项元素具有如下著录特点。可选择及可扩充:名称(title)不可选择,必须进行著录;其他元素可根据内容需要选择著录,同时可根据需要扩充涵盖项目。著录原则:著录忠实于原有信息资源内容,力求简洁、准确;尽量采用现有的标准规范,包括通用的国际(国家)标准、分类法、各种专业词表等。著录语言与文字:著录汉字用标准的简化字,古籍信息有特殊要求,必须使用繁体字,要注明使用的字符集,汉字著录使用标准汉字标点符号;使用外文文字严格按照外文规范字和标点符号;信息源上无法描述的文字和符号,原则采用汉语拼音代替,并作附注说明。

1.3.5 文化共享工程服务型数字图书馆用户服务界面设计

1.3.5.1 用户服务界面的设计

文化共享工程服务型数字图书馆的资源服务界面采用两种可以相互转换的方式:一种是资源类别界面,以原始信息类型为分类标准,如图书、期刊、图片、讲座、音乐、戏曲等,展示全部目标对象资源的建设成果;另一种是主题资源界面,根据新建资源特点、不同时期服务重点,有选择地围绕主题进行资源组织与发布,形式上同于常见的网站栏目的内容组织。文化共享工程2003年的服务界面如图1-5所示。

两种服务界面均提供全文检索、网站地图、查询路径显示功能,保证资源库中对象数据的稳定性,而且分类科学、清晰,每一类名具有说明文字。所有网页要不断进行优化,加快用户的访问速度。

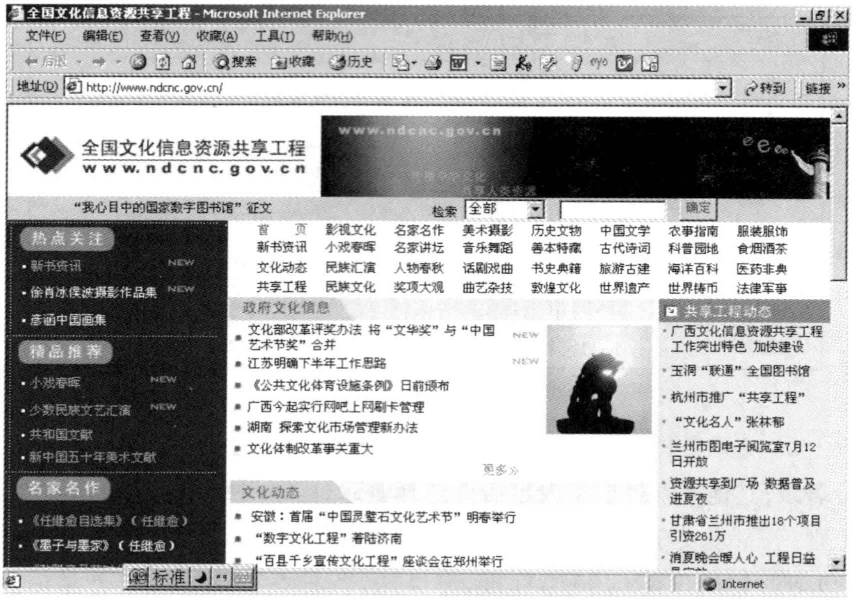

图 1－5　文化共享工程的服务界面

1.3.5.2　用户服务的技术支持

（1）资源库后台管理采用 XML 技术，前台互联网上的服务采用浏览器普遍支持的 HTML 网页，以支持数字资源的动态发布、兼顾最大范围的用户群与先进技术的应用。

（2）构建了支持多种系统与资源库的发布平台，提供具有跨库检索和内容查询功能的搜索引擎或检索框。

（3）在资源库发布模板上具有二次检索、页码跳转功能。

（4）资源加工界面上具有数据批查重、导入与输出功能，服务界面上具有用户访问路径显示功能。

（5）根据不同资源访问权限应用共享工程数字版权保护系统进行了控制。

1.3.6　服务型数字图书馆资源建设重点环节

文化共享工程经过多年构建服务型数字图书馆的实践，认为在服务型数字图书馆的资源建设方面应特别关注以下环节。

资源库的结构设计。这是资源库的主体框架，应综合考虑选题的不同特点、服务的最终形式、资源内容的具体情况等进行精心设计，才能确保最大量资源按不同分层结构有序组织，为用户提供最为便捷、有效的服务。

资源库之间的横向关联。由于传统图书馆的分类、主题体系是基于文献的分类、主题，不能完全满足基于信息资源的分类、主题的要求，因此，在资源库建设中，必须考虑调整现有的分类、主题，征求专家建议进行细分。长远考虑，应组合知识管理专家、计算机专家和各专业行业联合建立基于资源的完整的分类、主题体系，才能从根本上解决横向关联的问题。

开发完善基于知识库的标引系统[29]：与图书馆的传统服务相比，服务型数字图书馆的资源服务有几大特点均发生了变化：服务对象改变、范围扩大，可以远距离接受服务；用户数量急剧增长；自然语言将成为主体取代受控词，所以对信息资源的自动分类、自动标引已成为重点[30]。文化共享工程正与专业机构合作，力求尽早在这一方面取得较大进展，使资源库的建设和深层次的服务迈上新的台阶。

文化部通过实施文化共享工程构建服务型数字图书馆，对数字资源建设的流程设计、元数据加工标准、用户界面设计等都进行了积极的探索和实践。文化共享工程本着边建设边服务的原则，其数字资源建设成果已通过互联网（www.ndcnc.gov.cn）和卫星网络等多种传输方式对外提供服务。在今后的建设实践中，会结合用户反馈意见和工作实际，对服务型数字图书馆资源建设涉及的各个方面进行更深入的探讨和研究，以更好地指导实践。

2 全国文化信息资源共享工程数字资源建设

2.1 引言

文化共享工程的核心是数字资源建设,最终目标是文化信息资源的共建共享,以实现广大人民群众的基本文化权益。文化共享工程数字资源建设应以文化系统的可控资源数字化为基础,突出文化信息资源特色,同时组织并整合与大众日常生活密切相关的社会文化信息。采用现代信息技术手段,对民族的、传统的、满足基层群众迫切需要的优秀文化资源,包括数字图书馆资源库、图书期刊等书目数据、其他系统建立的资源库、素材资料等进行加工整合,形成包括图书期刊、舞台艺术、音乐美术、影视作品、科普知识、文物鉴赏等内容的分布式文化信息资源库群。文化共享工程的资源组织形式可以是 MARC 数据、格式文本文件、数据库文件、HTML 文件、文本全文,还可以是多媒体文件。要通过纵、横两条线索组织资源内容,充分体现信息内容的关联性和信息组织的条理性,避免重复劳动。为达到数字资源的高度共享,应在统一的标准下进行整合,从数字资源元数据与对象数据两方面明确资源建设的具体标准。数字资源内容要通俗易懂,形式要生动多样,并有浓郁的民族风格和乡土气息,才能更好地满足不同服务对象、不同资源类别、不同设施条件的需要。

2.2 文化共享工程数字资源整合的模式

由于文化共享工程资源建设内容广泛,类型多样,参建单位众多,因此靠单一模式进行资源整合必然无法满足工程发展的需要。为此,文化共享工程解放思想、积极探索多种途径加大数字资源的整合力度,包括:行政调拨,将政府享有版权的作品提供给文化共享工程;社会捐赠,先后得到张岱年、任继愈、戴逸、汤一介、冯其庸、启功、王蒙、厉以宁、华君武、卞祖善等人士的广泛支持,以及一些从事电子图书和数据库制作企业捐赠的电子书刊;社会采购,根据用户需求调研的情况,择优购置公开出版发行的多媒体资源的使用权;资源征集,积极开展优秀舞台艺术资源、讲座资源、视频资源的征集工作,收到非常显著的效果;委托加工,将资源库制作委托相关专业机构承担，丰富专题资源库的内容。

在资源整合方面，最具创新性的探索是采取深度链接的方式，在文化共享工程网站首页创设“文化繁花”平台，通过“故宫宝藏”、“国博精华”、“国图资源”、“国话风采”、“美术殿堂”、“儿艺芬芳”、“歌剧之光”、“中华文史”、“中外交流”等九个栏目，将国家图书馆、国家博物馆、故宫博物院、中国美术馆等单位的适合文化共享工程服务的互联网数字资源纳入文化共享工程网站的整体服务框架中，为文化部各直属单位展示其数字资源提供了一个开放、共享的平台。

2.3 2002年启动之初的数字资源建设

文化共享工程实施方案中明确指出，第一阶段的资源建设总体目标是在2002年“完成500GB数字资源的建设”，方案实施过程中所遵循的首要原则是“工作主要从开展资源共享入手”。共享工程国家中心作为数字资源的集散中心，承担着资源加工、存储、检索、传输和利用的重任，在数字文化资源积累与广泛传播方面率先做出了应有的贡献，从而在更大的范围内引起各界对文化共享工程的关注，为工程的后续建设与发展打下了坚实的基础。

2.3.1 资源建设思路

充分利用数字图书馆工程形成的资源建设能力，以文化部可控制资源为主、突出文化特色，辅之以与大众生活、学校基础教育密切相关的百科类、科普类、法律类知识，迅速启动文化共享工程的资源建设工作。与此同时，为有序地开展资源建设，避免重复劳动，在进行上述资源库建设的同时，首先开展部分基础信息资源的建设，为大规模地开展文化信息资源建设提供一个公共基础。

2.3.2 资源建设总体框架

通过对国内当时的大、中型文化类网站、政府网站分类体例进行深入调研，并参阅有关阐述文化概念的辞书和文献[31—32]，提出文化信息资源的分类体系和资源整合框架，作为对工程资源建设与服务的管理和指导依据。

表 2-1　文化共享工程文化信息资源分类体系和资源整合框架

一级	二级	资源库群列表				
汉字源流	汉字起源及演变	文字学家	相关机构	FLASH素材库	图书库	
	汉字音、形	汉字音形库	文献库	图书库		
哲学宗教	儒家	相关人物	相关机构	典籍作品库		
	道家	相关人物	相关机构			
	墨家	相关人物				
	名家	相关人物				
	法家	相关人物				
	阴阳家	相关人物				
	纵横家	相关人物				
	杂家	相关人物				
	佛教	相关人物	相关机构			
	道教	相关人物	相关机构			
	伊斯兰教	相关人物	相关机构			
	基督教	相关人物	相关机构			
民族文化	汉族	民族人物	民族机构	民族习俗	节日风情	民族论著
	满族	民族人物	民族机构	民族习俗	节日风情	民族论著
	蒙古族	民族人物	民族机构	民族习俗	节日风情	民族论著
	回族	民族人物	民族机构	民族习俗	节日风情	民族论著
	维吾尔族	民族人物	民族机构	民族习俗	节日风情	民族论著
	节日风情	民族论著	其他少数民族	民族人物	民族机构	民族习俗

续表

一级	二级	资源库群列表				
中国文学	古代文学	古代文学家	古代文学机构	古代文学作品		古代文学书籍
	近代文学	近代文学家	近代文学机构	近代文学作品	近代文学奖项	近代文学书籍
	现代文学	现代文学家	现代文学机构	现代文学作品	现代文学奖项	现代文学书籍
	民间文学	民间文学家	民间文学机构	民间文学作品	民间文学奖项	民间文学书籍
	少数民族文学	少数民族文学家	少数民族文学机构	少数民族文学作品	少数民族文学奖项	少数民族文学书籍
中国文物	石器时代		收藏单位	精品展示		出土遗址
	夏、商、周		收藏单位	精品展示		出土遗址
	春秋、战国		收藏单位	精品展示		出土遗址
	秦、汉		收藏单位	精品展示		出土遗址
	三国		收藏单位	精品展示		出土遗址
	南北朝		收藏单位	精品展示		出土遗址
	唐、宋		收藏单位	精品展示		出土遗址
	元、明、清		收藏单位	精品展示		出土遗址
善本特藏	善本古籍	作家与作品	收藏单位	精品展示		相关知识
	金石、拓片	作家与作品	收藏单位	精品展示		相关知识
	碑帖	作家与作品	收藏单位	精品展示		相关知识
	舆图	相关人物	收藏单位	精品展示		相关知识
	名家手稿	作家与作品	收藏单位	精品展示		相关知识
	敦煌资料	人物与传说	收藏单位	精品展示		相关知识
戏剧戏曲	话剧	话剧家	话剧机构	话剧作品	话剧奖项	话剧书籍
	歌剧	歌剧家	歌剧机构	歌剧作品	歌剧奖项	歌剧书籍
	舞剧	舞剧家	舞剧机构	舞剧作品	舞剧奖项	舞剧书籍
	传统戏曲	传统戏曲家	传统戏曲机构	传统戏曲作品	传统戏曲奖项	传统戏曲书籍

续表

一级	二级	资源库群列表				
曲艺杂技	评话	评话家	评话机构	评话作品	评话奖项	评话书籍
	相声	相声家	相声机构	相声作品	相声奖项	相声书籍
	快板	快板家	快板机构	快板作品	快板奖项	快板书籍
	鼓曲	鼓曲家	鼓曲机构	鼓曲作品	鼓曲奖项	鼓曲书籍
	少数民族曲种	少数民族曲艺家	少数民族曲艺机构	少数民族曲艺作品	少数民族曲艺奖项	少数民族曲艺书籍
	杂技	杂技家	杂技机构	杂技作品	杂技奖项	杂技书籍
中国音乐	古代音乐	古代音乐家		古代音乐作品		古代音乐典籍
	近代音乐	近代音乐家		近代音乐作品		近代音乐论著
	现代音乐	现代音乐家	现代音乐机构	现代音乐作品	现代音乐奖项	现代音乐论著
	民族音乐	民族音乐家		民族音乐作品		民族音乐论著
中国舞蹈	古代舞蹈	古代舞蹈家		古代舞蹈作品		古代舞蹈典籍
	近代舞蹈	近代舞蹈家		近代舞蹈作品		近代舞蹈论著
	现代舞蹈	现代舞蹈家	现代舞蹈机构	现代舞蹈作品	现代舞蹈奖项	现代舞蹈论著
	民间舞蹈	民间舞蹈家		民间舞蹈作品		民间舞蹈论著

续表

一级	二级	资源库群列表				
中国美术	中国雕塑	雕塑家	现代雕塑机构	雕塑作品	现代雕塑奖项	现代雕塑论著
	中国绘画	绘画家	现代绘画机构	绘画作品	现代绘画奖项	现代绘画论著
	中国书法	书法家	现代书法机构	书法作品	现代书法奖项	现代书法论著
	中国工艺美术	工艺美术家	现代工艺美术机构	工艺美术作品	现代工艺美术奖项	现代工艺美术论著
生活文化	服饰	设计师		作品展示	获奖情况	相关图书
	美食			菜系介绍	美食比赛	相关图书
	茶	名人与茶				相关图书
	酒	名人与酒				相关图书
影视文化		影视人物	影视机构	影视作品	影视奖项	相关图书 相关网站
文化旅游	自然风光	人物与传说		景区与景点		相关图书
	名胜古迹	人物与传说		景区与景点		相关图书
	园林艺术	园艺家		景区与景点		相关图书
	游乐园与主题公园			项目、设施与服务	娱乐奖项	

2.3.3 第一阶段资源建设目标

（1）组织相关标准规范的研发、制定与推广。

（2）研制科学的文化信息资源分类体系，完善资源整合框架。

（3）在资源整合框架的基础上，完善各主题资源库群及各资源子库的结构，丰富、扩展信息资源内容，优化标引体系，增加信息的制标深度和广度，继续开展资源建设工作；资源建设总量500GB。

（4）完成全国图书馆、博物馆、美术馆、艺术研究等机构的文化信息资源联合目录。

（5）实现一定数量的各级分中心的资源共享。

2.3.4 第一阶段资源建设的实施

2.3.4.1 组织相关标准规范的研发、制定与推广

数字资源共建共享的首要条件是所有参与共建的单位必须遵循统一的标准规范,在第一阶段开始调研与制定有关标准规范,重点调研并制定与资源建设相关的一系列标准和规范,在共享工程的资源建设中采用了以下标准或规范:

(1) 中文核心元数据试行标准;

(2) 资源(文本、图片、音频、视频)加工处理标准;

(3) 资源存储、管理标准;

(4) 各数字资源对应的库结构和著录细则;

(5) 各数字资源库对应的关键词表;

(6) 关联体系标引规则。

2.3.4.2 完善资源整合框架

在广泛征求文化共享工程试点单位对资源分类体系及总体方案建议的基础上,研制科学的文化信息资源分类体系,进一步完善资源整合框架,由工程领导小组组织专家咨询委员会论证。

2.3.4.3 开展资源建设工作

(1)充实已有资源库

在原有资源库、资源子库结构不变或结构优化的基础上,组织、增加新数据。其中包括新书推荐库、文化新闻库、作品库、人物库、奖项库、旅游库、事件库、科普库、农业技术库、农业新产品库、药品库、生化指标库、疾病库、机构库、协定库、条款库、理论研究库、科普库、法律库、案例库等。这些库的资源累建按规划定期定量更新,资源增量总计:元数据20 000条,对象数据 100GB。

(2)新建资源库

1)根据资源整合方案,在原有主题资源库的基础上扩建与其主题相关的资源子库,并组织、增加新数据。

其中包括:艺苑奇葩栏目下属主题资源库的配套多媒体资料子库,即戏曲视频库、戏剧视频库、舞蹈视频库、音乐库等;文化旅游栏目下华夏旅游资源库中增加与旅游服务、旅游经济等主题相关资源子库,如宾馆库、餐饮库、商业街区库等;知识百科栏目下军事天地资源库中与该主题相关的兵器博览库、军事科普库;大众科技栏目下农业科技资源库中与该主题相关的农业谚语库等;WTO 专题资源库中与该主题相关的 WTO 产品税目库、WTO 服务贸易库等。

上述库的资源按规划定期定量更新，资源增量总计：元数据30 000条，对象数据 280GB。

2）根据资源整合方案，选择策划其他数字资源库。

其中包括：

①汉字源流：包括汉字的起源及演变、汉字音形相关资料等。

②哲学宗教：包括儒家、道家、墨家、名家、法家、阴阳家、纵横家、杂家、佛教、道教、伊斯兰教、基督教等国内各宗教派系的基本情况、人物、机构、传说及相关文献。

③民族文化：包括我国境内汉族、满族、蒙族、回族、维族及其他各少数民族的基本情况、人物、机构、节日、衣食住行特色风俗、民族文献与论著等。

④曲艺杂技：包括评话、相声、快板、鼓曲、少数民族曲种及杂技方面的名家、作品、书籍、奖项等。

上述新增主题资源库相应设计 10 个资源子库，资源增量总计：元数据15 000条，对象数据 120GB。

2.3.4.4　建立文化信息资源联合目录

联合全国图书馆、博物馆、美术馆、艺术研究等机构，通过有计划地对原有数据整合及新数据制作，建成上述机构的文化信息资源联合目录，搭建起一个公益性的元数据交换平台，在充分揭示文化信息资源收藏的基础上，逐步实现全国数字资源调度与指向系统，为进一步实现文化信息资源的共知、共建、共享及开展网上服务奠定基础。

第一阶段以文化信息资源类型、资源制作单位为坐标，建立联合目录数据库。通过共享资源联合目录，为已经联网的各级中心提供资源查询和索取服务。

2.3.4.5　实现一定数量的各级分支中心资源共享。

根据各级分支中心试点的具体情况，整合分中心按照统一标准制作的地方特色资源，更新联合目录，并遵循合理使用的原则提供资源服务。在实现信息资源共享的同时引入共享结算机制，以公正和安全的方式管理数字内容，记录数字资源使用情况。

2.3.5　资源建设实施步骤

2.3.5.1　资源调查阶段（5 月 1 日—5 月 30 日）

- 完成“共享工程”国家中心一期建设规划；
- 调研资源分布状况，初步确定资源建设增加与扩建选题范围；
- 与各省文化厅、图书馆进行广泛接触，理顺合作关系。

2.3.5.2 资源建设准备阶段(6 月 1 日—6 月 30 日)

组织全国性的资源建设需结合具体项目,根据文化共享工程管理办法,确定具体的实施细则,包括相关资源库的全套设计、资源加工标准、资源存储格式、加工数量统计、质量控制、经费核算、权限界定等内容。

2.3.5.3 资源库建设阶段(7 月 1 日—11 月 30 日)

- 相关素材的整理与数字化加工;
- 理顺资源建设流程及资源共建、共享环节的合作关系;
- 完成资源库数据加工、模板设计与数据发布;
- 完成联合目录的整合。

第一阶段加工(7 月 16 日—8 月 31 日)

预计完成总量的 20%

第二阶段加工(8 月 31 日—9 月 30 日)

预计完成总量的 40%

第三阶段加工(9 月 1 日—11 月 30 日)

预计完成总量的 40%

2.3.5.4 系统调试(12 月 1 日—12 月 31 日)

- 调试资源库系统功能;
- 完成用户服务界面的美术设计及功能设计;
- 资源共享系统的测试。

2.4 实施第二年的资源后续建设计划

文化共享工程国家中心 2003 年的资源建设目标是完成 1TB 的资源建设任务,并组织督促各省分中心完成大约 500—800GB 的资源加工。为了保质保量地完成资源建设目标,2003 年的资源建设进一步加强了计划性、专业性和资源整体规划以及全国共建的宏观控制。据此,制定了 2003 年资源后续建设计划如下。

2.4.1 资源建设思路

因为资源整合框架是长期的规划,而且经过了专家咨询委员会的审定,因此,资源建设就应围绕资源整合框架按计划不断增加各类资源,以保持各栏目的平衡发展;同时策划新的选题,增加原创资源的比例,比如"照片背后的故事"——历史见证人口述历史等等;规范省级中心的资源框架,充分揭示系统内的资源,发挥文化共享工程这种组织形式的优势；组织制作港澳台的特色资源，开辟港澳台资源服务区；突出服务，结合已建资源设计组织不同的产品系列，以满足不同层次、不同领域用户的需要。

在2003年资源建设中以“突出文化特色、明确主要产品、开发精品资源、满足用户需求”为指导思想，并力求在做到资源内容具有权威性、专业性的前提下，面向大众，雅俗共赏。为了保证资源加工质量，2003年开始逐步建立资源产品的审查制度。

2.4.2 本年建设目标

2.4.2.1 修订完善相关的加工标准规范，并加强培训推广

其中包括中文核心元数据试行标准；资源（文本、图片、音频、视频）加工处理标准；资源存储、管理标准；各数字资源对应的库结构和著录细则；各数字资源库对应的关键词表；关联体系标引规则。

2.4.2.2 建立合理的资源目录体系

包括用户检索目录体系和加工检索查重目录体系两个组成部分。具体又可细分为资源内容分类检索、资源主题检索、资源题名检索、资源著者检索、资源节目类型检索等等。

2.4.2.3 完成1TB的资源加工目标

在资源整合框架的基础上，完善各主题资源库群及各资源子库的结构，补充丰富信息资源内容，优化标引体系，继续开展资源建设工作，计划新增资源达到1TB。

2.4.2.4 规范并推动各省级分中心的资源共建和共享

加强业务培训和业务指导，统一加工格式和加工标准，为资源更大范围的共享奠定基础。

2.4.2.5 设计资源产品系列，提供个性化服务

根据用户群的具体需求，并配合“五个走进”，按照不同需求、不同节目类型、不同内容抽取形成各类信息包，组织设计产品系列，基本形成文化共享工程资源产品体系框架，为以后的商务运作创造必要的条件。

2.4.3 资源内容当年建设计划

2.4.3.1 充实已有资源库

在原有资源库、资源子库结构不变或结构优化的基础上，继续组织、增加新数据。其中包括名家讲坛、新书推荐、文化动态、民族文化、中国文学、中国书史、典籍

文化、善本特藏、中国戏曲、中国舞蹈、影视文化、服装服饰、中国食文化、中国茶文化、华夏旅游、法律常识、医药顾问、农事指南等40个专题资源库。

上述库的资源累建按规划定期定量更新，资源增量总计：元数据40 000条，对象数据820GB。

2.4.3.2　新建资源库

根据资源整合方案，增加宗教哲学和历史回廊资源库的建设。同时增加原创资源的比例，策划新的资源库，比如照片背后的故事、历史上的今天、名家名藏、中国百家姓、连环画集锦、综艺舞台、中国国情等。

新增主题资源库增量总计：元数据15 000条，对象数据180GB。

2.4.3.3　精品资源

确定精品资源时，要综合考虑几个因素：文化特色，优选具有代表性的中国传统文化特色的资源；知识产权，优选国家图书馆及其他文化部直属单位自有版权的资源，其次选择版权问题得到妥善解决的资源内容；受众范围，优选可以被大众普遍接受的老少皆宜、雅俗共赏的资源内容，或面向特殊用户群的个性化资源。

重点打造几个资源产品：名家讲坛、新书推荐、影视文化、小戏春晖、综艺舞台、华夏旅游。

2.4.3.4　选择几个专题资源库，聘请专家指导总体策划、内容审核

比如善本特藏、中国戏曲、农事指南、医药顾问、法律园地、科普知识、军事天地等专题资源库，可以考虑采取与专业机构合作的方式，也可以直接与专家本人合作。这样既可以增加资源内容的专业性、权威性，也有利于对外宣传和市场运作。特别是医药顾问专题资源库，2003年要大幅度增加中国传统医学的比重，侧重中医养生，还可考虑聘请掀起全国养生高潮的洪昭光教授为保健顾问，以增强权威性，提高知名度。

2.4.4　文化共享工程网站(www.ndcnc.gov.cn)建设

2.4.4.1　文化信息内容的个性化服务

立足面向五个服务，即面向社区(家庭)、面向部队、面向企业、面向学校、面向农村，在现有网页的基础上，新增五个各具特色的专业版，通过对已建资源进行有针对性的排列组合，满足这五大用户群的文化信息需求。

(1)综合版

现有的包含全部资源的网站。该版本作为构建其他专业版本的平台，以科学的分类体系、全面的信息揭示为主导思想。

(2)社区(家庭)版

根据前期“文化信息进社区”活动的反馈意见或者是进行相关调研后,整理出家庭及社区用户的信息需求特点,据此将现有资源库中与人民生活息息相关、群众喜闻乐见的文化科技资源,用一套艺术风格形式通俗、亲切的网页呈现出来。原有网站版本,虽然较好地面向了社区需求,但农业、哲学内容需相应减少。

(3)部队版

由于部队本身的特殊性,在原有版本的建设基础上,需多方调查,以党的领导、“三个代表思想”为指导,以丰富军队尤其是边远哨卡驻扎部队的文化生活为目标,重点提供多媒体资料(音、视频资料)。

(4)企业版

侧重于经济法规等普法知识以及企业员工素质提高、文化娱乐与培训所需内容。具体可结合一至两个已使用文化共享工程资源的企业的反馈意见决定。

(5)农村版

侧重于农业品种与技术、普法知识与大众科技、衣食住行与文化娱乐方面的内容,以图、声、像结合的资料为主。

(6)校园版

根据校园用户的需求,组织书目数据、期刊篇名、新书推荐、知识百科类、娱乐类等资源内容,有针对性地提供服务。

2.4.4.2 活跃网页内容,紧跟时代脉搏

(1)新闻

在选题上要以国家的大政方针为指导,及时发布相关新闻,突出文化特色的同时,也要重视大众喜闻乐见的相关信息;对可预测的重大事件,提前做好专题宣传准备,以导引正确舆论。现有政府文化信息、地方文化信息、世贸新闻、农业新闻、文化报新闻、其他类新闻仍要保留。

(2)动态信息

除了工程动态外,结合中外节日(例如世界知识产权日、世界读书日等)、历史信息(历史上的今天、共和国大事记)、大众关心的热门话题,设立专栏介绍相关知识或组织讨论。

资源快报、新书推荐两栏目,从全局上及时反映新增资源与图书情况,推荐精品资源。

其他相对稳定的栏目,要在内容推荐、呈现方式上出新。

(3)开展互动式活动与宣传,吸引大众参与

• 举办各类文化活动，吸收分散于个体中的文化精华

通过独立或争取赞助方式，开展有奖或无奖的各种文学征稿、艺术作品比赛、著作捐赠、书稿评论等活动，掀起全民文化信息共建共享浪潮。

• 设立动态网页，实现用户信息与意见反馈

如设立论坛、留言本，进行网上信息或栏目调查等。

• 设立专家咨询台、名人热线，实时反馈用户所需信息

在打造精品资源与栏目的过程中，聘请知名专家、热点人物主持相关栏目（做版主），将文化知识的深与广有机地结合起来。

（4）分中心特色资源与动态信息的体现

文化共享工程各省级分中心的资源，除在各相关栏上按类别、形式与体裁等分类标准进行介绍外，在“共享工程”栏目下“分中心资源与活动”子栏目中，亦按照行政区划进行统一呈现。设计具有地域特色的各省级中心页面，以呈现其资源。

各省级分中心上报其资源建设详细计划中，应包含地方志（地方史）一项，同时，国家中心对资源建设中有地方优势的省份，予以相应协调。港、澳、台三省的文化信息，暂时由国家中心负责建设，以体现中华文化的完整性和中国统一的美好愿望。

及时反映各地资源建设与活动状况，设立各分中心通讯员呈报新闻（或分中心动态）的制度，及时发布各地的共享工程工作信息。

2.5 文化共享工程实施第三年的数字资源建设

明确“面向社会，需求推动，特色鲜明、打造精品，多元建设，版权先行”的资源建设指导思想，紧紧围绕基础资源与特色资源两个主题，加大投入，重点建设。

2.5.1 资源建设思路

2.5.1.1 加大资源建设资金投入

解决资源建设缓慢问题，首先要解决资金问题，在原有的基础上加大资金投入，力争2004年资源建设投入达到2000万元以上。根据资源建设资金的总盘子，分别对国家中心与省级分中心资源建设所需经费进行计划分配，加大对省级分中心的资金投入，并下达资源建设的指标。用于省级中心和社会资源整合的经费应达到资源经费总量的50%左右。

2.5.1.2 明确基础性资源库和特色资源库建设目标

国家中心要与省级分中心进一步明确基础性资源库与特色资源库的建设目标与分工。基础性资源库:基本限定在“七个一”的目标范围内。特色资源库:除文化特色资源外,还应包括群众需要的各种特色资源库,例如:农业科普、百姓生活等。

2.5.1.3　加强获取文化部可控资源的力度

文化共享工程要紧密围绕文化部可控资源,重点投资,深度开发,制定宏观规划和配套措施,调动文化部直属机构的积极性。

2.5.1.4　采用行政与经济手段,调动省级分中心资源建设积极性

本项工程的目的就是资源的共建共享。各省级分中心应将资源建设与本馆的数字图书馆建设相结合,避免重复和浪费。国家中心为发挥省级分中心的积极性,应采取行政与经济手段,加强省级分中心资源建设的主动性和积极性。

2.5.1.5　开展与数据提供商的合作,整合社会资源

文化工程资源建设内容较多,国家中心不可能独立完成。要突破所有的资源都通过自建拥有的单一模式,发挥社会力量,通过竞争机制,采用委托加工方式进行。对于一些专题库,可以与社会上一些专业网站进行合作,发挥对方专业性强的优势,将工程的网站办得丰富多彩,引人入胜。

2.5.1.6　采取多种方式解决版权问题

真正实现资源共享关键在于版权问题的解决,对大多数文化信息资源应采取与社会合作的方法解决版权问题。如采取采购、集成商用数据库的方法,将文化共享工程作为一个平台,让各种文化信息内容提供者在平台上直接为用户提供公益性或收费服务,将解决版权的压力和风险转移给资源提供商。

2.5.2　数字资源建设实施方案

2.5.2.1　加强基础资源和特色资源的建设

(1)加强专家指导

在专家咨询委员会的基础上增设文化共享工程资源建设专家工作组,邀请有关专家和省级分中心的专业人员参加,加强资源建设的宏观指导与控制能力。工作组参与文化共享工程资源建设阶段性目标的论证,框定各类资源素材采选的原则,审定相关知识的内容,审定特定资源服务的功能设计。

(2)明确任务分工

明确国家中心与省级分中心资源建设任务,听取各省级分中心的建议和意见。请各省级分中心结合本省资源建设的实践和认识,按照重要性依次提出文化共享

工程应该建设哪些基础性资源，以及建设哪些特色资源的建议。同时，也请各省级分中心申报自己拥有或可以承担建设的资源内容。

国家中心的任务：

• 自建各种类型的基础资源库，在原有 50 个专题资源库的基础上，进一步充实资源库内容，打造讲座、科普、百姓生活等几个精品库。

• 根据"七个一"目标，完成 3 万种图书、500 部电影、300 场讲座、100 部地方剧目、300 部音乐作品、200 部美术作品的资源加工与整合任务。

• 整合社会资源，与社会上的资源运营商，资源拥有机构合作，重点采集图书、期刊、电影、专题资源库等社会资源。

省级分中心的任务：

• 根据国家中心和本省的特点，完成特色资源的建设，全国 32 个省级分中心力争完成 200 场讲座、500 台地方剧目，200 部音乐作品，300 部美术作品的资源加工与整合任务。

(3) 引入竞争机制

在重点资源建设上采取招标方式。为调动地方分中心和直属单位积极性，可以采用各单位上交备选资源，由专家工作组和用户代表评定，入选资源可以以高出均价的价格收购。同时在全国范围内广泛宣传，以调集更多的资源，提高资源的艺术水准和加工质量。

(4) 提高资源质量

在资源建设中，一定要选择与采集实用性较强的资源，满足群众的需求，2004 年的重点放在图书、戏曲、电影、农业科普等方面。

提高文化共享工程网站的数据质量，聘用高级编辑人员把关，建立合理的审校流程，严把数据、文字、内容的质量关。在全国重点打造几个优秀的省级分中心网站，提高文化共享工程的宣传力度。

(5) 调整国家中心

在按照专家工作组提出的方案具体组织资源建设的过程中，国家中心要在统筹规划的基础上，增加财力、物力与人力。由几位协助分管资源建设的主任分别承担各大类资源素材的采集和相关知识产权谈判工作；增加资源策划与组织人员；加快资源征集的步伐，加大资源整合的力度；对重点采集资源，设专人负责，并下达采集任务与指标。

2.5.2.2 加强获取文化部可控资源的力度

(1)深入调查,摸清家底,有计划地采集与整合

在前期调研的基础上,对文化部每一个直属机构的资源进行分析,根据资源质量、版权、保存现状情况,采取多种合作方式,分期整合。2004 年力争完成直属机构回溯节目 50—100 台。

(2)统一协调,对文化部系统内的作品进行同步制作

文化部每年主办书法、摄影、美术、杂技、音乐、舞蹈、地方戏曲等比赛、展览、汇演以及文艺晚会等各种类型的活动,这些活动的获奖作品是文化共享工程资源建设的重要组成部分。为此,建议文化部在组织上述活动时,应要求参加者将获奖作品提供给文化共享工程使用,以充实文化共享工程资源内容,并在更大范围内传播,但需明确服务范围与服务模式,使用费用根据具体情况而定。中央院团的文艺节目由国家中心组织拍摄与整合,2004 年力争同步制作节目 50—100 台。

(3)充分利用文化部其他各项工程的成果

文化部承担的国家舞台艺术精品工程、中华再造善本工程、中国民族民间文化保护工程、送书下乡工程等国家重点文化项目,也应将其相关资源提供给文化共享工程使用,充分发挥国家投资的效益。各省级分中心可参照此方法,获取地方文化厅可控资源。

(4)加强各省文化厅对资源采集的作用

各省文化厅要加强对本省文化资源的采集,文化厅要出面协调,对文艺节目知识产权的获取要探索多种操作办法,数字加工由省分中心操作与整合。地方院团的文艺节目,由地方文化厅组织并负责拍摄与制作。2004 年制作 100—200 台。

2.5.2.3 采取行政和经济手段促进资源建设

(1)行政手段

应将资源建设和上交国家中心的情况,作为评估分中心开展文化共享工程工作的标准之一,并列入图书馆的评估考核标准。

(2)经济手段

国家中心与省级分中心之间要签订必要的资源建设协议书,按照双方约定的建设内容、验收标准、付费办法等开展工作,使文化共享工程获得各省级分中心建设的资源。省级分中心缺乏资源建设的资金,使得很多当地有特色的资源不能有效组织建设。国家中心应建立对省级分中心的激励机制,特别是对资源建设的专项奖励机制,如尽快制定相关政策,通过有偿征集资源的方式来调动各个省级分中心持续提供资源的积极性等。

2.5.3 文化共享工程分中心网站页面制作规范

2.5.3.1 总体说明

A. 网站各页面大小为778pixels,居中显示。

B. 网站的参考基本色为#10524A,采用时尚、典雅、庄重等方向性的色调。

C. 网站基本字体为宋体,大小为12 pixels,颜色应与网站基色及底色协调,对比度明显。

D. 网站的首页、友情链接、合作单位等处要正确使用文化共享工程国家中心的logo,不能改变logo的颜色,但可以将长宽同比例放大或缩小。

E. 使用国家中心logo时必须要将其正确链接到国家中心网站,可以采用新开窗口的形式链接,国家中心网址www. ndcnc. gov. cn。

F. 网站页面应该在适当位置显示版权申明、联系方式等内容。

2.5.3.2 首页

A. 要在明显位置(一般为网页的左上角)摆放文化共享工程国家中心的logo,并为其添加链接。

B. 页面上方为logo、banner等,要求有一定的视觉冲击力、端庄含蓄,有文化底蕴。

C. 页面主体部分构造为左中右三栏式。三栏内容各有特点。左栏为文化共享工程国家中心重点资源;中栏为分中心主要的内容性资源,如特色内容、专题资源库等;右栏为分中心的功能性资源,如文化共享工程建设动态、服务说明、友情链接等。

D. 网页主体部分的上方摆放栏目导航条,各分中心根据网站内容构造确定导航条的行数和宽度。

2.5.3.3 子栏目页面

A. 子栏目页面风格应该与首页风格协调统一。要有相同的logo,相似的banner,并且要注意适当使用网站基本色。

B. 一级子栏目的首页要设置导航栏,内容与首页导航栏相同,但形式可以有所不同。

C. 子栏目页面设计不固定栏数,可以根据内容特点设置。

D. 注意网站层次关系的设计。一般来说,不建议栏目层级太多,这样不便于管理和访问。

E. 建立“为客户服务”的观点和“人性化”的设计思想,要有明显的标识引导读者，以免读者在浏览中“迷路”。在没有导航条的页面上，可以设置路径显示条、回首页的链接，以帮助读者浏览。

2.6 资源库数据结构和著录规则(以文化旅游资源库为例)

2.6.1 文化旅游资源库数据结构

2.6.1.1 景区

```
景区名称          （单行，不可重复）
 └─ 景区又名      （单行，可重复）
景区位置          （无此定义）
 ├─ 景区地点      （单行，可重复）
 └─ 位置图
景区介绍
 ├─ 景区文字      （多行文字）
 ├─ 景区图片      （图像资料）
 ├─ 景区音频      （音频资料）
 ├─ 景区视频      （视频资料）
 └─ 游览图        （图像资料）
分类号            （单行，可重复）
主题词或关键词（单行，可重复）
旅游等级          （单行，可重复）
 └─ 相关评价      （多行文字）
旅游文化          （无此定义）
 ├─ 相关人物      （单行，可重复）
 ├─ 历史事件      （单行，可重复）
 ├─ 游记诗词      （单行，可重复）
 ├─ 文化民俗      （单行，可重复）
 ├─ 土特 纪念     （单行，可重复）
 ├─ 景区故事      （单行，可重复）
 ├─ 相关文章      （单行，可重复）
 └─ 相关图书      （单行，可重复）
周边景区          （单行，可重复）
下层景点          （单行，可重复）
```

2.6.1.2　景点

景点名称　　　　　（单行，不可重复）
└ 景点又名　　　　（单行，可重复）

景点位置　　　　　（无此定义）
├ 景点地点　　　　（单行，可重复）
├ 位置图
└ 所属景区（点）（单行，可重复）

景点介绍　　　　　（无此定义）
├ 景点文字　　　　（多行文字　）
├ 景点图片　　　　（图像资料）
├ 景点音频　　　　（音频资料）
├ 景点视频　　　　（视频资料）
└ 游览图　　　　　（图像资料）

分类号　　　　　　（单行，可重复）

主题词或关键词　　（单行，可重复）

旅游等级　　　　　（单行，可重复）
└ 相关评价　　　　（多行文字）

旅游文化　　　　　（无此定义）
├ 相关人物　　　　（单行，可重复）
├ 历史事件　　　　（单行，可重复）
├ 游记诗词　　　　（单行，可重复）
├ 文化民俗　　　　（单行，可重复）
├ 土特纪念　　　　（单行，可重复）
├ 景点故事　　　　（单行，可重复）
├ 相关文章　　　　（单行，可重复）
└ 相关图书　　　　（单行，可重复）

下层景点　　　　　（单行，可重复）

2.6.2 文化旅游资源库著录规则

景区

├─景点

说明:“景区”与“景点”只是一种上下层次关系界定,不是简单字面上的意义,例如:颐和园可分为“四大景区”(东宫门景区……),“四大景区”下又有若干景点,依次下分。在结构中将颐和园著入“景区”层,而其下面的“四大景区”则需著入“景点”层,“四大景区”下面的景点也要著入到“景点”层,只不过它是“四大景区”的下层。也就是说对于一个大的景区而言,它的最上层著入结构中的“景区”层次,它的下面二、三、四……层次,均著入结构中的“景点”层次,可依靠“所属景区(点)”与“下层景点”项来界定复杂层次。

2.6.2.1 景区

i 景区名称

a. 不可重复

b. 景区的公开正式名称

例:颐和园

i. i 景区又名

a. 可重复

b. 景区的其他名称

c. 只著录名称本身,不著录如“又名”、“原名”之类的前缀

例:清漪园

ii 景区位置

ii. i 景区地点

a. 按照行政区划著录,格式为省(自治区、直辖市)、市、区(县)

b. 地名为正式称谓,要著录其全称

例:北京市海淀区

ii. ii 位置图

a. 图片文件,具体要求见《图片加工标准》

b. 暂时不做

iii 景区介绍

iii. i 景区文字

a. 多行文字

b. 字数为 800—1500 字

c. 对景区的文字介绍,可在此做标引链接

iii. ii 景区图片

a. 图片文件,具体要求见《图片加工标准》

b. 可选用景区全景图、代表图

iii. iii 景区音频

音频文件,具体要求见《音频加工标准》

iii. iv 景区视频

视频文件,具体要求见《视频加工标准》

iii. v 游览图

a. 图片文件,具体要求见《图片加工标准》

b. 一般为导游图

iv 分类号

a. 可重复

b. 中图法分类号

v 主题词或关键词

a. 可重复

b. 必须有选自“旅游关键词表”中的标引词,同时可给出其他关键词

vi 旅游等级

a. 世界级、国家级、省级

b. 按照权威部门所发布的信息著录

(已经正式被联合国教科文组织列入“世界遗产”名录的才标明世界级)

vi. i 相关评价

a. 多行文字

b. 权威部门对景区的相关评价,如旅游部门、文物部门

vii 旅游文化

注意:旅游文化的各子项均为链接字段,在所链接的库内必须有该链接的内容,不允许只在旅游库做链接点

(其他的链接项如周边景区、下层景点也遵循以上原则)

vii. i 相关人物

a. 可重复

b. 链接到人物库
c. 著录人物名称,要与人物库“人物名称”项著录一致
vii. ii 历史事件
a. 可重复
b. 链接到事件库
c. 著录事件名称,要与事件库“事件名称”项著录一致
vii. iii 游记诗词
a. 可重复
b. 链接到作品库
c. 著录游记诗词名称,要与作品库“题名”项著录一致
d. 不要加书名号《》
vii. iv 文化民俗
a. 可重复
b. 链接到文化民俗库
c. 著录文化民俗名称,要与文化民俗库“名称”项著录一致
vii. v 土特纪念
a. 可重复
b. 链接到土特产品库
c. 著录土特产品名称,要与土特产品库“名称”项著录一致
vii. vi 景区故事
a. 可重复
b. 链接到作品库
c. 著录故事名称,要与作品库“题名”项著录一致
d. 不要加书名号《》
vii. vii 相关文章
a. 可重复
b. 链接到作品库
c. 著录文章名称,要与作品库“题名”项著录一致
d. 不要加书名号《》
vii. viii 相关图书
a. 可重复
b. 著录图书名称

c. 不要加书名号《》
viii 周边景区
a. 可重复
b. 著录周边景区名称
c. 可链接到周边景区，注意必须有链接内容
ix 下层景点
a. 可重复
b. 著录下层景点名称
c. 可链接到下层景点，注意必须有链接内容
2.6.2.2　景点
i 景点名称
a. 不可重复
b. 景点的公开正式名称
i. i 景点又名
a. 可重复
b. 景点的其他名称
c. 只著录名称本身，不著录如“又名”、“原名”之类的前缀
ii 景点位置
ii. i 景点地点
a. 按照行政区划著录，格式为省（自治区、直辖市）、市、区（县）
b. 地名为正式称谓，要著录其全称
ii. ii. 位置图
a. 图片文件，具体要求见《图片加工标准》
b. 暂时不做
ii. iii 所属景区（点）
a. 景点的直接上层景区（点）的名称
b. 可链接到上层景区（点），注意必须有链接内容
iii 景点介绍
iii. i 景点文字
a. 多行文字
b. 字数为 800—1500 字
c. 对景点的文字介绍，可在此做标引链接

iii. ii 景点图片

a. 图片文件,具体要求见《图片加工标准》

b. 可选用景区全景图、代表图

iii. iii 景点音频

音频文件,具体要求见《音频加工标准》

iii. iv 景点视频

视频文件,具体要求见《视频加工标准》

iii. v 游览图

a. 图片文件,具体要求见《图片加工标准》

b. 一般为导游图

iv 分类

a. 可重复

b. 中图法分类号

v 主题词或关键词

a. 可重复

b. 必须有选自“旅游关键词表”中的标引词,同时可给出其他关键词

vi 旅游等级

a. 世界级、国家级、省级

b. 按照权威部门所发布的信息著录

(已经正式被联合国教科文组织列入“世界遗产”名录的才标明世界级)

vi. i 相关评价

a. 多行文字

b. 权威部门对景点的相关评价,如旅游部门、文物部门

vii 旅游文化

注意:旅游文化的各子项均为链接字段,在所链接的库内必须有该链接的内容,不允许只在旅游库做链接点

(其他的链接项如下层景点也遵循以上原则)

vii. i 相关人物

a. 可重复

b. 链接到人物库

c. 著录人物名称,要与人物库“人物名称”项著录一致

vii. ii 历史事件

a. 可重复

b. 链接到事件库

c. 著录事件名称，要与事件库“事件名称”项著录一致

vii. iii 游记诗词

a. 可重复

b. 链接到作品库

c. 著录游记诗词名称，要与作品库“题名”项著录一致

d. 不要加书名号《》

vii. iv 文化民俗

a. 可重复

b. 链接到文化民俗库

c. 著录文化民俗名称，要与文化民俗库“名称”项著录一致

vii. v 土特纪念

a. 可重复

b. 链接到土特产品库

c. 著录土特产品名称，要与土特产品库“名称”项著录一致

vii. vi 景区故事

a. 可重复

b. 链接到作品库

c. 著录故事名称，要与作品库“题名”项著录一致

d. 不要加书名号《》

vii. vii 相关文章

a. 可重复

b. 链接到作品库

c. 著录文章名称，要与作品库“题名”项著录一致

d. 不要加书名号《》

vii. viii 相关图书

a. 可重复

b. 著录图书名称

c. 不要加书名号《》

viii 下层景点

a. 可重复

b. 著录下层景点名称

c. 可链接到下层景点,注意必须有链接内容

2.6.3 旅游资源库子库数据结构和著录规则

2.6.3.1 文化民俗子库

(1)数据结构

名称(单行,不可重复)

所属民族(下拉菜单)[按照《中图法》第四版“中国民族表”]

所属地区(下拉菜单)

类别(下拉菜单)

描述

　　文字(多行文字)

　　图片

　　音频

　　视频

传说(文本文件)

分类号

关键词

(2)著录规则

名称

不可重复

所属民族

可重复

所属地区

下拉菜单

类别

a. 下拉菜单

b. 具体内容待定

描述

文字

a. 多行文字

b. 字数为800—1500

图片

图片文件,具体要求见《图片加工标准》

音频

音频文件,具体要求见《音频加工标准》

视频

视频文件,具体要求见《视频加工标准》

传说

a. 可重复

b. 纯文本文件

分类号

a. 可重复

b. 中图法分类号

关键词

可重复

2.6.3.2　人物子库数据结构和著录规则

(1)数据结构

人物名称　　（单行，不可重复）
├ 又名　　（单行，可重复）
└ 外文名　　（单行，可重复）
国别　　（单行，不可重复）[按照《中图法》第四版“世界地区表”]
性别　　（下拉选择）　男　女
民族　　（单行，不可重复）[按照《中图法》第四版“中国民族表”]
生卒年　　（单行，不可重复）[阿拉伯数字；公历年；“公元前”需标明；
一般格式为 XXXX—XXXX
只知生年，著录为 XXXX—？
只知卒年，著录为？—XXXX]
籍贯　　（单行，可重复）
人物生平　　（无此定义）
├ 生平简介　　（多行文字）　[800—1500 字]
├ 图像资料
├ 音频资料
└ 视频资料
分类号　　（单行，可重复）　[按照《中图法》第四版]
主题词或关键词（单行，可重复）　[待定]
相关作品　　（单行，可重复）　[作品名称，链接到“作品库”]
相关事件　　（单行，可重复）　[事件名称，链接到“事件库”]
相关人物　　（单行，可重复）　[人物名称，链接到“人物库”]

(2)著录规则

i 人物名称

a. 不可重复

b. 人物的中文名称

例:鲁迅

i. i 又名

a. 可重复

b. 只写名称,不需要加上原名、笔名、化名等字样。

例:周树人

i. ii 外文名

a. 可重复

ii 国别

a. 不可重复

b. 采用《中图法》第四版“世界地区表”

iii 性别

a. 下拉菜单

b. 选择:男、女

iv 民族

a. 不可重复

b. 采用《中图法》第四版“中国民族表”

v 生卒年

a. 不可重复

b. 阿拉伯数字;公历年;“公元前”需标明;

一般格式为? YYYY—YYYY

只知生年,著录为 YYYY—?

只知卒年,著录为? —YYYY

vi 籍贯

a. 可重复

b. 按行政区划著录

vii 人物生平

vii. i 生平简介

a. 多行文字

b. 简要介绍人物生平
c. 字数限制:800—1500 字
d. 可从文字中提炼标引点链接
vii. ii 人物图像
a. 具有代表意义的人物照片
b. 图像文件,具体要求见《图片音频视频加工标准》
vii. iii 人物音频
a. 音频文件,具体要求见《图片音频视频加工标准》
vii. iv 人物视频
a. 视频文件,具体要求见《图片音频视频加工标准》
viii 分类号
a. 可重复
b. 采用《中图法》第四版
ix 主题词或关键词
a. 具体规则待定,暂空缺
x 相关作品
a. 可重复
b. 著录作品题名,内容链接到“作品资源库”
c. 题名必须与作品库中题名一致
xi 相关事件
a. 可重复
b. 著录事件名称,内容链接到“事件库”
c. 事件名称必须与事件库中名称一致
xii 相关人物
a. 可重复
b. 著录人物名称,内容链接到“人物资源库”
c. 人名必须与人物库中人物名称一致

2.6.3.3 事件子库数据结构和著录规则

(1)数据结构

事件名称　　　　　（单行，不可重复）

└　又名　　　　　（单行，可重复）

发生时间　　　　　（单行，可重复）（YYYY-MM-DD）

发生地点　　　　　（单行，可重复）[按照行政区划著录，省（直辖市）市、县……]

相关人物　　　　　（单行，可重复）[人物名称，链接到“人物库”]

事件介绍　　　　　（无此定义）

- 文字介绍　　（多行文字）　[800—1500字]
- 图像资料
- 音频资料
- 视频资料

分类号　　　　　（单行，可重复）　[按照《中图法》第四版]

主题词或关键词（单行，可重复）　[待定]

相关事件　　　　　（单行，可重复）[事件名称，链接到“事件库”]

相关作品　　　　　（单行，可重复）[作品名称，链接到“作品库”]

(2)著录规则

i 事件名称

a. 不可重复

b. 事件的公开正式名称

例:辛酉政变

i.i 又名

a. 可重复

b. 事件的其他名称

c. 著录名称本身,不著录如“又名”、“原名”之类的前缀

ii 发生时间

a. 不可重复

b. 一个时间标识 YYYY－MM－DD 或

一个日期范围 YYYY－MM－DD——YYYY－MM－DD

c. 如果没有精确的时间,可使用模糊概念,如清朝末年,民国初年。

iii 发生地点

a. 可重复 i

b. 按照行政区划著录,格式为省(直辖市)、市、区(县)

c. 地名为正式称谓,要著录其全称

例:湖南省长沙市

iv 事件介绍

iv. i 事件内容

a. 多行文字

b. 对于事件的简要描述

c. 字数为 800—1500 字

d. 可从文字中提炼标引点链接

iv. ii 内容图像

a. 图片文件,具体要求见《图片音频视频加工标准》

iv. iii 内容音频

a. 音频文件,具体要求见《图片音频视频加工标准》

iv. iv 内容视频

a. 视频文件,具体要求见《图片音频视频加工标准》

v 分类号

a. 可重复

b. 中图法分类号

采用《中图法》第四版

vi 主题词或关键词

a. 可重复

b. 采用《中国分类主题词表》

vii 相关事件

a. 可重复

b. 著录事件名称,内容链接到“事件资源库”

c. 事件名称必须与事件库中事件名称一致

viii 相关人物

d. 可重复

e. 著录人物名称,内容链接到人物库

f. 人物名称必须与人物库“人物名称”项著录一致

ix 相关作品

a. 可重复

b. 著录作品题名，内容链接到“作品资源库”

c. 题名必须与作品库中题名一致。

2.6.3.4　土特产品子库数据结构和著录规则

(1)数据结构

名称（单行，不可重复）

产地（单行，不可重复）

类别(下拉菜单)

描述

　　文字(多行文字)

　　图片

　　音频

　　视频

传说(文本文件)

分类号

关键词

(2)著录规则

名称

a. 不可重复

产地

a. 不可重复

b. 按照行政区划著录

类别

c. 下拉菜单

d. 具体内容待定

描述

文字

a. 多行文字

b. 字数为 1500 字以下

　图片

　图片文件，具体要求见《图片加工标准》

　音频

音频文件,具体要求见《音频加工标准》

视频

视频文件,具体要求见《视频加工标准》

传说

a. 可重复

b. 纯文本文件

分类号

a. 可重复

b. 中图法分类号

关键词

可重复

2.6.3.5 作品子库数据结构和著录规则

(1)数据结构

题名 （单行，不可重复）

副题名 （单行，可重复）

外文名 （单行，可重复）

作者 （单行，可重复）

文献出处 （单行，可重复）

发表时间 （单行，可重复）

主题词或关键词 （单行，可重复）

分类号 （单行，可重复）

提要 （多行文字）

原文 （无定义）

原文文件

图片资料

视频资料

音频资料

相关作品 （单行，可重复）

相关人物 （单行，可重复）

相关事件 （单行，可重复）

(2)著录规则

i 题名

a. 不可重复

b. 文章的中文名称

i. i 副题名

a. 可重复

b. 对于题名的说明

i. ii 外文名

a. 可重复

b. 文章的并列外文题名

ii 作者

a. 可重复

b. 作者姓名

iii 文献出处

a. 可重复

文章来源于某种媒体名称。报刊、杂志、书等例:国家地理杂志

iv 发表时间

a. 可重复

b. YYYY – MM – DD

v 主题词或关键词

a. 可重复

b. 采用《中国分类主题词表》

vi 分类号

a. 可重复

b. 采用《中图法》第四版

vii 提要

a. 多行文字

b. 内容摘要

c. 字数在 50—300 字之间

viii 原文

viii. i 原文文件

a. 著作原文

b. txt 文件

c. 可重复引入

viii. ii 图片资料

a. 图像文件,具体要求见《图片音频视频加工标准》

viii. iii 视频资料

a. 视频文件,具体要求见《图片音频视频加工标准》

viii. iv 音频资料

a. 音频文件,具体要求见《图片音频视频加工标准》

ix 相关作品

a. 可重复

b. 著录作品名称,内容链接到"作品资源库"

c. 名称必须与作品资源库中题名一致

x 相关人物

a. 可重复

b. 著录人物名称,内容链接到"人物资源库"

c. 人物名称必须与人物资源库中名称一致

xi 相关事件

a. 可重复

b. 著录事件名称,内容链接"事件资源库"

c. 事件名称必须与事件资源库中名称一致

2.7 文化共享工程数字资源加工发布(以图片数据库为例)

2.7.1 引言

文化共享工程国家中心收藏的各种图片数量逐年增多,需要构建专题图片资源库进行保存和查询,加强对各类图像、文件的管理,并对文件进行有效的分类,提升查询速度和使用效率。

该数据库系统须符合相关电子文件标准体系,以对图像元数据的捕获、管理与控制为主要手段,实现对图像内容信息的生成、捕获及长期保存。建成的数据库系统提供 B/S 界面,方便全国各地授权用户进行上传编辑操作,满足国家中心对图片收集、管理、保存的需求,元数据与全文检索技术相结合,实现对海量数据的快速检索。

2.7.2 数字资源加工、管理、发布的 CDI CMS 软件

在服务器、磁盘阵列等设备基础上，安装操作系统、数据库等基础软件系统，安装数字资源加工、管理、发布的 CDI CMS 软件。

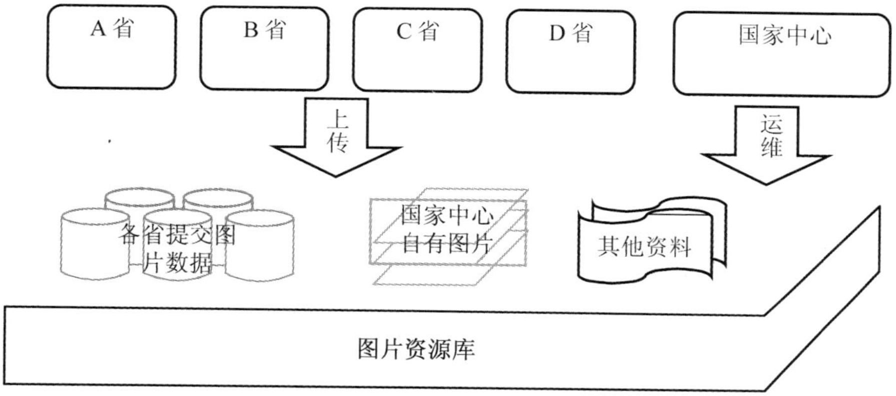

图 2－1　组织服务运行模式

根据共享工程国家中心图片库的建设需求，整体系统框架设计分为三层：资源加工层、门户系统层和门户服务层。

（1）资源层

本数据库主要针对国家中心和各省级分中心拍摄采集的数字图片文件（例如，TIFF 文件、JPEG 文件等），要求提交每个图片文件的相关元数据信息（例如，图片名称、拍摄地点、拍摄者等）。

（2）系统层

拥有授权的各省工作人员，通过登录服务器的提交界面将图片和相关元数据上传。国家中心将所获取的图片进行整合发布，生成文化共享工程图片库，对外提供元数据整合检索。

（3）服务层

服务层是文化共享工程国家中心图片库面向用户的使用界面，对于各种用户应用服务人机界面应保持统一，功能与数据保证无缝链接。用户可以对各种类型资源进行检索与浏览。

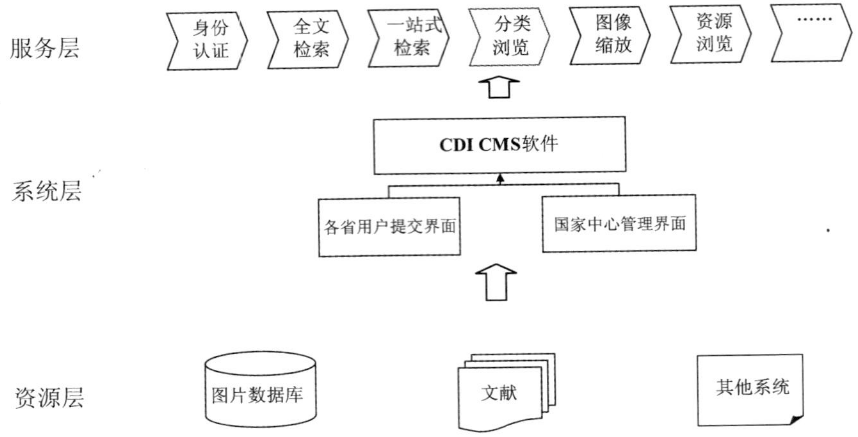

图 2－2　整体系统框架

2.7.3　根据不同类型数据库数据特点定义元数据结构

元数据是各种信息检索、关联的基础，根据不同类型数据库数据特点定义元数据结构。任何一个元数据项都可以作为自动关联设置，本例仅作示范。

图片库元数据图片名称（自动关联项）、拍摄地点、拍摄者、画面内容、画面人物（自动关联项）、画面活动（自动关联项）、拍摄时间、提交机构（自动关联项）、相关背景资料、图片文件（档案保存级、印刷输出级、网络浏览大中小级）。

提交机构元数据机构名称、省市、所属行业、成立时间、网站、地址、联系方式、相关人物（自动关联项）……

2.7.4　资源加工、管理、发布操作功能

CDI CMS 软件是针对小型单位资源加工服务设计的轻量级应用软件。它是基于 Java 和浏览器技术的网站管理软件，可以完成网站文件管理，静态网页内容可视化创建和编写，模板选择编辑，动态信息嵌入。

系统采用 J2EE 架构来进行搭建，系统可以支持 Windows、Solaris、Linux 等操作系统，在 JAVA 运行环境之上利用应用服务中间件（支持 Tomcat、WebSphere、WebLogic、JBoss 等）来支撑门户系统平台的运行。后台支持多种类型的数据库，包括 MySQL、DB2、Oracle、Microsoft SQL Server、Sybase 等，在 Web 服务层利用 IIS、

IPlanet 或者 Apache HTTP Server 来对用户提供信息服务。

2.7.4.1　操作简单

整个系统本着实用简单的原则，使用界面简单友好，操作指南及页面风格形象化，方便使用。

2.7.4.2　分布式管理

本系统基于 B/S 方式，支持多个站点同时管理操作。后台用户可以同时对多个站点进行数据加工修改。

2.7.4.3　权限保护

系统可以对系统使用者及网站浏览者进行权限设置，不同级别的使用者或用户可以使用到不同级别的数据资源。通过对发布权限的设置，既满足实用的原则，操作也比较简单。

2.7.4.4　资源加工

系统可以定义管理图片资源库，用户可以修改资源库的结构以及字段属性，设置查询项以及查询条件等。

2.7.4.5　支持多种格式数据

本系统支持文本、图片、音频、视频等多种格式数据。通过点击编辑区内的组建按钮，用户可以添加各种类型的对象文件。如果用户懂得计算机语言，还可以通过上传代码、添加按钮等操作使数据的表现形式更加个性化。

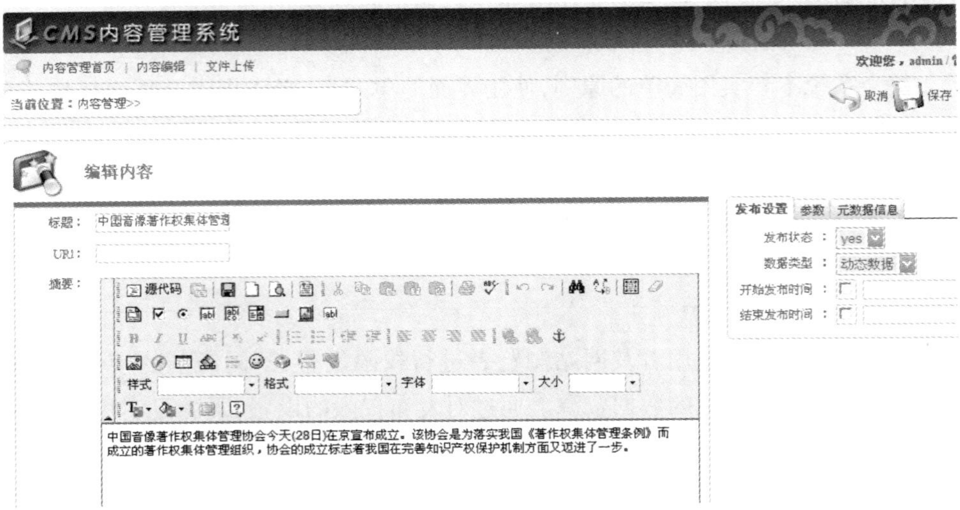

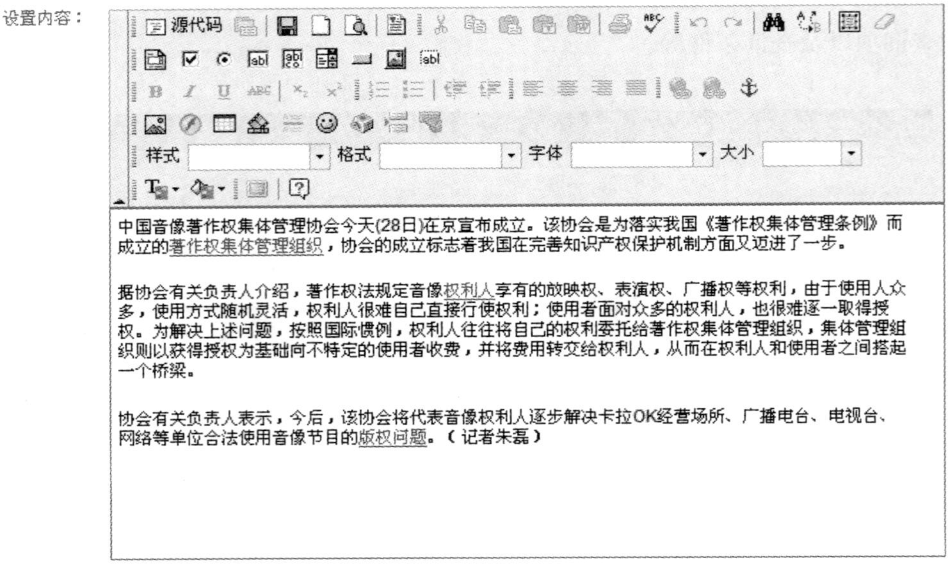

2.7.4.6　丰富的元数据描述信息

使用者可以根据数据类型特点自己定义数据描述信息，最大限度地展示信息特点。目前符合国际标准的是15项中文元数据，通过定义元数据项，可最小粒度的描述对象，使得保存和检索更为容易。

2.7.4.7　文件上传功能

使用者可以将数据资源上传到服务器中，作为数据资源储备，以供网站内容更新使用。通过一定的上传规则，为数据的备份和更新都提供了一定的操作依据。

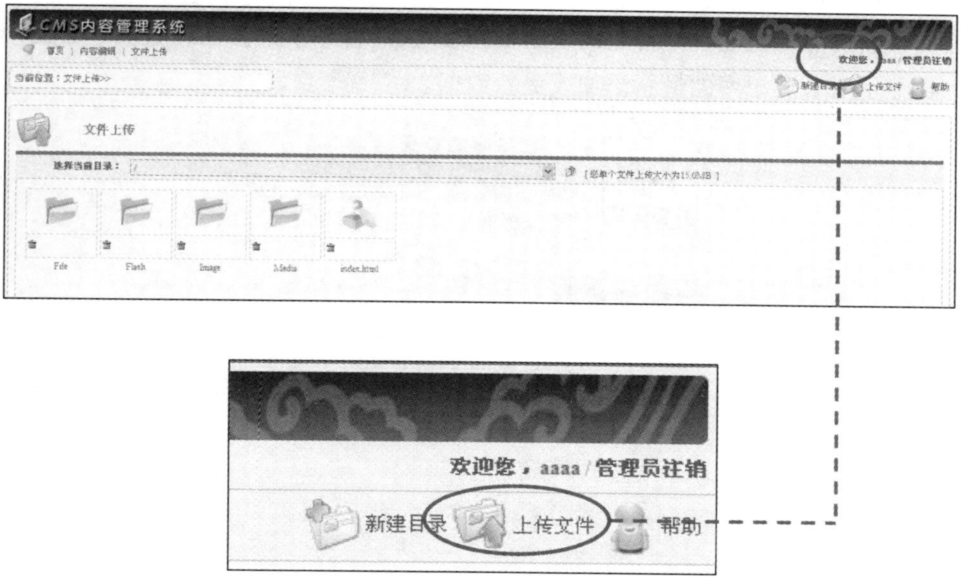

2.7.4.8　支持多种语言文字

系统内核支持藏文、维文、蒙文等各种少数民族文字，支持各种文字的加工、发布、保存、浏览及检索（注：少数民族文字检索需 SQL Server 2008 以上版本支持）。

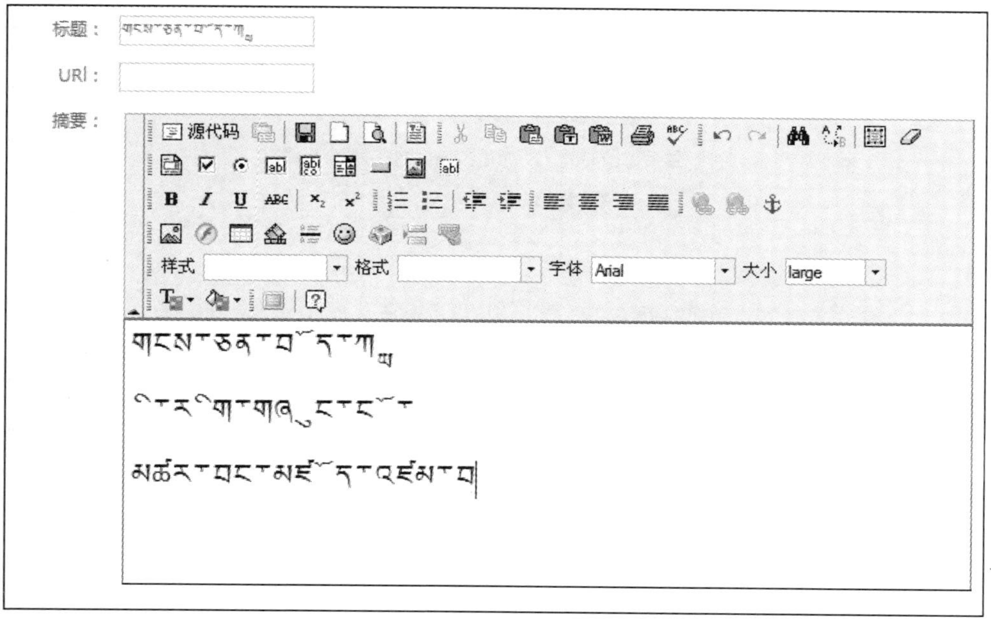

2.7.4.9　最新资源专栏

最新资源专栏是一个特定的最新动态版块,后台最新数据在此版块一览无余。此栏显示所有资源库的最新添加或更新数据。

2.7.4.10　点击排行榜

根据用户的点击量提取点击率最高的数据,由此可知数据利用率。通过点击后台的参数设置,确认数据是否要统计点击率,然后在页面上就会显示点击率最高的数据。

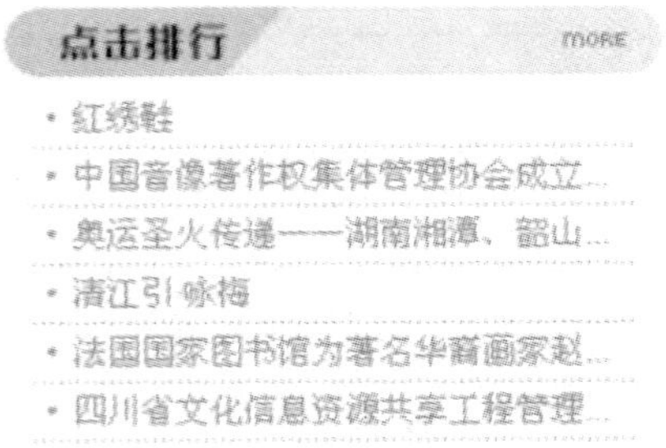

2.7.4.11 多种模板选择

系统基于多种优秀模板设计,可以自主快速地更换网站风格,同时可以选择某个特定栏目的风格。

下图为模板备选方案。

2.8 实施第三年对数字资源建设的反思

数字资源是文化共享工程的建设核心、是工程的命脉,这已是共识,无需再来论证。笔者从 2001 年 10 月开始文化共享工程试验系统研发至 2004 年 5 月一直负责资源建设工作,始终被资源建设定位、资源目标用户、资源共建模式、网站怎样策划设计才能吸引眼球、媒体宣传怎样跟进才能推动工程的实施、"数字化图书馆和数字图书馆的区别、共享工程和普通网站的区别"等诸多问题所困扰。笔者认为,很有必要对一些似乎已成定论的问题进行进一步的讨论,以提出行之有效的措施,使有限的资金投入发挥更大的作用,加快文化共享工程的资源整合和建设力度。

2.8.1 以往资源建设中需要再斟酌的几个问题

2.8.1.1 文化信息资源范围的界定

无论是在最初的文化共享工程资源建设实施方案和后续建设计划中,还是在文化共享工程专家咨询委员会对资源建设的数次论证中，都把注意力集中到了“文化信息资源所应涵盖的范围”这一问题。尽管一再强调工程的文化概念是狭义概念而非广义概念，但即使是狭义，也依然是无所不包。为了吻合每个人心中的文化概念，范围在不断扩大，专题在不断增多，后续发展的困难同时也越来越大。范围之广足以让人望而却步，也背离既定目标越来越远。

其实，无论文化的范围可以怎样外延，国务院界定的文化部职能却是明确的，文化部直属单位所涉及的文化艺术类别也是明确的，文化共享工程应紧紧围绕“文化部可控制资源”以及“实施方案中的资源建设目标”，结合启动以来的实际经验教训，重新修订资源建设方案，投资并整合开发文化部自有资源，不要为用户的所谓需求所干扰。如果需求不在文化部所控制资源范围之内，可以不予考虑。这样就不太容易迷失方向，文化部绝不可能包打天下，别人也不允许、不承认文化部能包打天下。

2.8.1.2　数字图书馆技术的应用

文化共享工程以“试验型数字化图书馆”和“数图公司”在数字图书馆技术、资源建设方面的建设成果为基础，强调技术的与众不同；在资源建设和服务中，又过分注重用资源去诠释数字图书馆的概念，对目前大众普遍理解并接受的数字图书馆（另将其定义为数字化图书馆）未给予足够的重视。笔者接触数字图书馆的概念三年多，从事科技情报工作近十年。在笔者现在看来，我们定义的“数字化图书馆”应该对应的是“传统图书馆”，其工作目标和落脚点是对各种原始对象数据的收藏、加工、整理、揭示并提供检索查询服务，这是图书馆界的看家本领；而我们一再宣称的“数字图书馆”对应的却是传统意义上的“情报研究中心”，其目标和工作核心是对资源内容的深度挖掘和个性化服务，需要有相应的专业基础，这恰恰是图书馆界的弱势。以工程现有资源建设人员的知识水平和知识结构去完成数十个专业的情报增值服务，绝对是天方夜谭。

其实，无论是哪种定义，“数字化图书馆”都是不可逾越的发展阶段，也是最能满足现阶段用户需求的一种资源服务形式。工程的终极理想和目标可以是“数字图书馆”，但也必须经过“数字化图书馆”这一原始积累过程，正如同社会主义是共产主义的发展阶段一样。用户的需求并不难满足，他不管你采用了什么技术，问题是他期望中的功能需求你是否最大限度地给予满足，用户关心的是前台的服务是否便捷、周到，并不关心后台如何实现。“不选最好的，只选最合适的”，Yahoo 在这方面已有深刻的教训，比如其财经栏目采用美国的组织方式，但完全不能适应中国股民的查询浏览习惯，最后导致该栏目访问量锐减。与此同时，新浪网、和讯网等网站开设的财经栏目却越来越成气候，Yahoo 想收回领地，非常之难。如果普遍采用尚未开始大规模推广应用的技术来组织资源并提供服务，前期需投入大量人力、物力、财力去培育市场，甚至改造市场，其结果可能是市场被你控制，你牵着市场走，但另一个可能是市场根本不给你机会。

笔者认为，工程现在可以发挥自身优势，着手建设数字化图书馆，为实现终极目标奠定扎实的基础。

2.8.1.3　资源共建模式

尽管国家中心已与31个省级分中心、14个文化部直属单位签署了试点实施协议，但几乎所有签约单位都未完全履行协议条款——尤其是在资源共建方面，更令人几乎绝望，文化共享工程的资源建设工作基本上是国家中心在独撑局面。究其原因，除各地领导重视不一、认识各异、资金有多有少等老生常谈的问题之外，还有一个原因是资源软件的使用和库结构的设计问题。资源共建的第一步可以是动员各级中心搜集、整理各地具有知识产权的资源素材，或仅仅获得使用授权，而不是过分强调按照我们的"模具"去装资源，挫伤了很多单位的积极性。国家中心应参照四川省分中心调动基层中心提供素材进行简单粗加工的做法，打通原始资源素材采集的渠道，加快资源整合的步伐。

2.8.1.4　资源选题策划的切入

试验系统研制之初，为了争取各方的认同，并能形象直观地表现文化共享工程的建设思路、规划和目标，选题策划是从用户端切入，先确定栏目，再围绕栏目组织资源。其优点是容易出亮点，短期内效果显著；缺点是积累的素材比较零散，容易偏离方向。为了不断出彩，必须不断策划新的栏目，致使范围越来越宽，摊子越铺越大。此外，从栏目切入很难统计数据量，其单位或者是多少条数据，或者是多少MB、GB，而不是老百姓十分熟悉的多少册书、多少部作品、多少场讲座……而且，其他工作比如知识产权的解决等也难以配合。

文化共享工程实施两年多之后，应该把选题的切入点调整为策划底层的对象资源。结合文化部和财政部联合下发的文件要求，围绕百万册件文献、地方剧目、音乐作品、美术作品、珍贵文物做文章。根据实施的具体情况和用户反馈，可以增加电影、讲座资源，由于文物局未参加，可以将文物规划适当压缩。之后，根据实际完成的对象资源情况策划用户界面的栏目和特色资源推荐。

2.8.2　今后资源建设的思路调整和操作方案

2.8.2.1　总体思路调整

进一步明确文化共享工程的宗旨，为资源建设指明方向，为素材选题提供依据;资源建设应紧紧围绕文化部和财政部联合下发文件中规定的资源建设目标来开展;目前资源建设的方式相对于资源深加工更应注重素材的积累;资源应突出文化部特色,资源建设应以文化部直属单位的特色收藏为主要依托,从各单位文化信息资源的联合目录入手,有计划地组织对象资源的加工整合。

2.8.2.2　建设目标调整

两部委联合文件中规定的资源建设目标为:

(1) 完成全国图书馆、博物馆、美术馆、艺术研究等机构的文化信息资源联合目录。

(2) 完成以"百万册(件)文献共建"与"四个一优秀作品"为核心的数字资源建设,即完成 100 万册(件)文献、1000 台优秀地方剧目、1000 部优秀音乐作品、1000 部优秀美术作品、1000 件珍贵文物的数字化,并提供网上服务。

(3) 整合贴近大众生活的现代社会文化信息资源。

(4) 建设支持文化信息资源共建的基础信息资源。

其中对第(1)个目标,应先从文化部直属单位的联合目录做起,然后再扩展到北京市,同时以各省分中心为依托,汇总各省相关信息的联合目录,最后完成全国图书馆、美术馆、艺术研究等机构的联合目录。

对第(2)个目标,目前文化共享工程的许多栏目都是围绕这一目标建设的,比如"文化源流"、"哲学与宗教"、"中国历史"、"中国文学"、"地方戏曲"、"新中国美术文献"等。根据资源建设的实际情况,我们可增加 1000 部优秀电影(电视剧)和 1000 场优秀讲座的建设目标。

但是百万册(件)的数量太过庞大,应征求专家意见确定一个比较实际的目标;为了加强对资源建设的指导,应对各具体建设目标成立专家组,由专家对什么是文献、什么样的作品才是优秀作品及其数量等进行界定,并提出具体的素材目录。资源建设工作还应充分借助"中华再造善本工程"以及"民族民间文化保护工程"的成果。

对第(3)个目标,文化共享工程已建设了许多相关资源,如中华食文化、烟文化、酒文化、茶文化、文化旅游等,从现有资源数量以及资源建设经费考虑,这一部分可以维持现状,不再增加新的内容。

对第(4)个目标,文化共享工程已建设了相当数量的资源,可请专家组再进行界定与把关。

2.8.2.3　技术支持调整

资源建设的最终目的是为用户服务,因此,技术支持的重点放在所建资源的有效揭示、全方位检索与查询功能上，一切以用户方便、易用为出发点，具体表现在：

（1）现行资源加工与发布系统软件无自动标引、关联功能，在保证资源库元数据准确、完整的情况下，减少跨库关联（即减少库结构中相关字段、多行置标），从而降低资源库拆分困难与手工置标的错误率。

（2）资源库后台管理采用XML技术，前台因特网上的服务采用浏览器普遍支持的HTML网页，以支持网站的信息动态发布、兼顾最大范围的用户群与先进技术的应用。

（3）构建支持多种系统与资源库的发布平台，提供具有跨库检索和站内网页内容查询功能的搜索引擎或检索框。

（4）在资源库发布模板上增加二次检索、页码跳转功能。

（5）增加资源加工界面上数据批查重、导入与输出功能，增加服务界面（国家数字文化网）上的用户访问路径显示功能。

（6）根据不同资源访问权限应用文化共享工程数字版权保护系统进行控制。

2.8.2.4　知识产权配合

突出主题，围绕一个主干，即以“七个一优秀作品”的建设为核心，即100万册文献、1000台优秀地方剧目、1000部优秀音乐作品、1000部优秀美术作品、1000件珍贵文物，以及1000场优秀讲座和1000部优秀电影，在专家组制定的框架下进行资源的采集，积累能经得住时间考验的精品，避免在选择素材时因为缺少框范而过于随机导致的鱼龙混杂。其中社会方面的资源买进作为辅助的内容建设手段。

由于版权谈判中存在的困难，我们所选资源素材不可能全部谈成，可以确立四个类别的资源素材，即“必选资源”、“首选资源”、“次选资源”及“替代资源”等进行选择。

由于资源建设目标中所确定的对象资源种类明确，因此，采集资源时针对性很强，在资源建设资金非常紧张的情况下能免受社会上庞杂的资源素材的干扰，突出主题，打造文化共享工程的特色资源库。

2.8.2.5　组织实施调整

（1）专家组及其职责

针对调整后的各项具体的资源建设目标，成立专家小组或与相应的专业机构合作，可以包括：联合目录建设专家组；文献资源专家组；地方剧目专家组；音乐作品专家组；美术作品专家组；讲座策划专家组；电影资源专家组；用户端服务策划专家组等等。

这些专家组的主要职责是：制定标准、规则；框定某类型资源素材采选的原则，尽可能细化到素材目录;审定元数据结构;审定相关知识的内容;审定特定资源服务的功能设计。

(2)共建模式

资源建设的共建模式对于省级分中心,可根据实际情况分解资源建设目标。以讲座为例,假设国家中心和直属单位可制作640场讲座,30个省级分中心共制作360场,如果在三年内完成,则每个省级分中心每年需制作4场讲座。签订试点协议时,可明确具体上交的资源内容包括4场讲座、N部地方剧目、N册文献或地方文学……在完成应上交的资源之后,可签订经济合同,按双方认可的价格购买省级分中心制作的符合资源建设目标的资源。

对于文化部直属单位,可以根据每家单位的主要业务主题有不同的侧重点,如国家图书馆以文献为主、中国艺术研究院以专业指导和艺术研究文献为主、中国京剧院以京剧为主、中国交响乐团以音乐作品为主、中国美术馆以美术作品为主等等。签订分中心协议时规定应上交的资源基数,之后,按照双方议定的价格签订经济合同,购买符合资源建设目标的资源。

(3)成果形式

共建单位提供的资源可以以三种成果形式上交:

- 上交获得使用权的原始素材,图书、光盘等;
- 上交已获得使用权的素材,并进行数字化加工;
- 如有资源加工基础,可按照统一的加工标准进行整库的加工。

2.8.2.6 用户端服务调整

(1)国家中心在互联网上的资源服务

- 资源服务界面采用两种方式:一种是资源类别界面,以原始信息类型为分类标准,如图书、期刊、图片、讲座、电影等,展示全部资源建设成果。另一种是主题资源库界面,根据新建资源特点、不同时期宣传重点,有选择地围绕主题进行资源组织与发布,形式上同于原有国家数字文化网。
- 两种服务界面均提供全文检索、网站地图、查询路径显示功能,保证资源库中对象数据的稳定性。
- 两种服务界面中的分类要科学、清晰,每一类名具有说明文字。
- 所有网页进行优化,加快用户的访问速度。

(2)资源产品服务

- 整理从不同角度分类的资源清单。
- 根据目标用户群特点,设计相应的产品界面风格。

2.8.2.7　加工流程调整

（1）各专家组确定总体的建设框架和标准，确定素材采选原则，细化素材目录，并审核元数据机构、服务功能设计。

（2）知识产权部负责按照资源素材目录采集资源素材，通过合法的途径获得资源加工和资源服务所需的各项权益。

（3）资源建设部负责组织资源的数字化加工，制作元数据，按照类别发布资源，提供检索、查询服务，建设维护文化共享工程资源类别的服务界面。

（4）产品设计部负责根据加工的对象资源，结合用户需求、社会热点、重大事件等策划不同的产品系列、归并不同的栏目，提供用户端的资源服务——建设维护主题资源库的服务界面，以及根据用户需求抽取数据形成产品。

2.9　在标准规范选用方面的实践和思考

2.9.1　在数字图书馆标准规范基础上构建资源建设标准规范体系

“文化共享工程是数字图书馆的早期服务形式”。在服务方面，文化共享工程是数字图书馆面向基层服务的延伸；在资源方面，文化共享工程与数字图书馆互为补充；在技术平台建设方面，文化共享工程要与国家数字图书馆工程并轨。

文化共享工程与国家图书馆在技术与资源方面的共建共享已经全面启动。2007 年 7 月 1 日，国家图书馆与文化共享工程国家中心举行了合作签字仪式。在资源方面，国家图书馆精心组织了总量达 2.62TB 的数字资源，投放到文化共享工程的全国服务网络中，通过互联网、局域网、电子政务外网、光盘、卫星等多种渠道向全国公众免费提供服务。此次提供的资源内容主要包括：5 万种 330 万册电子图书以及 19 万种、38 万册电子图书的远程账号访问；送书下乡精选图书全文数据 1029 册；文津图书奖书目数据 1680 条，目次数据近 10 万条，图书全文 34.7 万页；地方志书目数据 2834 条、地方志全文 2834 种；年画书目数据 278 条，图片数据 278 种 339 幅；在线展览共计 41 场；在线讲座 379 场。国家图书馆在年底前提供了 5000 册中文新书的网上阅读服务，以后每年为公众提供 1 万册中文新书。在技术方面，国家图书馆全力支持文化共享工程信息基础设施平台的建设，为文化共享工程提供网络接入、资源存储、主服务器与数据库系统等支持与运行维护服务。国家中心也积极参与国家数字图书馆标准规范的研制，先后参加相关研究项目的招标，已获得《国家图书馆数字资源统计标准规范》《国家图书馆文本对象数据标准规范》两个承建项目。

这些举措有效地促进了跨平台标准规范的应用，推动文化共享工程与国家数字图书馆在技术平台搭建、资源交换与共享、资源服务的合作与交流、人员培训、宣传推广等方面的深入融合，提升这两项工程公共文化服务的整体水平。

2.9.2 选用标准规范应考虑的因素、遵循的原则

在标准规范的具体选择上，应考虑这样几个方面：第一，遵循相关国际、国家标准及事实标准；第二，从工程实际应用需求出发修订相关规范；第三，在选择、扩展、执行相关标准规范时保持前瞻性。经过多年的实践，文化共享工程已逐步确定了标准规范的选用原则。即：充分尊重科技部国家科技基础条件平台建设专项支持项目“我国数字图书馆标准与规范建设”的研究成果[33]（以下简称“数字图书馆标准规范成果”）；重点参考国家广电总局《中国广播电视音像资料编目规范》[34]（以下简称“广电规范”）等行业标准；广泛推荐采用其他国家级、行业级标准规范；针对具体建设内容及建设方法制定操作细则。

2.9.3 文化共享工程推荐、选用标准的具体做法

中央财政逐年加大对文化共享工程资源建设的投入，文化共享工程的数字资源内容来源涵盖了纸质文献、网页、音像、数据库产品等多种类型，并以文字、图片、多媒体等多种形式展现，构成了海量的、分布式的数字图书馆资源库群。文化共享工程推荐、选用标准规范的具体做法如下。

2.9.3.1 积极研究建立文化共享工程标准规范体系

2004 年，国家中心首次组织专家会论证确定了以“数字图书馆标准规范成果”为指导依据的建设思想。其后多次开会研讨标准的推荐、执行、补充、完善等各项问题。《全国文化信息资源文化共享工程 2006 年试点资源建设的指南》（以下简称《指南》）出台标志着文化共享工程标准规范体系框架基本建立。

文化共享工程已建成的 136TB 资源主要以视频为主，这一数字正以每年不少于 5TB 的速度迅速增加。它已逐步成为数字图书馆海量资源存储的最重要组成部分，最终也必将成为图书馆面向基层服务的重要的数字资源基础储备。

鉴于视频资源建设并非图书馆的强项，在“我国数字图书馆标准与规范建设”研究项目中也涉及较少，国家中心从应用实际出发，重点推荐使用了国家广电总局颁布的标准，以确保工程资源建设与发展要求同步，能够与国家相关行业主流标准保持统一。

2.9.3.2　用《指南》和《规划》等在文化共享工程系统内推荐标准规范

2006、2007 年国家中心两次发布了文化共享工程资源建设年度指南，并在之后发布了《2008—2010 年文化共享工程资源建设规划》（以下简称《规划》）。《指南》与《规划》除对建设原则、重点、总体要求、选题方向等提出明确规定外，对成果类型、标准规范的采用也提出具体要求，指出："为保证工程资源的标准化表述、有序化存储、规范化应用，资源建设必须执行统一的技术标准规范，努力实现通畅的互操作和资源库的跨库检索与无缝链接，建成国内规模较大的分布式资源库群。文化共享工程总体的资源建设技术标准体系，依据科技部国家科技基础条件平台建设专项支持项目'我国数字图书馆标准与规范建设'的研究成果建立。国家中心遵循依照数字图书馆的标准规范体系，选用成文、适用标准，扩展、建立专用标准的工作原则，依托数字图书馆的技术规范体系的发展而发展。"参加资源共建的省级分中心和有条件的市县级支中心均可根据自身条件以及申报项目的特点，在《指南》和《规划》的框架下选用相应标准。

2.9.3.3　编制资源建设标准手册，指导标准规范的具体应用

国家中心的资源建设项目、西部 8 省的试点、中西部 14 省的试点、国家中心支持的东部各地合作共建项目都积极选用了推荐标准，在标准应用方面积累了一定的实践经验。国家中心拟采用编制《标准手册》的方式，指导建设单位应用推荐标准。文化共享工程的《标准手册》实际上是各项标准的执行细则，旨在缩短标准与应用的距离，促进推荐标准的贯彻执行。

综上所述，文化共享工程的数字图书馆标准应用在不断的探索中逐步走向成熟，已经成为工程建设的事实标准，这是多年实践的结果。

2.9.4　标准规范推荐工作的其他相关问题

2.9.4.1　关于推荐标准的简化、优化问题

有些标准由于与实际应用存在距离，时常会有使用者反映其不好用、不解决实际问题。有些标准包括很多硬性的指标、数据，在实际应用中也会让人觉得繁琐、不适用。倒是那些原则性的东西，更有指导意义和操作性。因此，建议标准推荐不仅要强调标准的适用性，还要强调其实用性，要尽可能推荐简化或优化的版本，或者鼓励推荐者开展标准的简化、优化工作，这样会促进标准的推广应用。

2.9.4.2　关于推荐标准"推而不行"的问题

强制标准是必须执行的标准，推荐标准是不具备法律效力的自愿选用标准。推荐标准如果没有有效的推行手段，很容易被"束之高阁，推而不行"。好的推荐

性标准强调共性要求，概括性强，适用范围广，但如何被有效地推广还要看标准使用者怎样根据自身技术水平的高低、用户的需求、标准实施的合理性、经济性等因素自行消化。正如国家中心编制的标准指导手册，是对所选用、推荐标准的一种个性化处理。数字图书馆标准规范推荐机制中应确立一些有助于推荐标准“推而广之”的措施，使标准不继续流于形式，而能真正“推荐”出去。

2.9.4.3 关于加速研究成果的推荐问题

什么样的标准规范能够作为“推荐标准”？像“数字图书馆标准规范成果”这样的科研成果可否被推荐？数字图书馆是国家重要的信息基础设施，需要有自己的行业标准统筹业界。理论研究成果只有转化为国家或行业标准，才会显示出其实践价值。国家或行业标准也因其具有的权威位势而更容易获得行业认可，进而在业界迅速推广。“数字图书馆标准规范成果”是包括公共图书馆、科研机构图书馆、大学图书馆在内的权威机构历经数年共同研究获得的成果，得到了大家的认同，在高校、科研机构也有一些应用基础。文化共享工程是在综合考虑了它的权威性、前瞻性、包容性的基础上选用、推荐的。当务之急是尽快通过更多更广的应用，改进、发展它，让其尽快转换为生产力，为大家所用，让公众受益。

2.10 对数字资源共建共享机制的思考

文化共享工程数字资源建设的各项任务本着部际联席会议成员单位牵头、组织制度与项目制度相结合的方针进行。在数字资源建设流程的各个环节，必须发挥政府的主导作用，建立多种方式互为补充的长效激励机制[35—36]，比如目标指向的引导机制、突出重点的推进机制、多方投入的分担机制、鼓励整合的互惠机制、规范运作的约束机制、分层负责的促进机制、综合评价的奖励机制等。笔者结合自己的工作实践，依据资源建设流程，深入思考了在资源采集加工、资源使用、资源管理、资源评价、资源投资五个环节如何建立可操作、可持续的运作机制的相关问题。

2.10.1 数字资源的采集加工

依据文化共享工程数字资源规划采集加工数字资源，这是整个数字资源建设的基础和关键。为了保证所采集、加工的资源素材能够很好地满足基层群众的基本文化需求，资源采集时需以文化共享工程的整体实施目标为指导，突出重点，通过多种渠道组织资源，坚持体系内运作为主、市场运作为辅。充分发挥领导协调小组成员单位、各级党委政府的作用，挖掘这些部门和单位在数字资源制作方面的潜能，同时要吸引和借助社会力量，针对核心资源、基本资源和外围资源的特点，采用不同的机制不断开发制作新的数字资源。

2.10.1.1　核心资源的采集——以原创为主

核心数字资源必须明显区别于各部委特色内容资源和其他国家工程的资源，这是体现文化共享工程实施意义和打造文化共享工程资源品牌的关键所在。

核心数字资源的采集以原创为主，以“选题”为单元通过项目管理办法组织全额投资、制作工作。需请专业人士或机构充分考虑文化共享工程这一项目服务对象的特殊性，对核心数字资源的具体选题、表现方式等进行策划、论证，编写专题资源制作策划书。之后，依据策划书，由国家中心制作标书，组织资源制作的招投标工作。通过招投标和项目管理，降低制作成本、提高资源质量[37]。

原创资源可按照策划、设计、制作三个阶段进行分步招标：先组织核心资源策划的招投标工作，确定策划中标者和中标方案后，组织资源设计的招投标工作，之后严格按照确定的资源设计中标方案组织资源具体制作的招投标工作，最后按照资源制作中标方案组织资源制作，形成具有专业性的原创资源产品。

2.10.1.2　基本资源的采集——以整合为主

基本数字资源的采集以整合为主，采用任务加补贴的方式来实现。整合各省现有的资源，以及正在制作或计划制作的非专用于文化共享工程但又能满足文化共享工程需求的资源。

首先要进行资源调研摸底，尽可能全面掌握资源质量的详细情况。根据资源调查的情况和数字资源整合的目标，将任务层层分解，下达资源整合的任务，明确要求接受任务的机构必须提交的资源数量和内容细目。

对整合的资源要根据原始资源的介质类型、信息量、内容、质量、为满足文化共享工程需要进行改造的工作量等因素制订相应的补贴标准，以使采集工作能顺利进行。补贴标准分三大类——原始素材补贴标准、素材数字化之后的补贴标准、资源库建设的补贴标准，每类中还需再进行细分，比如文字、图片、音频、视频、flash 等相应的补贴标准[38]。

2.10.1.3　外围资源的采集——共享、征集、购买三足鼎立

外围数字资源要逐步满足各种省情、县情、乡情、村情的需要，对个性化的要求更高，数量庞大、时效性较强，因此需要举“全社会”之力、搭建共享平台来汇聚资源并有效地进行后续的“新陈代谢”。针对这一特点，外围资源的采集应采用共享、征集、购买三足鼎立的方式来实现。

共享：充分发挥文化共享工程领导协调小组的作用，与其他国家工程实现资源

共享。国家中心指定或委托专人对国家、地方政府组织实施的信息化工程特别是与“三农”有关的信息化工程进行调研、摸底，这些政府工程的目标用户都在农村地区，资源的规划和整合内容有一定的交叉，可以协调共享。要深入调研这些工程的实施效果、资源特点，明确地向领导协调小组提出希望获得哪些政府工程的何种资源。

征集：充分利用政府项目的背景，面向全社会公开征集资源。通过建立与各种资源提供者之间的接口，采用命名、授予证书、资源互换等奖励方法，调动各类人员的创造性、积极性，吸收社会、企业、学校以及个人的各种类型、各种形式的资源，由专业人员按照资源建设标准遴选后归入数字资源库，保证地方与社会建设的质量上乘或稀缺资源及时上传至国家中心资源库，缓解资源短缺和原创资源难于满足需求的窘况。

购买：对于已经进入市场的数字资源产品，如果其在资源选题、表现形式、服务对象、资源质量、趣味性、权威性、科学性等方面均符合文化共享工程的条件，但其制作单位不在文化系统范围之内，通过征集未能获得这些数字资源，则应该组织专家进行产品评价，提出必须购买的明确建议，之后由国家中心组织资源产品的购买工作。具体操作中要注意严格遵守政府采购的有关规定。

新制作数字资源特别是新制作核心资源时，要加强中央与地方以及中央各部委间的合作，根据实际情况分解流程制作资源，或进行全方位的合作——所谓“化学融合”。组织制作宣传用、辅导用、操作用等不同版本、同选题不同载体的资源，比如计算机 IP 课件、DVD、图书、学习手册等，形成系列产品，满足不同层次、不同条件的用户的文化需求，节约综合制作的成本。

2.10.1.4　统一规范组织数字资源加工

通过原创、整合、共享、征集、购买等方式获得的数字资源可以是计算机 IP 课件，也可以是 DVD、图书、学习手册等。对于非数字化形式的资源，进行数字化加工转换时，要尽可能集中加工，以保证格式的统一、质量的稳定。对于策划制作的新资源，可以根据实际情况，提供原创资源本身的载体，也可制订统一的加工要求和格式直接由项目承担单位进行加工。在具体的操作中，可分为以下几种类型：

模式一：共建单位提交原始素材

共建单位上交已解决相关知识产权问题的原始素材，如录像带、光盘等。这些素材的数字化加工与资源库建设工作由国家中心资源库负责。对于当年上交原始素材的共建单位，按原始素材的补贴标准支付资源建设经费。

模式二：共建单位提交数字化的素材

共建单位按照统一制订的标准与格式，将已解决相关知识产权问题的素材进行数字化加工，并提交给国家中心资源库。按照数字化资源的补贴标准，支付资源建设经费。

模式三：共建单位提交完整资源库

有资源加工基础的共建单位，可按照国家中心资源库制订的统一加工标准以及相关库结构加工资源库，并提交给国家中心资源库。按照资源库建设补贴标准支付资源建设经费。

2.10.2 数字资源使用方案一

数字资源的使用、对外服务是资源建设乃至整个项目实施的最终目的。为了使已经整合加工的数字资源能够更好地发挥作用，一举多得，应遵循"共享共赢、公平多赢、可操作性"的原则。针对使用对象的不同，确定不同的使用方式，建立能够促进整合的互惠机制，使资源不仅建得好、还要用得好。

使用对象分为三种：体系内、成员部委、体系外。体系内用户指实施文化共享工程这一项目的目标用户；成员部委指文化共享工程领导协调小组内所涉及的部委，承担了文化共享工程的工作任务，特别是承担了资源共建的任务；体系外用户指前述的两类用户内未包含的用户。

2.10.2.1 体系内无偿使用

中央财政和地方财政通过以上几种方式支付资源采集加工等的相关费用，体系内用户按需提出资源请求，无偿使用数字资源，国家中心做好目标用户请求资源的备案。基层服务点虽然无需支付资源使用费，但有义务收集数字资源使用效果的反馈信息和用户需求信息，整理后及时向县级支中心提供。各省级中心汇总全省的反馈信息和需求信息后，统一提交至国家中心，为后续组织资源建设、改进资源质量提供参考。

通过各种方式采集加工的资源在使用时要尊重原资源提供单位的署名权，并要有突出的标识。文化共享工程向体系内无偿提供的数字资源只能用于基层群众的公益性文化服务，不得进行任何商业运作。

2.10.2.2 成员部委通过互换使用资源

为更好地调动成员部委即共建单位的积极性，同时为了使共建单位也能够在一定程度上共享到文化共享工程的资源，国家中心应作为中介机构，承担资源互换的协调工作。

成员部委完成资源整合的任务后，可以按照自身的需求，在文化共享工程所采集加工的资源范围内，任意选择两倍于自身提供资源数据量的其他资源，无需付费；如果所选择的资源超出本部委提交数据量的两倍，超出部分按系统外收费标准的60%付费购买；如果所能选择的资源远远低于本部委提交数据量的两倍，则视具体情况比如供需之间的差距、本部委提供资源被其他部委选择的频次等因素，在每个财政年度内进行测评，给予一次性的奖励，以奖代补[39]。

各部委通过文化共享工程获得的资源只能用于公益性服务，不得进行任何商业运作。

2.10.2.3　体系外有偿使用

若有体系外用户需要使用文化共享工程的某些资源，要收取资源使用费。各类资源的收费标准由国家中心和资源制作提供单位即拥有资源所有权的部委联合确定。收取的费用一部分用于补贴原资源提供单位，以调动资源单位制作高质量并符合用户需求的资源的积极性，一部分费用用于资源管理。

体系外用户有偿获得的资源能否进行商业运作，则以三方达成的资源使用协议条款为依据。

2.10.3　数字资源使用方案二

依据数字资源经费投入和制作单位的不同确定两种数字资源使用方式：

2.10.3.1　无限定使用

凡是由政府投资制作的资源，包括文化共享工程直接投资制作的资源和通过其他政府工程、政府专项资金等渠道获得国家财政支持制作的资源，整合加工到国家中心资源库、地方资源库、专业资源库后，一律对公众开放，无偿提供资源服务。但要确保资源的完整性，并保留原制作单位和文化共享工程的标识。

2.10.3.2　按约定使用

如果资源制作经费中有部分或全部来自社会捐助，或者文化共享工程通过征集、购买方式获得的资源，整合加工到国家中心资源库、地方资源库、专业资源库后，要严格按照投资、征集、购买时约定的使用范围、使用方式提供服务，不得违规操作，影响后续征集、购买工作。

2.10.4　数字资源管理

数字资源的管理是资源建设流程中的重要一环，也是资源高效调度使用的保障。数字资源管理要明确各层级的职责分工，严格按照分层负责的机制确保数字资源使用、服务的有序进行。

2.10.4.1　建立数字资源联合目录

建立文化共享工程多媒体数字资源的联合目录，提供已建各类资源的详细信息和在建、拟建资源的状态信息，便于建设单位和用户查询、检索。该联合目录可镜像到专业资源库、地方资源库及面向最终用户的服务器上。

2.10.4.2　元数据集中、对象数据分布的资源管理

在技术条件允许的情况下，资源的元数据可以集中存放在国家中心资源库，而资源主体即对象数据可以分布式存放，减少交接、验收等过程环节，缓解中心库的访问压力，并在一定程度上消除资源提供单位的心理抵触情绪。

2.10.4.3　资源分级管理模式

建立由国家中心资源库、分中心资源库（包括专业资源库和地方资源库）、支中心资源库的分级资源管理体系，进行相应的资源管理。

2.10.5　数字资源评价

根据建设阶段的不同，可结合采用以下四种方式进行资源建设的评价。

2.10.5.1　专家评定

此方法在资源采集过程中及成果鉴定上均可采用，通过组织资源建设专家和相关行业的专家对资源的选题、内容、思想性、政治性、趣味性、科学性、艺术性、先进性、权威性以及制作质量进行综合评定并进行筛选认定，保证资源建设质量。在建设成果评定上，宜采用三级评审制：第一级是技术审查（初审）；第二级是内容审查（复审）；第三级是综合评审（终审）。

2.10.5.2　资源验收

资源验收是由专业人员对建设过程中各类载体形式、各种存储方式的资源，按照资源建设规范（包括数据结构规范、技术规范）进行评价的一种方式。

数字形式的素材质量检验与资源库检验，以《数字资源建设规范》为标准，由专业验收人员利用相应的机器设备及验收工具进行检验，划分不同等级、统计不合格品率，出具《资源验收报告》。

2.10.5.3　用户评价

用户评价主要依据发布该资源后被引用情况的统计信息（如：被点击次数、被下载次数、被引用次数等），结合投票、座谈、电子邮件、电话以及用户使用该资源后在网上的评论信息等，对数字资源的实用性、适用性、针对性以及资源内容、形式、资源教学效果、实际应用效果等进行评价[40]。对参加评价的用户可以细分为国家中心资源库、地方资源库的资源管理人员以及各级各类服务点的管理人员、干部、

党员、群众等，针对这些用户的特点设计问卷或采用不同的座谈形式进行调查分析，获得尽可能客观、合理、全面的用户评价结果，作为今后调整数字资源计划的依据。

2.10.5.4　组织资源评奖活动

在对数字资源质量做出科学评价的基础上，建立多种奖励机制，对承担任务积极、资源建设质量高、工作任务完成得好的部门和地区给予适当的奖励，以激励各相关部门制作更多高质量的数字资源，形成资源建设的良性循环。

首先根据资源大类设计不同的奖项，可以包括省级分中心、地市级支中心、县级支中心资源建设最佳组织奖和各种单项奖。

其次逐步建立、完善一套科学完整的评奖机制，内容包括参评条件、评奖程序、评奖标准、奖励形式、是否需要复评等等。

2.10.6　资源投资

资源建设资金的使用要坚持"专款专用、加强管理、保证效益"的原则，实行国家投资资金使用责任制度，并建立相应的资金使用监督体制，以保证国家投资的有效使用。坚持以部门和地方投入为主，中央财政补贴为辅。充分利用中央有关部门和各地区已有的数字资源建设途径和经费投入渠道，来开发建设新的数字资源。同时，适应文化共享工程发展的需要，通过转移支付，给数字资源建设的部门和单位以适当的经费补贴。

2.10.6.1　投资方式

按照资源建设标准规范，在某类原创资源制作中采用全部投资，或与具有一定资质的单位合作、部分出资的方式进行。根据出资方式与数量的不同，确定文化共享工程与合作单位的资源所有权与使用权。

2.10.6.2　补贴方式

补贴主要用于现有资源的整合费用，按照内容数量、技术难度、版权状况等划分不同补贴等级，制订具体的补贴标准和补贴办法。根据领导协调小组的意见，数字资源建设经费的分配和使用，要体现与部门、地方承担的任务相结合，与数字资源质量相结合，给地方适当多补一点的原则。

2.10.6.3　采购方式

购买社会上采用通用标准制作（或具有多种接口）的、系统的、质量好的商业资源，以避免重复建设、加快资源建设进度。制定采购审批程序、采购流程、采购监督等制度以规范采购行为。

2.10.6.4　资源管理的日常开销

资源建设相关的其他费用，包括存储设备的老化维护费用、数据管理员的外出技术服务差旅费、补贴等，要符合财务管理和专项资金使用的各项规定。

2.11　对组建文化共享工程数字资源建设专家小组的思考

力荐成立文化共享工程数字资源建设专家小组，笔者起草了《全国文化信息资源共享工程资源建设专家小组管理办法》如下。

总则

第一条　为保证全国文化信息资源共享工程（以下简称“文化共享工程”）资源建设工作的科学、规范，提高资源质量，文化共享工程国家中心特聘请有关专家作为文化共享工程各类资源建设专家小组成员，对各类资源的建设进行技术咨询。为规范文化共享工程资源专家的管理，充分合理地发挥专家的作用，特制定本办法。

第二条　根据共享工程资源建设事业的发展和工作需要，以“七个一”优秀作品的建设为核心，即100万册文献、1000台优秀地方剧目、1000部优秀音乐作品、1000部优秀美术作品、1000件珍贵文物以及1000场优秀讲座和1000部优秀电影，文化共享工程国家中心按不同领域组建专家小组，全称为全国文化信息资源共享工程××××专家小组，可以包括：

- 联合目录建设专家小组
- 文献资源专家小组
- 地方剧目专家小组
- 音乐作品专家小组
- 美术作品专家小组
- 讲座策划专家小组
- 电影资源专家小组
- 用户端服务策划专家小组等等

专家小组设在国家中心。

第三条　专家小组由中国艺术研究院、中国文联、中国青联的专家学者组成，根据需要可吸纳大学及其他机构的专家。

专家的条件及产生

第四条　专家小组的组建直接关系后期资源建设工作的顺利开展，所以专家小组成员应具备以下条件：

（一）作风正派、有良好的学术道德、廉洁奉公、遵纪守法、责任心强。

（二）具有高级技术职称，在本专业范围具备领先的研究水平，具备坚实的专业基础知识，有较丰富的工作经验，愿为文化共享工程的建设、发展服务，能够实际参与为文化共享工程资源建设开展的调研、咨询工作。

（三）身体健康，年龄在35周岁以上65周岁以下（中国科学院和工程院院士、国内外特殊专业人员和本行业内的知名专家，年龄不受限制）。

第五条　专家小组一般由5—10名成员组成，设组长1名，副组长1名。组长、副组长由国家中心聘任。每一个专家小组里面，至少有一位在专业领域达到很高造诣的知名人物，其他成员要求有实干的精神和实力。

第六条　进入专家小组的专家按下列程序确定：

（一）主要由艺术研究院、文联、青联等单位推荐。

（二）文化共享工程国家中心保留进行资格审查和决定的权利。

（三）与相关的单位讨论聘用意见。

（四）对经文化共享工程国家中心审核具备相应资格的专家，办理聘请手续，发给《全国文化信息资源共享工程资源建设专家聘书》。

第七条　专家小组成员聘期两年。各专家参与工作的态度和具体成绩作为国家中心考核专家的标准。符合条件并有需要继续聘请的，文化共享工程国家中心可予以续聘。

第八条　国家中心有权对无法协助或参与实际工作的专家在适当和必要时予以变更。

专家的权利与义务

第九条　专家小组的主要职责是：

- 制定标准、规则。
- 框定某类型资源素材采选的原则，尽可能细化到素材目录。
- 审定元数据结构。
- 审定相关知识的内容。
- 审定特定资源服务的功能设计。

第十条　专家小组成员享有以下权利：

（一）向文化共享工程及其专家小组提出工作意见和建议。

（二）在参与决策咨询过程中充分发表个人意见，并可保留个人意见和建议。

（三）优先使用文化共享工程所建资源。

（四）文化共享工程根据实际情况于适当的时候，在网站版面上为专家做一些宣传介绍。

（五）根据专家对文化共享工程资源建设的贡献，给予奖励或者颁发荣誉证书。

（六）可自愿退出专家小组。

第十一条　专家小组成员应承担的义务：

（一）遵守国家有关法律法规和专家小组管理办法。

（二）积极参加专家小组的各项活动。

（三）向共享工程及其专家小组提供相关专业的信息，提出建设、开发、推广先进文化的建议。

第十二条　未经文化共享工程国家中心及其专家小组许可，专家小组成员不得以文化共享工程及专家小组的名义组织任何活动。

3 全国文化信息资源共享工程数字资源传输

3.1 引言

文化共享工程在全国范围内的城乡实施,各个地方的网络设施条件千差万别;文化共享工程服务广大人民群众,各类群体获取信息服务的能力以及习惯参差不齐;文化共享工程的资源内容多姿多彩,各类资源格式所占存储空间悬殊。因此文化共享工程所采用的传输手段、建设的传输网络应能满足以下几个条件:(1)能使资源的发布、传输、存储形成一个完整、高效、自动化的体系;(2)能确保网络传输的速度与带宽满足文化共享工程资源传输的要求;(3)能与有线网、无线网、卫星网、有线电视网、数字电视网等进行合理的分工与协作;(4)能确保网络传输的稳定、安全和可靠[41]。唯此,传输网络才能满足文化共享工程可持续发展的要求。

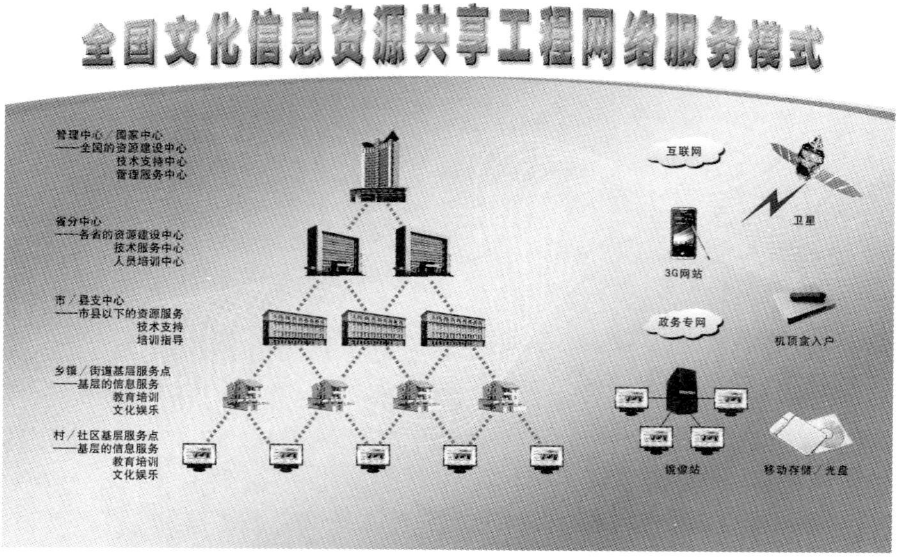

图3-1 文化共享工程数字资源传输网络示意图

3.2　数字资源传输系统的发展演变

资源传输系统是文化共享工程的资源传输通道，工程覆盖到哪里它就延伸到哪里，它是工程的血脉，是实现文化信息资源覆盖全国的关键。数字资源传输系统已从单向通路为主朝多网双向传输方向发展。

为推动文化共享工程在全国范围内的迅速铺开，文化共享工程建设初期的网络传输体系建立在国家已有的骨干通讯网络上，包括由光缆连接的传输网络以及由卫星接发的网络，并辅以光盘和移动硬盘等传输手段。对于互联网条件较好的地区，通过网络双向交互功能实现数据的请求和下载，能够充分满足下级分中心的个性需求。对于互联网不发达的地区则对资源打包，然后通过卫星广播方式发送，易于实现资源的大面积推广。对于一些特殊的地区和请求则可以通过定期的制作光盘和拷贝磁盘发送资源[42]。

限于当时的网络技术条件和运营成本，使得事实上形成了以卫星播发和光盘或硬盘等单向资源传输为主的传输模式。这种方式资源数据量大、方法简单，有效解决了文化共享工程传输网络承载能力不足的矛盾。但由于其单向性特点，使得各级站点在管理和统计等方面的问题日益突出，传输通道的双向改造成为必然。

随着近年来信息技术的发展，国家电信网络的快速拓展以及广电数字电视网络的出现，为资源传输提供更加有效的双向通道成为可能。各大电视和电信运行商的光纤入户和村村通工程，使得文化共享工程基层节点通过 INTERNET、VPN、数字电视等网络进行互联成为现实。

经过十年的发展，文化共享工程已发展形成了互联网、卫星网、电视网为主要传输渠道，光盘或移动硬盘为辅助传输手段的网络传输体系。2007 年，随着网络技术的进步和各级主管部门的进一步重视，文化共享工程多种新的资源传输和服务手段如雨后春笋般快速涌现出来，电子政务外网、IPTV、互动数字电视、VOD + CDN、数据同步等新型传输方式的使用，极大地丰富了工程的资源传输模式，为各地提供了更多、更方便、更合适的技术选择。同时应当看到的是，各种传输方式都有其优点也存在一定的局限性，文化共享工程仍需在资源传输手段上，不断地创新和探索，广辟传输渠道，使资源传输和服务更加及时、方便和具有针对性。

3.3 多种数字资源传输手段并举

3.3.1 互联网

互联网是文化共享工程信息资源最主要的传输与服务渠道。随着互联网技术的日益进步、用户群体的快速发展、网络带宽的不断增加,互联网将在工程的资源传输与服务中发挥更加重要的作用。目前基于互联网的传输服务方式主要有以下几种。

图 3-2 文化共享工程互联网传输模式

3.3.1.1 网站

网站是文化共享工程面向全世界传播中华优秀文化的窗口,也是提供文化信息资源服务的一种受众群体最为广泛的方式。目前,设有国家中心网站、省级分中心网站以及部分市/县支中心网站。用户可以在网站上浏览图文信息,以及一般清晰度的视频资源(码率为300K 和56K),并能够在权限范围内下载资源。

3.3.1.2　基于 VPN 的文件传输与服务

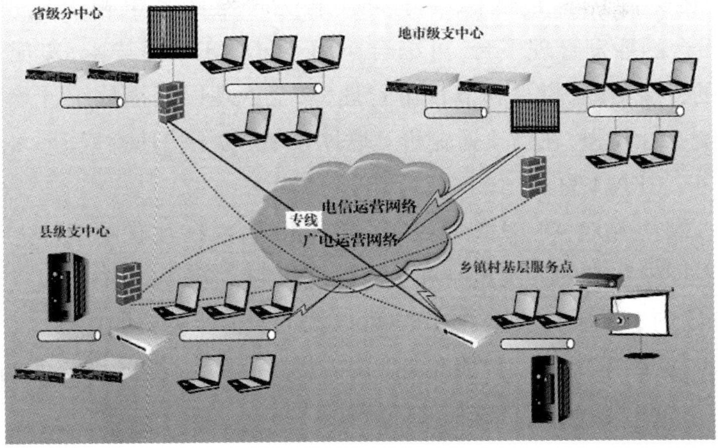

图 3－3　文化共享工程 VPN 专网传输模式

在陕西、四川等地，采用 VPN 技术，在互联网基础上，通过建立虚拟专用网络，实现资源的安全可靠传输与管理，并在电子阅览室等区域开展集中式的文化信息资源服务。VPN 技术的可控性较强，资源传输可在带宽较为充足的夜间进行，传输协议主要采用 FTP 和 P2P，能够在后台监控资源传输的状态，实现断点续传。

3.3.1.3　IPTV

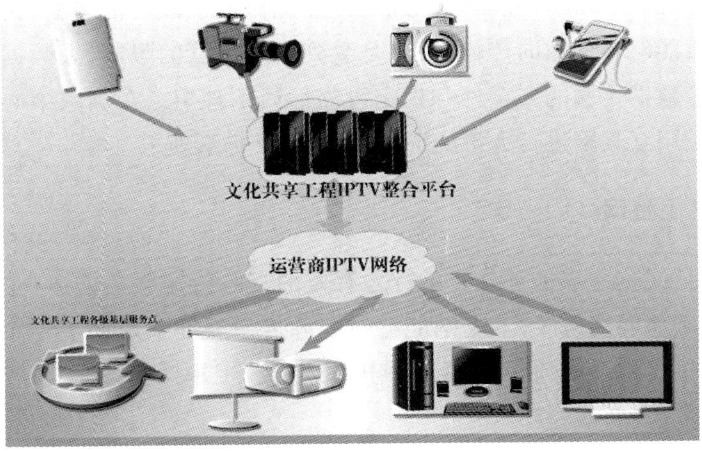

图 3－4　文化共享工程 IPTV 传输模式

在河南、山西等地，主要采用 IPTV 模式，该模式以宽带互联网为基础通道，通过互联网协议以电视和 PC 电脑作为主要终端传送数字信息资源，能够提供多种交互式服务。在文化共享工程中，目前采用较为广泛的是电视 + 机顶盒的方式。IPTV 通过后台的播发管理平台，可综合应用 VOD、CDN 等技术，实现资源的上传下载、资源的分级传输、栏目和节目单管理、安全管理以及播放统计等。这种模式使用方便、交互性较强，在已接通宽带互联网区域，易于快速推广。

3.3.1.4　CDN + VOD

在山东、湖南等地，将 CDN 与 VOD 技术相结合，在互联网基础上通过内容分发服务，根据预先定义的分发策略和全局调度机制，将资源从中心服务节点通过应用层路由分发到边缘服务节点，使用户可以就近取得所需要的内容，实现分布式视频点播服务。这种模式可以智能化地“按需提供”资源，提高用户的访问质量，有效地提升网络应用效率，具有较强的扩展性。

3.3.1.5　同步复制

文化共享工程国家中心与浙江省分中心经过密切配合，在杭州建立了实时同步更新的南方镜像站。中心主站与南方镜像站之间的视频传输采用了同步复制技术。该技术可以在不影响主要数据运行的前提下，持续捕捉或跟踪目标数据所发生的任何改变，通过 TCP/IP 远程复制到一个或多个目标服务器。这种技术能够提供块级、文件级和应用级的备份，以及从多个恢复点进行数据恢复的能力，可以较好地满足文化共享工程资源的实时镜像和容灾备份要求。

以上各种传输与服务模式，都是以互联网为基础，通过各种技术的优化组合实现传输与服务的一体化。互联网方式的优点是传输手段灵活多样，传输与服务的整体性较好，能够实现双向传输；缺点是受到网络带宽的限制，大数据量资源的传输仍很困难，数据传输的安全性和稳定可靠性尚不理想。在国家中心与各省级分中心之间，采用互联网进行大量的资源传输，效果仍不理想。

3.3.2　卫星网

卫星网是文化共享工程另一条行之有效的资源传输服务渠道，尤其对于一些网络建设基础薄弱的地区，卫星网能够在资源传输服务中发挥主要作用。基层网点可通过卫星接收系统，利用计算机或机顶盒接收卫星播发数据，开展服务。

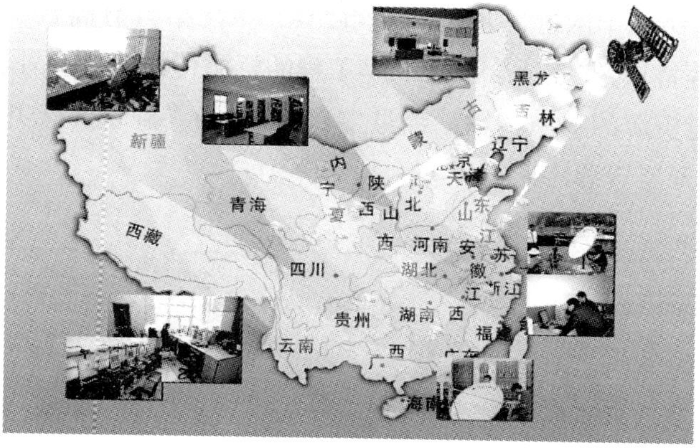

图 3－5　文化共享工程卫星通道传输模式

卫星网模式的主要优点是，其广播式的资源传输与服务方式，不因服务网点的增多而增加网络带宽的负载。这就使得基层网点越多，卫星模式的性价比越高，而且卫星模式不受地面网络线路的限制，在网络建设基础薄弱的偏远地区越发体现该模式的优越性。卫星网方式的缺点也是显而易见的，作为一种单向广播方式，缺少互动性，无法实现资源的双向传输，卫星网络带宽的租用成本较高，以不断扩充卫星网络带宽来满足大量资源传输的需求，通常是不经济的。

卫星网传输数字资源的主要方式有：

3.3.2.1　流媒体直播

卫星主站每日实时播发流媒体数据，基层网点可使用计算机或机顶盒接收卫星直播的流媒体数据，并通过投影、电视机、计算机进行播放，直播数据不能进行存储。卫星直播的节目码率为 1.5Mbps，其清晰度高于网站视频（300Kbps）。

3.3.2.2　文件投递

卫星主站将图文、视频、培训课件等资源，以 IP 数据包的形式投递。基层网点可使用计算机或具备存储功能的机顶盒，将投递的数据文件接收、解析、还原，并存储到本地数据库中。目前，文化共享工程通过卫星方式，日均投递资源的数量约为 4GB。

3.3.3　电子政务外网

电子政务外网是国家中心近年来重点建设的一条资源传输渠道。作为我国电子政务建设的基础网络平台，电子政务外网是中央与各省互联互通的专线广域网络，与互联网逻辑隔离，中央节点至各省节点采用155M专线（部分西部省初期为10M），并通过省级骨干网进一步延伸至市、县。该网络具有高效、安全、支持资源的共享与交换等特点，非常适合文化共享工程的资源传输，特别是国家中心与省级分中心之间大量资源的双向传输。经过多次协商，最终确认文化共享工程可以免费使用该网络，开展资源传输工作。

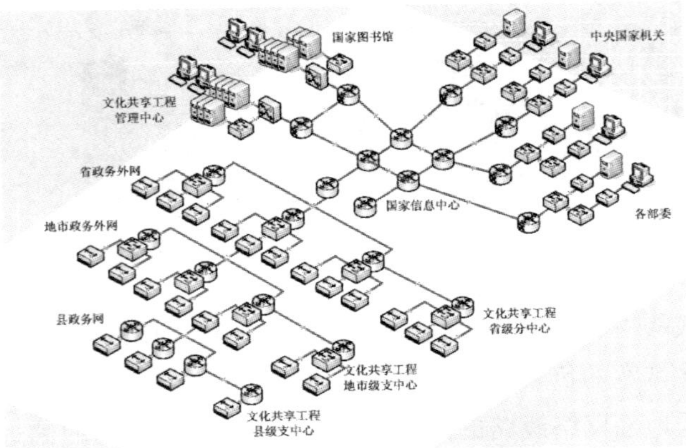

图3－6　文化共享工程政务外网服务模式

目前，国家中心已建立与国家信息中心之间的光纤专线，并开通了外网服务镜像，包括中纪委（国家监察部）、国务院扶贫办、人力资源和社会保障部、农业部、国家审计署、中编办等单位在内的所有接入政务外网的单位用户均可免费浏览使用文化共享工程的文化信息资源，使用效果良好。同时，全国33个省级分中心都已连通该网络，进入国家中心的资源下载专区进行资源传输下载，日均传输量可以达到50—100GB，取得了预期效果。从2007年11月开始，不再采用“千里马”硬盘拷贝的方式进行资源传输，而是通过电子政务外网传输，很大程度上节省了购置费用，使国家中心与省级分中心的双向资源传输更加方便、快捷、成本低廉。

电子政务外网传输资源的主要不足是，各省、市、县需在当地电子政务外网接通的情况下，解决最后一公里的接入问题。另外，作为国家电子政务网络平台的重要组成部分，其与互联网逻辑隔离，因此通过该网络不能直接对公众开展服务。

3.3.4　电视网

随着我国广播电视村村通工程和数字电视整体转换工作的快速推进，电视网络的服务覆盖能力强、传输效率高、安全稳定性好等特点体现得日益明显，电视网已逐渐成为文化共享工程资源传输与服务的另一条重要途径。目前基于电视网的传输与服务方式主要有：

3.3.4.1 有线电视

在浙江、江苏等地，文化共享工程依托当地有线电视网络，通过有线电视中的SDH骨干传输网播发（直播和下载）数字化资源，带宽可以达到38M。在使用端，通过配备有线电视卡的计算机或有线电视机顶盒接收直播节目，并能够将节目下载到本地。通过视频图形阵列（VGA）分配器，可将计算机或有线电视机顶盒与电视、投影仪相连，以供群众集体收看。这种模式网络带宽有保障，视频播放流畅，终端配置灵活多样，操作方便，维护较为简单。但其互动性相对欠缺，不能直接进行视频点播。

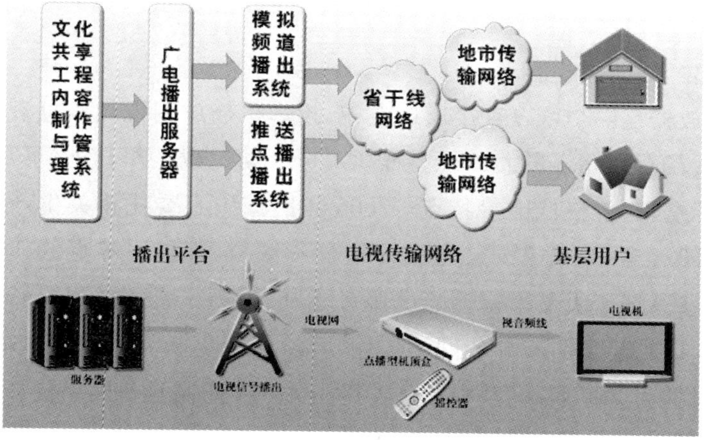

图3－7 文化共享工程有线/数字电视传输模式

3.3.4.2 数字电视

在青岛、佛山、深圳、海南等地，文化共享工程依托当地的数字电视网，采用准VOD方式开展信息资源服务，即视频节目可定时播放，用户可按播放时段选择所要看的节目，目前用户数已达到200余万。在杭州，其数字电视采用了广播＋交互的模式，将有线电视传输网和宽带网双网合一，使IPTV与传统直播式数字电视有机结合，实现了双向传播互动、信息互动和娱乐互动，用户已达100余万，其中20万用户能够进行视频点播。数字电视互动性强、清晰度好、传输效率高，代表了今后电视技术的发展方向，而文化共享工程的数字化信息资源能够极大地丰富数字电视的服务内容，增强对用户的吸引力，数字电视与文化共享工程的结合能够有效地提升工程的覆盖服务能力,使文化共享工程走进千家万户,更好地为广大基层群众服务。

3.3.5 辅助传输手段

3.2.5.1 光盘

光盘的优点是传输方便,可直接播放,易于分发,缺点是每张光盘的容量较少,制作后无法更新资源。光盘是文化共享工程起步时就有的资源传输手段,目前在很多地区,特别是一些网络条件不发达的地区仍是一个有效的资源传输途径。

3.2.5.2 移动硬盘

移动硬盘容量大,传输方便,可不断更新资源,缺点是人工工作量大,无法实时传输,当资源传输量较大时成本高。2007 年,国家中心通过移动硬盘(即资源传输"千里马")向各省级分中心传输资源超过 10TB,极大地缓解了各省级分中心资源不足的状况。

3.2.5.3 移动播放器

移动播放器是一个可以直接通过电视、投影机播放音视频信息资源的新型移动存储设备,具有存储容量大、可更新内容、可自动记载工作日志、可身份认证、操作简单、易于携带、价格低廉等特点。2006 年国家中心委托相关生产厂家进行了定制开发,2007 年一些省在试点县支中心、乡/镇、村基层服务点的建设和服务上采用该类设备开展了大量丰富多彩的服务活动,取得了良好效果。移动播放器的主要不足是,该产品目前不具备网络传输功能,资源更新需通过连接电脑进行,工作量大,费时费力。近期,国家中心已委托相关厂家研制具备网络更新功能的新一代移动播放器产品。

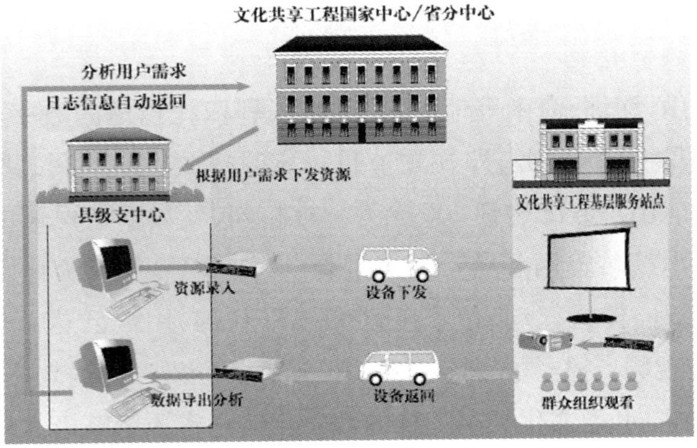

图 3-8 文化共享工程移动播放设备传输模式

3.4 文化共享工程不同资源传输手段的对比分析[43]

传输渠道	传输手段	适用区域	优点	限制条件	定位
互联网	网站	国家中心、市、县、网络发达的乡/镇、村、用户家庭	传播最为广泛，服务与传输一体	视频资源码率较低	对公众服务，少量的资源传输
	VPN	国家中心、市、县、网络发达的乡/镇、村	安全、稳定、可控，服务与传输一体	通常限制在集中区域（如电子阅览室）开展服务	在网点开展公众服务，在互联网带宽充足的时段进行资源传输
	IPTV	省、市、县、网络发达的乡/镇、村、用户家庭	使用与维护方便，交互性强，安全可控，服务与传输一体	对终端和服务节点的网络带宽有要求，需建立后台的资源播发管理平台，现有的资源格式需做转换	在网点开展公众服务，通过后台的资源播发管理平台进行资源传输
	CDN+VOD	省、市、县、网络发达的乡/镇、村	网络带宽和后台存储的利用率高、分发智能、扩展性好	对终端和服务节点的网络带宽有要求	开展公众服务，在互联网带宽充足的时段进行资源传输
	同步复制	国家中心、省、条件好的市、县	实时同步，具有数据恢复能力	网络带宽对资源的更新量有限制，无法根据需求进行智能分发	适用于建立某一资源集完全相同的镜像站点
卫星网	卫星直播	国家中心（发送）、省、市、县、网络不发达的乡/镇、村	不因服务点的增多而增加网络带宽的负载，不受地面网络的限制	缺少互动性，对基层点的维护工作要求较高，服务限制在集中区域	适用于网络不发达地区在集中区域提供公众服务
	卫星投包			缺少互动性，对基层点的维护工作要求较高，资源传输量有一定限制	适用于网络不发达地区接收国家中心投递的资源
专网	电子政务外网	国家中心、省、市、县、已接通电子政务外网的乡/镇、村	网络安全、稳定、双向，可传输较大量资源	需解决接收节点的网络接入问题，不能直接对公众开展服务	非常适合国家中心与各省分中心之间大量的资源双向传输，也适合电子政务外网发达地区的省分中心与市、县支中心、乡/镇、村基层点的资源传输

续表

传输渠道	传输手段	适用区域	优点	限制条件	定位
电视网	有线电视	省、市、县、乡/镇、村、用户家庭	带宽有保障，播放效果好，操作和维护简单，安全可控，服务与传输一体	需依托当地电视网络	适用于有线电视发达地区开展文化信息资源服务
	卫星电视		带宽有保障，操作和维护简单，安全可控，服务与传输一体		适用于地面网络不发达地区开展文化信息资源服务
	数字电视		互动性强，清晰度高，操作和维护简单，安全可控，服务与传输一体		适用于数字电视发达地区开展文化信息资源服务
辅助传输手段	光盘	国家中心、省、市、县、乡/镇、村、用户家庭	传输方便，易于分发，服务与传输一体	容量较少，制作后无法更新资源，手工工作量大	适用于网络不发达地区开展文化信息资源服务
	移动硬盘	国家中心、省、市、县、乡/镇、村	容量大，传输方便，可不断更新资源	人工工作量大，无法实时传输，成本较高	适用于网络不发达地区进行资源传输
	移动播放器	国家中心、省、市、县、乡/镇、村、用户家庭	容量大，传输方便，可自动记录日志，操作与维护简单，服务与传输一体	尚不具备网络传输功能，资源更新工作量大	非常适合网络不发达及维护力量不足的地区开展文化信息资源服务

3.5 地方各种传输模式举例

3.5.1 黑龙江省数字资源传输模式

2008年9月，黑龙江省分中心建成了“共享工程传播技术（八种模式）展示平台”，通过对八种传播技术的比较研究，科学制定了全省文化共享工程传播技术创新探索方略[44]：

有线电视　结合先进的电视传播技术手段，探索县、乡镇有线电视差转台播出模式，使其覆盖的乡、村农家百姓足不出户，便能收看到国家中心卫星播放的全部文化共享工程节目，真正做到覆盖广泛，深入千家万户。

卫星网　在有线电视未能覆盖的大、小兴安岭林区及偏远农村地区，重点建设卫星地面站（接收器＋投影或电视机），推广移动播放（机顶盒＋电视机）传播模式。

网络电视　结合网络电视传播技术，自主研发“黑龙江省共享工程网络电视台传播系统”，以适应未来全省光纤通信、网络技术的快速发展与普及，以超前思维和创新探索保障文化共享工程的可持续发展。

据深入调查统计，黑龙江省2007年电视综合人口覆盖率达到了98.7%。有线电视用户362万户，比上年增加76万户，覆盖率为32.4%；有线数字电视用户67万户，覆盖率为6%。与正向村村通迈进的有线电视传播网共建共享，是文化共享工程走科学发展观道路的必然选择。

2007年10月，黑龙江省分中心在全省选择了代表三类有线电视播出技术形态的三个乡镇：五常市拉林满族镇、阿城市双丰镇、林甸县花园乡，进行乡镇有线电视差转台传播技术实验。经过历时一个月的技术创新和改进，三类技术形态均实现了高品质播出、全乡镇覆盖、农民家庭全天适时收看。

标准配置：卫星天线；智能多媒体接收终端——基本型；电视机；遥控器；AV线；外置DVD光驱。

主要功能：支持文化共享工程流媒体实时播放；支持农村党员干部现代远程教育流媒体实时播放；支持中央教育电视台卫星电视播放；支持VCD/DVD光盘播放。加入硬盘后，可播出卫星投放和事先拷入的视频节目。

实验表明，运用这种“共享工程有线电视传播技术”，黑龙江省县、乡镇有线电视台既可适时转播国家中心播出的文化共享工程节目，还可以有选择地进行节目录播，进而实现按农民需求进行节目点播。

推广这种“共享工程有线电视传播技术”，每个县（或乡镇）只需投入5000元资金，便可实现全境内覆盖。每个村基层服务点配置一台大投影或液晶电视，无需其他投入，即可开展群众性的服务。

如此，县乡村三级文化共享工程基层服务网建设，将节省大量财力物力和人力资源，投入到今后文化共享工程可持续发展的建设项目中。

3.5.2 山西省数字资源传输模式

山西省文化共享工程数字资源传输模式从“十一五”初期的以卫星模式传输资源为主，到现在多种资源传输模式互相结合，互为补充，实现了大跨越。

互联网　地面网络传输是指利用地面互联网线路来传送数据资源，主要包括传统的文件服务器（FTP）方式、虚拟专用网（VPN）模式、北京中数创新公司资源平台、Interlib业务总分馆系统四种方式。此外，山西省采用了联想传奇视频点播系统，满足互联网上宽带流媒体传输的需求。

机顶盒+宽带（IPTV）　山西省农村基层服务点基本采用该模式。IPTV站点在全省基本全覆盖,文化共享工程依托其进展,避免了重复建设;IPTV 网络电视技术(一机、一线、一盒),利用网络电视,手持遥控器就可点击浏览网页,获得所需信息,操作简单,更适合农村群众使用;IPTV 站点资金投入少,维护简便,建站周期短,普及速度快,省时省力;IPTV 技术对基层站点的人员技术业务要求较低,人员培训工作易实施,培训效果好,技术人员队伍相对稳定;IPTV 页面安全可控,方便日常管理。

有线电视　2007 年,山西省部分乡镇基层服务点开始通过有线电视将文化共享工程资源直接传输到群众家中,为群众服务,还通过电话实现了资源点播,省级分中心在太原市尖草坪区电视台进行了有关试点工作。该模式将资源直接传输到户,服务面广,影响大。

卫星模式　山西省各级中心通过卫星接收国家中心下发的各种资源,主要优点是无需地面网络,没有线路费用,资源传输速度稳定可靠,是山西省各级中心的重要资源获取途径。

电子政务外网　山西省级分中心已实现通过政务外网与国家中心进行资源传输,随着全省政务外网建设覆盖到市县,已实现省级分中心与市县支中心的高速资源传输。

硬盘、光盘拷贝下发　通过硬盘、光盘可以实现大批资源的传输,使用方便,深受群众喜爱,该模式是资源传输中不可缺少的补充。

3.5.3　上海市数字资源传输模式

上海市分中心充分利用上海地区基础通信设施和宽带基础较好以及贴近群众、便捷快速服务的简便优势,建立形成了宽带 + 光盘 + 硬盘快速更新递送资源的模式,加快资源的下发、上传和更新。

互联网　在互联网服务平台建设方面,“上海数字文化网”作为上海市分中心主网站,因其丰富的数字文化资源,越来越为公众所欢迎,点击率日见攀升。2009 年上海分中心成功完成对“上海数字文化网”升级改造,率先推出提供给用户更多 Web2.0 新概念服务的“上海数字文化网 2.0”新版;2010 年配合世博会宣传与国家中心联手推出了“文化共享世博行专题网站”;2010 年底全面完成了全市区(县)支中心“上海数字文化网”镜像站点部署配置工作;2011 年 3 月 1 日,作为上海文化共享工程数字文化网的一个重要组成部分,又上线试开通了整合上海乃至长三角地区图书馆讲座信息资源的“网上城市教室”专题网站。截止 2010 年底,“上海数字文化网”及“文化共享世博行”网站年访问量分达到 138 万和 14 万。通过文化共享工程主网站"上海数字文化网"及"网上城市教室"、"文化共享世博行"等专题网站,不断扩大了文化共享工程传播社会主义先进文化影响力。

卫星网　在卫星网建设利用方面,通过上海市分中心、崇明县、青浦区赵巷镇卫星专网,连接文化共享工程国家中心进行资源传输,保障了上海农村边远地区信息资源及时更新服务。

电子政务外网　在积极推进利用电子政务外网资源传输建设方面,2007 年 11 月上海市分中心与上海市政府公众信息网管理中心合作,开通 10Mbps 专用电子政务外网宽带通道,实现与文化共享工程国家中心的高速互联与资源传输。2010 年开通了数字文化网在上海电子政务外网的服务,并与黄埔区等部分区(县)支中心试点实现了高速互联与资源传输。

3G 移动互联　在 3G 移动互联网新技术应用方面,2005 年上海市分中心在全国率先推出了手机"移动图书馆"服务新举措,服务内容包括开馆信息、书目检索、文献请求、参考咨询、讲座预订等。2009 年上海市分中心又在全国图书馆行业中率先推出"口袋图书馆"这一全新的"移动阅读"服务方式,读者借助小小的数字移动阅读器,便可通过网络下载,随时享受电子书的阅读乐趣。2010 年又推出了新技术体验中心和读者区域无线服务网络覆盖建设,通过新技术的应用和无所不在的文化信息网络服务,吸引了大批图书馆青年人读者群。

与远程教育合作共建　在与上海市党员干部现代远程教育网合作方面,在市委组织部和市文化广播影视管理局的大力支持协调下,利用干部远程教育平台将文化共享工程的数字资源引入政府机构和企事业单位,已提供 100 多部(集)文化共享工程视频节目分别通过上海干部现代远程教育网站、干部远程教育 IPTV、数字互动电视三种渠道试运行。

3.5.4　北京市数字资源传输模式

互联网　2006 年,北京市文化共享工程网站开通,通过互联网向市民提供文化共享工程数字资源服务。

有线电视　考虑互联网在农村地区应用并不广泛,北京市分中心利用有线电视"广播网"的模式开发了"北京市文化共享工程内容传输平台",向基层服务点广播推送资源。经过多次升级改造,平台功能日益完善,已经实现视频直播、客户端实时收看、局域网检索、用户分组管理等功能,北京市 4294 个支中心和基层服务点均安装该平台客户端软件,该平台在全国文化共享工程系统内属独创技术,技术领先。2010 年北京市基于"北京市文化共享工程内容传输平台"及"北京市文化共享工程网站”，开始建设“北京市多媒体信息综合服务平台”，其目标是整合同类信息资源服务系统，实现异地发布、跨平台检索，为市民提供一站式信息服务。

“北京市多媒体信息综合服务平台”分两个阶段实施。第一阶段，首先整合北京市文化系统内现有的平台和资源，包括北京市文化共享工程、首都图书馆网站、北京市公共图书馆“一卡通”网站及各区县图书馆等，建成一个开放式的内容发布平台以及统一的资源管理系统，提供跨平台、跨库检索、异地发布等功能。第二阶段，将农村党员干部现代远程教育系统（北京长城网）、北京农村远程教育网（农业信息资源中心）整合，最终实现多网合一的信息传输与服务模式。

3.5.5 浙江省数字资源传输模式

浙江省结合实际，采用多种方式推进资源传输体系建设。浙江省文化共享工程传输体系形成了 VPN 网络到图书馆，数字电视到家庭，网络图书馆到桌面的立体多维传输体系[45]。

VPN 网络　充分利用宽带网络等基础设施比较完善的优势，积极探索利用基于互联网的 VPN 技术建设全省文化共享工程服务网络。在 2006 年的试点工作中，浙江省的嘉兴市、温州市、杭州市等，积极开展了利用 VPN 技术建设本地文化共享工程服务网络，取得了很好的效果。嘉兴市建成了三级构架的 VPN 服务网络，全市各县（市）支中心和 1000 多个基层服务点通过 VPN 网络可以安全、快速地访问到市级支中心发布的丰富的文化信息资源。浙江省认真总结了嘉兴、温州、杭州等地的建设经验，向全省重点推广应用 VPN 技术建设基层服务网点。与此同时，浙江省分中心主动发挥龙头作用，建设以省图书馆为中心，市级支中心为骨干，县级支中心为基础的全省文化共享工程 VPN 服务网络规划，并已形成省、市、县 VPN 互联网络。

有线数字电视　浙江省杭州市是数字电视起步较早的城市，用户多，技术成熟。浙江省积极开展与杭州数字电视的建设方华数数字电视集团的合作。2008 年 2 月 28 日，省分中心与华数数字电视有限公司就文化共享工程进入数字电视正式签订了合作协议。在华数数字互动电视添加“文化共享”项目入口，建设一个表现形式类似网站的内容展现平台，提供给交互式增强型用户进行免费自主点播；“文化共享”栏目包括舞台艺术、怀旧电影、乡土浙江、百家讲座、科技生活、文化聚焦、新书推荐、演出信息等八个。

探索新媒体应用　近年来，互联网与新媒体发展迅速，浙江省积极探索和研究文化共享工程建设与数字图书馆的有机结合，工程资源与图书馆传统资源的有机结合。2009 年 5 月 26 日，浙江省分中心联合全省公共图书馆建成了浙江网络图书馆。浙江网络图书馆是以浙江省文化共享工程和全省公共图书馆的传统文献与数字资源为基础，以促进全省公共图书馆整体、协调、均衡发展为宗旨，实现元数据整合检索，对象数据分布式存储，以及数字资源的无缝链接、跨库检索，提供读者“一站式”资源检索和文献服务的统一平台。自2009年5月26日开通以来，到2010年底，浙江网络图书馆的点击量已达到780万余次，电子图书全文下载10.6万余册次，电子文献传输14.7余万次，电子期刊论文下载865万余篇，有31.2万用户登录网络图书馆。成员馆上传书目记录355万余条。浙江网络图书馆实现了成员馆传统文献和数字资源在同一平台上的整合，全省公共图书馆用户信息和资源的统一认证，全省公共图书馆和文化共享工程基层服务点资源统一使用，以及全省范围的电子文献传输和纸质文献的馆际互借，为促进“资源丰富、技术先进、服务便捷、覆盖城乡”的数字文化服务体系建设，为广大读者提供全方位、公益性文献获取服务发挥了重要作用。

杭州市支中心拓展用户终端，创新服务模式，整合应用新媒体技术，将数字电视平台、智能移动终端平台与网站平台整合成多平台的综合性杭州数字图书馆，为广大市民提供开放、便捷、触手可及的多样化资源，使市民可以随时随地利用网络、有线电视、手机等途径享受数字文化服务，成为深入百姓生活的信息之窗。

3.5.6 河南数字资源传输模式

河南由于县、乡、村基数较大，要建成覆盖全省的网络，需要投入数亿资金、花费数年的时间，依靠原有的发展手段和途径，很难在短期内迅速普及文化共享工程基层服务点。通过调研，结合河南实际，找到了适合河南省情的文化共享工程发展途径，即IPTV(“宽带网络+机顶盒+电视机”)建设模式。2007年2月，中共河南省委组织部、河南省党员干部现代远程教育试点工作领导协调小组、河南省文化厅、河南省财政厅联合下发了《关于加强全省农村党员干部现代远程教育与文化信息资源共享工程资源整合工作的通知》，实现了“四个整合”(“整合网络、整合资源、整合管理、整合队伍”)，不断扩大全省文化共享工程的覆盖范围。通过与省农村党员干部现代远程教育的合作共建，达到了农村党员干部经常受教育、农民长期得实惠、共享工程基层网点数量和服务质量全面提升的目的。“十一五”末，河南省文化共享工程已初步建成包括省级分中心、市级支中心、县级支中心、乡镇(街道)、村(社区)基层服务点的五级网络体系。目前已建成1个省级分中心，15个市级支中心，158个县级支中心，建成全省4.7万个村级基层服务点和6万余个入户站点，覆盖全省100%的乡镇和行政村。

3.5.7 辽宁省数字资源传输模式

辽宁省用已经覆盖全省98%以上地区的广播电视村村通网络，传输文化共享工程的信息资源，采用“进村和入户相结合、广播和点播相结合”的方式分层次推进，让广大农民群众在家里用电视机就能收听收看文化共享工程的节目，实现文化共享工程进村入户。

在传输方式上，主要采用有线电视网络传输，在少数偏远地区采用卫星传输。从传输渠道上，各级广电机构无偿提供两个模拟频道用于传输文化信息资源，确保有线电视网络连通地区的农民群众，收看到丰富多样的文化信息。从系统结构上，分为省级分中心和前端播出平台、广播电视传输网络、县级有线电视播出前端以及点播型机顶盒四部分。

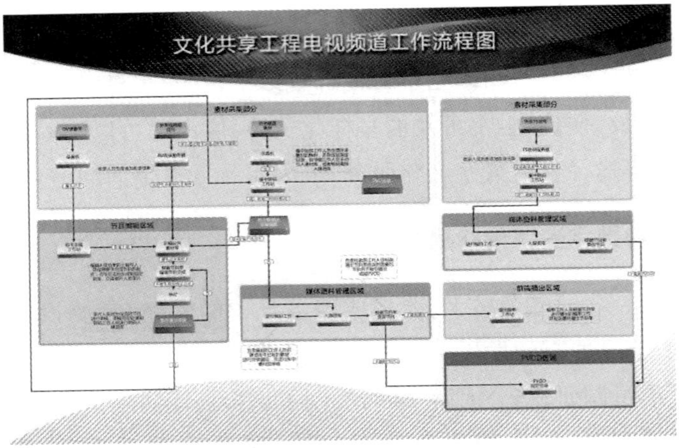

图3－9　辽宁广播电视进村入户传输模式

在接收方式上，主要分为广播和点播两种方式。广播方式是指，采取播放模拟电视频道的方式直接进入每个农户，打开电视机就可以在特定频道收看。点播方式是指，每个自然村设立服务点，配置点播型机顶盒，将信息资源推送到机顶盒中，农民在服务点点播收看。重点是在试点成功的基础上，在农村大面积推广点播机顶盒，满足农民群众在家中点播收看文化信息的需求。

3.5.8 海南省数字资源传输模式

海南省利用数字电视，拓展传输渠道，充分发挥文化共享工程惠民服务的重要功能。海南省是较早在全省范围进行整体数字电视转换的省份,具有用户多、技术成熟等优势。为利用好数字电视网络资源,在海南省文化厅的指导下,文化共享工程海南省分中心(海南省图书馆)与中国有线海南分公司开展合作,初步研发成功了适合文化共享工程信息资源管理、发布、播出的平台,创建了数字电视文化共享工程视频专用频道(401 频道)和表现形式类似网站的内容展现平台(630 频道),提供给数字电视用户免费自主浏览文化共享工程图文信息资源。目前,海南省数字电视用户数已达 114 万户,城乡覆盖率达 95% 以上。通过这种方式,有效地补充了海南省各级中心、站点服务网络的不足,拓展了信息资源传输渠道。

3.5.9 山东省数字资源传输模式

山东省数字资源传输体系是以互联网传输与卫星传输为主渠道,光盘、流动服务车、计生服务站上门服务等为补充。山东省技术平台包括"山东省文化共享工程网络电视台"、"山东省文化共享工程新农村网上图书馆"、"山东省文化共享工程业务协作交流平台"、"山东省数字文化网"、"山东省文化共享工程'一站式'服务平台"。其中"山东省文化共享工程'一站式'服务平台"将包括国家中心、省中心、各市中心在内的所有资源链接都集中在"一站式"服务平台上,全省九万个基层服务点都安装了这个平台,解决了群众搜索文化共享工程资源不方便的难题;"山东省文化共享工程网络电视台"采用先进的 CDN + P2P 技术,可以在线点播和网络直播,全省所有互联网用户都可以免费访问。

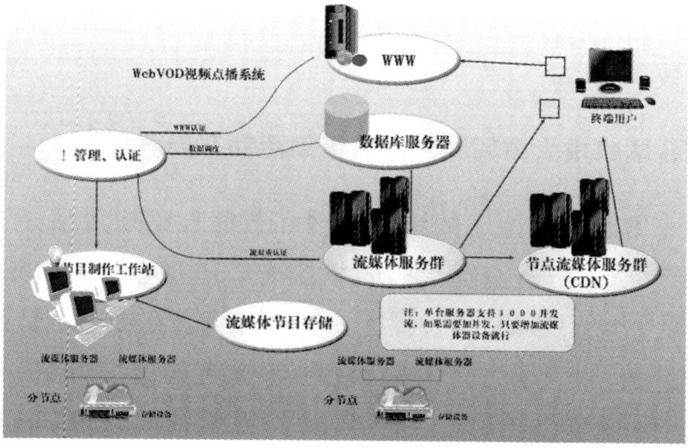

图 3 - 10　山东省文化共享工程网络电视台结构图

4 全国文化信息资源共享工程数字资源服务

4.1 引言

文化共享工程实施的最终目的是服务基层服务大众。为了方便社会公众就近获取数字资源服务，文化共享工程开展终端服务的主体既可设在直辖市、省会、市、县、乡、村的文化设施场所，又可通过广泛合作进入国家机关、学校、企业、部队等。此外，各地信息化建设的进程不一，实施的其他重点文化工程和信息化工程也不完全相同，因此针对不同地区特别是针对农村需求种类多、地域广、分散性强、个性化明显的特点，文化共享工程的终端服务应满足这样几个条件：(1)操作简单，使用方便，易于为广大基层群众所掌握；(2)能够方便地实现信息资源的组织、更新与检索；(3)能够自动形成信息资源的使用记录，为工程服务的统计分析提供基础性数据；(4)还需有身份认证等安全措施，确保终端服务的可控性和合法性[46]。

4.2 文化共享工程数字资源服务模式

为了满足各地群众求知识、求富裕、求健康、求快乐的需要，国家中心和各级分支中心以及基层服务点因地制宜开展工作，摸索总结不同服务模式，拓宽了服务范围，取得很好的效果。

4.2.1 结合国家重大事项和节假日策划活动开展服务

十年来，国家中心结合国家的重大事项和节假日策划并举办了系列活动，包括：配合保持共产党员先进性教育举办“楷模光辉照我心”活动；结合中国少年儿童歌曲推广计划举办“唱希望之歌，看抗日电影”活动；在中小学暑假期间推出“仲夏夜开心急转弯”活动；为纪念抗日战争胜利60周年举办“纪念抗战·永保和平”等活动；为纪念中国工农红军长征胜利70周年，在长征经过的15个省、自治区、直辖市开展“文化共享长征行”活动，向沿途基层单位赠送设备、图书、光盘；为纪念建党八十五周年，编制系列光盘下发基层，开展拥党、爱国教育活动；在2005年和2006年的元旦、春节期间，特制下发“双奖好戏送下乡”、“乡风文明好戏来”系列光盘,将高水平舞台艺术作品传递到基层农村;2006 年春节前后,在贵州遵义举行“文化共享工程遵义新春服务行”活动,近万群众参加;2007 年在辽宁省开展“文化共享幸福花”活动;2008 年配合北京奥运会,在全国举办“文化共享奥运行”活动,配合改革开放 30 年在全国举办“文化繁荣 岁月如歌”展览;2009 年围绕建国 60 周年组织开展系列活动,策划设计了“国事盛典 文化印证”大型展览,在全国文化共享工程系统引起热烈反响;2010 年中秋,举办“共建亲情纽带 共享数字文化”关爱留守儿童活动;2011 年为纪念建党 90 周年组织开展“阳光少年热爱党”电脑小报设计比赛,“八一”前夕举办“真心系武警 共享文化情”活动,中秋举办“同乡同龄同梦想 共学共享共月圆”关爱新生代农民工活动;2012 年春节期间,举办“文化年货带回家”活动等。

4.2.2 结合各地的信息化建设和文化建设开展服务。

十年来,各地结合当地信息化建设和文化建设的实际情况,积极探索文化共享工程服务的新模式。北京市将实施文化共享工程与基层文化建设、公共图书馆计算机信息服务网络建设、艺术档案建设相结合,实现了文化信息传播、图书馆图书借阅和文艺作品欣赏三类服务的整合,进一步促进了北京市文化资源管理与服务的数字化建设。上海市将文化共享工程建设和城市信息化建设、城市中心馆建设、社会主义新郊区建设、城乡区域文化信息资源共享紧密结合,使服务延伸到社区信息苑、高校、街道、企业、中学、军营、监狱、寺庙、进城务工者居住区等。浙江省把文化共享工程建设与各级图书馆网络化、信息化建设相结合,重点建设省市县三级中心服务网络。广东省东莞市将文化共享工程与区域图书馆公共服务体系建设和数字图书馆体系建设相结合,研发新一代集群管理系统,促进文化共享工程向基层的延伸。其他各省则普遍将实施文化共享工程与数字图书馆建设、创建文明城市、文明社区、文明乡镇、文化先进县、文化示范村等紧密结合,使文化共享工程服务渗透到城乡的各项工作中。

4.2.3 结合农村党员干部、中小学现代远程教育开展服务

文化部、中组部始终积极推动文化共享工程和全国农村党员干部现代远程教育的合作,通过联合下发《关于做好农村党员干部现代远程教育试点工程与全国文化信息资源共享工程资源整合工作的通知》落实全面合作的有关事宜,并指导各地开展合作。通知规定:农村党员干部现代远程教育卫星数字专用频道设置全国文化信息资源共享工程专题栏目,免费播出由文化部全国文化信息资源建设管理中

心提供的适合农村干部和广大农民群众特点的文化信息精品资源。2005 年 1 月 14 日，教育部和文化部则联合下发了《教育部文化部关于在农村中小学实施全国文化信息资源共享工程的通知》。各地因势利导，开展了多种模式的合作共建。山东省文化共享工程与山东农村党员干部现代远程教育工程开展全面合作，实现了硬件设施和服务网络合一、数字资源共建共享、技术平台合一、基层点日常管理和运营统一，避免了重复建设和资源浪费，在全国第一个建立起了覆盖到所有行政村的基层服务网络。湖南、贵州、浙江、吉林、黑龙江等省也与农村党员干部现代远程教育、农村中小学现代远程教育结合，实现了在基层点的硬件、人员、资源、经费、管理等方面不同程度的共享。浙江省宁波市还把文化共享工程镜像服务器接入宁波教育城域网，使文化信息资源服务覆盖了所有校园。

4.2.4 结合面向农村的其他工作开展服务

文化共享工程与中宣部“百县千乡宣传文化工程”相结合，由中央精神文明办公室投入 1100 万元，合作共建 300 个乡镇宣传文化中心，作为文化共享工程示范点对外提供服务。向 100 个全国妇联“美德在农家”的基层点提供设备和数字资源，提高了这些基层点的服务能力。四川省为此特别策划举办了“科技服务乡村行”活动——将文化共享工程中适合农村、农业、农民的资源通过乡镇文化宣传中心提供服务。山西、江苏、青海等地结合农村文化大院、文化中心户的扶持工作，开展了各类富有地方特色的服务。

4.2.5 结合信息服务商的市场拓展开展服务

为加快文化共享工程服务网络的建设并弥补资金投入的不足，各地也以开放的姿态探讨与商家合作的模式。山东青岛、广东佛山通过有线数字电视分别向当地 80 万户、30 万户居民播放文化信息资源；贵州遵义市有线电视台开设了文化共享工程频道，为 30 万户群众传递多媒体资源。山西、福建、浙江等地与中国网通、中国移动合作，加快服务网络建设的进程。吉林、河北、湖北等地与网吧联合开展信息资源服务。

4.3 文化共享工程服务成效

至 2011 年底，累计服务超过 11.2 亿人次。文化共享工程走进农村、走进社区、走进军营、走进学校、走进企业，通过优秀的数字文化资源，初步满足了基层群众“求知识、求富裕、求健康、求快乐”的基本需求，初步缓解了农民群众看书难、看戏难、看电影难的问题。针对少数民族群众、青少年、新一代农民工和低收入人群的实际需求，开展专项服务，丰富了他们的精神文化生活。紧密围绕国家大局，结合重大节日和事件，开展多种形式的宣传服务活动，在汶川地震灾后重建、应对国际金融危机、组织农民工培训、庆祝新中国成立六十周年等方面发挥了积极有效的作用。

文化共享工程的出现，使得一大批电脑、服务器、投影仪等现代信息设备进入了图书馆、文化站，特别是乡村和社区的文化活动室。正是依托文化共享工程，许多常年无一分购书经费、更无缘于电脑的基层图书馆，建立起设备齐全，条件良好的电子阅览室。有不少农民群众，就是在这样的电子阅览室，第一次接触到了所谓的“电脑”。国家公共文化服务体系建设专家组副组长、北京大学教授李国新称：“2008 年与 2005 年相比，我国县级图书馆馆均计算机拥有量增长了 77%，独立网站增长了 73%，可以说，共享工程使许多基层图书馆一步跨入计算机和网络时代，创造了基层图书馆实现跨越式发展的‘中国模式’。”[47]

4.4 文化共享工程多举措服务农民工

文化共享工程从 2002 年启动以来，各级中心和基层服务点始终把农民工及其子女作为重点关注和服务对象，通过建立站点、开设专栏、赠送资源、开展培训、网上互动等方式，策划开展服务活动[48]。根据文化共享工程实施以来至今的《工作简报》进行统计，全国 33 个省级分中心中，有 29 个省开展过与农民工及其子女相关的服务活动，覆盖率约 88%；2867 个市县支中心中，有 917 个市县开展过与农民工及其子女相关的服务活动，覆盖率约 32%。其中，浙江省通过“文化共享工程进企业”行动[49]、云南省通过建立文化共享工程农民素质教育网络培训学校（简称农文网培学校）[50]，分别对本地服务农民工的工作进行了整体部署、规模化推进。广东省深圳市则通过建立文化共享工程农民工服务点有计划地推进[51]，上海将文化共享工程，农村数字电影放映点，农村信息苑，农家书屋“四位一体”共同推进，也都取得良好的效果并引起较大的社会反响。其余绝大多数省份也逐步培养了利用文化共享工程资源、设备为农民工及其子女提供服务的意识，活动策划得越来越丰富，针对性越来越强，但尚未走向制度化、规范化、常态化。

4.4.1 推进文化共享工程走进企业，为农民工提供文化服务

共享工程早在 2002 年底就提出要“走进农村、走进社区、走进学校、走进企业、

走进军营”。山东济南钢铁厂是文化共享工程走进的第一个大型企业。之后,各地积极创新,因地制宜,积极推进此项工作。浙江作为民营企业大省是推进文化共享工程走进企业的杰出代表。2009 年 5 月,省文化厅与省总工会联合开展“浙江省文化共享工程进企业”行动,提出在三年内创建千家“文化共享工程进企业示范服务点”,万家“职工电子书屋”。企业中的农民工通过授权账号和密码,可以免费登录文化共享工程网站,浏览报纸、期刊、电子书籍,欣赏电影、戏曲、讲座等视频资源。到目前为止,已建成“浙江省文化共享工程进企业示范服务点”788 家。其他各省也或多或少在农民工集中的大型企业建立了文化共享工程基层服务点,如深圳已建起 120 多个文化共享工程农民工服务点,免费向农民工开放。

4.4.2 在文化共享工程网站开设面向农民工的专栏

文化共享工程国家中心开设了“进城务工”专栏,整合家政物业、建筑装修、车辆电气维修、营销技能、美容保健等务工培训和实用技能方面以及法律维权方面的视频资源,供农民工朋友网上浏览,同时通过光盘、卫星投包等方式发至各省级分中心,供各地开展农民工实用技术培训。广西壮族自治区分中心利用文化共享工程的网络平台,制作了《农民进城务工专题资源库》[52],涵盖了农民进城务工可从事的大部分工种,包括家用电器、电子产品维修,电工操作、仪器仪表的使用和维护,汽车、摩托车、电动自行车等运输工具的维修,车工技能、焊工技能,建筑施工安全技术、装修,布艺、时装、鞋子、工艺品的制作,饮食服务,制茶工艺等,通过点击进入广西文化共享工程主页便可浏览学习。

4.4.3 依托文化共享工程网络平台和专题资源开展培训

云南于 2009 年 5 月在全国首创农文网培学校建设模式。截至目前,全省已建成 855 个农文网培学校,1800 个农文网培分校,实现了 62% 的乡镇和 10% 的行政村均建有农文网培学校(分校),累计开展各类农民工素质教育培训活动一万多次,培训农民群众 100 多万人次,服务农民群众 220 多万人次,为他们进城务工奠定了必要的基础。安徽繁昌县支中心利用文化共享工程网络资源,根据本地农民进城务工的职业需求,精心筛选组织资源,通过开展周末电影晚会、企业电影专场、进村(社区)电影专场等多种形式插播各类应用技术培训视频讲座共计 22 期。安徽青阳县支中心则充分调研市场对劳动力的需求,先后与县农委开展“农村劳动力转移”家政服务培训;与县总工会举办了“帮扶困难职工”就业培训班;与县职教中心举办“医疗器械针灸制造”培训班等,使广大农民工真正学到了技术,为进城务工打下了良好的职业技能基础。

4.4.4 策划开展丰富多彩的服务活动

2007 年 5 月 31 日，文化共享工程国家中心和北京市分中心在“五棵松文化体育中心”工地联合举行“文化信息资源服务农民工——文化共享工程走进奥运场馆工地”活动，为农民工送去了移动播放器两台，资源光盘 1400 余张，内容包括农业实用技术、人口健康教育、少数民族汇演、农村读物——电子图书光盘、农业知识仓库——电子期刊光盘等。同年 7 月 20 日，国家中心又和国家图书馆联合开展了“文化共享工程走进国图二期工地”活动，为农民工赠送了移动播放器和资源光盘。2011 年中秋节，湖南省分中心在“同乡同龄同梦想 共学共享共月圆——共享工程服务新生代农民工”[53]活动中，为农民工举办了“月是故乡明”歌咏比赛活动。湖南省分中心还同时开展了“文化共享，惠泽三湘”活动，在本省各地区普遍开展广场文化汇演和农村科技知识讲座等活动，同时利用市县支中心电子阅览室，邀请农民工朋友前来观看网络视频培训，欣赏优秀文化信息资源。2012 年春节期间，国家中心策划并发动全国各级分支中心面向农民工开展了“文化年货带回家”系列活动，向农民工朋友赠送光盘、图书、春联等，协助农民工朋友利用网络订购往返城乡的火车票，为农民工朋友与亲人在网络上实现“团圆”提供免费服务和便利条件。

4.4.5 关爱农民工子女守护留守儿童

国家中心 2007 年“六一”前夕，在农民工子弟学校——北京海淀区行知实验学校建立了共享工程基层服务点，向学校赠送了移动播放器、投影仪，以及历史地理、文学艺术、少年文化、动漫电影等 280GB 的数字资源。之后每年“六一”都要向该校和其他打工子弟学校赠送数字资源礼包，比如“热爱祖国 放飞希望”礼包和“童心向党 快乐成长”礼包，“戏曲动漫”原创资源和“双百人物”动漫原创资源。2010 年中秋节，重庆涪陵区、丰都县和开县的 40 多名留守儿童，通过文化共享工程的基层服务点，在中秋前夕实现了与远在北京、天津、深圳等地务工的父母的远程视频通话。2011 年“六一”前夕，国家中心和全国妇联合作，将“童心向党 快乐成长”资源礼包送到全国 1000 家留守儿童活动中心。2011 年暑期，国家中心整合了 104 集共 2520 分钟普及中国传统文化经典和科技知识的动画片，制作成“文化共享工程守护留守儿童共度暑期快乐假期”礼品包，下发到 2867 个市县级支中心和数十家少儿图书馆。

4.5 文化共享工程多举措服务部队官兵

4.5.1 “真心系武警 共享文化情”合作共建活动启动

为拓宽文化共享工程服务范围，进一步提高文化共享工程海量数字资源利用率，继承和发扬“双拥”传统，丰富广大武警官兵的精神文化生活，2011 年“八一”建军节前夕，由文化共享工程国家中心与人民武警报社联合推动的“真心系武警 共享文化情” 全国文化共享工程服务武警官兵合作共建活动于 7 月 28 日在京启动。文化部副部长杨志今、武警部队副政委崔景龙共同开通了武警政工网“文化共享工程”专栏；文化部向武警部队赠送了“文化共享工程服务武警官兵”数字资源礼箱，涵盖“建党九十周年党史库”、“红色历史文化讲座和专题片”、“文化精品多媒体资源库”等，内容丰富，具有较高的思想性、艺术性和观赏性；国家中心和武警报社还签署了《全国文化信息资源共享工程服务武警官兵合作协议书》。此次合作必将对武警部队文化建设起到推动作用，为建设现代化武警提供智力支持。

尽管文化共享工程启动只有十年，但在双拥共建、服务部队官兵方面，已经取得了一些成果。按照文化部党组的部署，文化共享工程领导小组早在 2002 年底就提出要让文化共享工程走进军营。之后，国家中心以及各地各级分支中心和基层服务点结合本地实际，纷纷开展了面向驻地部队官兵的服务与共建。文化共享工程已经走进西藏“墨脱戍边模范营”，走进黑龙江边境线上黑瞎子岛和北极漠河驻地部队；走进总政全军政工网，走进总参驻蓉部队，走进总装后勤部华东办事处；走进海军上海基地政治部，走进宁夏陆军预备役高炮团，走进驻晋江空军罗裳山雷达站；走进武警延边森林支队，走进山西省消防特勤一支队，走进驻肇庆海关武警 8694 部队；走进广州军区“模范红一连”，走进上海警备区“好八连”，走进浙江杭州“硬骨头六连”；走进中国人民解放军国防大学、防化指挥工程学院……

4.5.2 开通“共享工程军营版”，为部队官兵提供文化资源服务

为了协助各地各级分支中心面向部队官兵开展服务，国家中心在 2003 年就筹备开通了“共享工程军营版”，下设兵林史话、武器装备、兵法韬略、军事常识、军事场馆、军事人物、军事百科、军事科普等栏目，同时整合并不断补充军事题材的影视和舞台作品，以及利于学习型军营建设和部队人才建设的讲座、展览、多媒体资源库等。其中包括《军嫂》《世纪大阅兵》《南昌起义》等影视作品，《中国三军揭秘》等纪录片，《端午习俗》《屈原传说》等文化专题片，《军旅作家王树增讲长征》《军旅

艺术家张济海书法讲座——我眼中书法的精神高度》等讲座视频,《文化繁荣,岁月如歌——改革开放三十年成果展》《国事盛典 文化印证》等展览资源,《抗日战争专题库》和《红军长征史诗》等多媒体资源库,并举办《纪念抗日 永葆和平》《红色记忆 振奋中国》《双百人物 感召中国》等网上有奖竞答活动。2008 年开始,文化共享工程与总政治部签署合作共建协议,优势互补资源共享,通过全军政工网为全军官兵提供文化资源服务。

4.5.3 设立“文化共享工程服务站点”,让文化信息资源常驻军营

2004 年 8 月 5 日,文化共享工程四川省分中心与成都军区经过半年多的通力合作,在当时全国唯一不通公路的西藏墨脱县边防连队建起了四个文化共享工程基层服务站,开通了“西南边防文化信息共享工程”[54],从此,一直靠人背马驮才能获得报刊图书和音像资料的官兵,也可以像内地多数军营一样,只要轻点鼠标,就能在网上浏览到当天的时事新闻,欣赏到各类文艺节目和影视作品,阅读到数千册名著佳作。“西南边防文化信息工程”依托全国文化信息资源共享工程平台,采用卫星数据传输手段,每天不间断地向边防军营传送新鲜、高雅、健康有益的文化信息资源,满足边防官兵的精神文化需求。

“十一五”期间,黑龙江省中心携手省军区相关部门,陆续在边境线上的兴凯湖、珍宝岛、黑瞎子岛、古驿道十八站、北极漠河、加格达奇等地驻地部队建设了文化共享工程服务点。定期为他们配送新书和文化共享工程资源。鉴于军队不能使用公网,省中心重点建设卫星地面接收站和移动播放系统,配送光盘,向广大边防官兵们传播文化共享资源,多次受到省军区的表彰。

2008 年 3 月 27 日,文化共享工程兰州市消防支队基层服务站宣告建成。消防支队负责配置该服务站的硬件设备包括卫星接收器、电脑、投影仪,兰州市支中心则负责提供技术指导和人员培训,免费为部队输送并更新文化共享工程资源。兰州市支中心结合部队特点,按照国家中心的要求,编辑完成了文化共享工程军营版,基本涵盖了全国文化共享工程的所有栏目,内容包括电影戏曲、名家讲座、民俗知识、农业科技、政策咨询等,容量达到 500GB,资源丰富,贴近官兵,深受广大官兵的喜爱。他们把文化共享工程称为惠兵工程、爱兵工程和求知工程。

文化共享工程启动以来,建在军营的基层服务站点越来越多,比如上海市分中心在驻沪 62403 部队,江西省分中心在英雄航天员——聂海胜曾经战斗过的空军某部[55]、肇庆市支中心在驻肇庆海关武警 8694 部队,银川市支中心在武警银川市支队三大队七中队,浙江省分中心在硬骨头六连所在部队、宁波大榭海军基地、舟

山 92118 部队，绵阳市支中心在武警绵阳支队三中队，安徽黄山市屯溪区支中心在安徽黄山边防检查站都建起了文化共享工程基层服务站点，让文化信息资源常驻绿色军营。

4.5.4 送资源上门，请官兵进来，为部队官兵享受资源服务提供便利

文化共享工程各级分支中心在每年的“八一”建军节前后，以及春节、元宵节、中秋节等节假日，会普遍开展“文化拥军”活动，带上图书、展板、光盘、投影仪、移动播放器、无线上网卡，带上文化共享人的深情厚谊，走进军营，慰问人民子弟兵。2007 年 8 月 22 日，天津市和平区支中心以“弘扬军人本色，忠于历史使命”为主题，启动“优秀国产军事题材影片巡回展映”活动。为了增强巡回展映活动的效果，和平区支中心还邀请老电影中的主创人员、文化界的知名人士一起走进军营，同战士们一起看电影、谈感想。如在天津警备区通讯连放映《雷锋》时，在影片中扮演雷锋的表演艺术家董金棠同志现场向战士们讲述了当年在创作雷锋这一角色过程中，一次次被英雄所感动的情况，使战士们深受感染和激励。有的连队还在观影后组织座谈、写感想和影片内容有奖知识问答等活动。2010 年 6 月 26 日，北京宣武区支中心邀请中国人民大学新闻学院于东东老师，走进军营，为武警部队七支队十中队的 100 余名官兵举办“小相机、大制作”摄影知识专题讲座，受到热烈欢迎。2011 年 5 月 20 日，贵州青铜峡市支中心在市消防中队开展了“共享工程服务进军营”活动，为消防中队的官兵带去了精心挑选的 200 余册书刊，并播放了纪录片《中国三军揭秘》，受到消防中队官兵们的热烈欢迎。

在送资源上门的同时，各级分支中心也热情地邀请部队官兵走进文化共享工程分支中心电子阅览室，走进多媒体演示室，走进多功能厅，精心策划活动，开办“军人专场”。2007 年 3 月 6 日下午，上海市分中心在四楼多功能厅，特意为上海市武警总队的领导和机关干部举办专题讲座，来自上海社科院邓小平理论研究中心的研究员程伟礼为武警官兵作学习辅导讲座，台下 200 名干部军容整齐，认认真真地记着笔记。2010 年国庆期间，肃南县支中心邀请甘南藏族自治州舟曲县特大抗洪救灾一线胜利凯旋的武警肃南县森林大队官兵，在支中心的多媒体室现场聆听周国平教授的《阅读与人生》知识讲座，之后又为官兵们播放了爱国主义影片《井冈山》《黑鹰坠落》。

文化共享工程国家中心紧紧抓住在武警政工网开通“文化共享工程”专栏的契机，按照文化部领导的要求，带动全国各地分支中心继续继承和发扬双拥共建的优良传统，将优秀的文化信息数字资源源源不断送进军营，让文化共享和谐风劲吹

绿色军营。

4.6 文化共享工程多举措服务西部大开发

文化共享工程十年来始终致力于向西部地区广大农村传播优秀文化资源及农业种植养殖新技术、城镇务工实用技术和致富信息，在消除东、西部之间数字鸿沟，推动西部地区持续发展，促进民族团结与社会和谐，挖掘和弘扬西部独有的灿烂文化财富，丰富百姓文化生活等方面发挥了重要作用。2010 年，被国家发展和改革委员会、人力资源和劳动保障部联合授予“国家西部大开发突出贡献集体”光荣称号。

4.6.1 建立基层服务网点，加强西部地区文化基础设施建设

国家中心依托各级公共图书馆和文化馆(站)，建立服务网点，有力地强化和提升了西部地区基础文化设施建设。截止到 2011 年底，已在西部 12 省建成省级分中心 13 个，县级支中心 1206 个，乡镇基层服务点12 304个，合建村级基层服务点210 366万个。县级支中心拥有了最低投资为 68 万元的电子阅览室，并为乡镇/村基层服务点提供并及时更新资源内容，可以通过卫星网、互联网、移动存储、光盘等多种方式，接收、存储、传播由国家中心整合发布的 136T 以上丰富的优秀数字资源。例如宁夏 2362 个行政村实现了共享工程全覆盖，成为全区新农村建设主干信息服务平台。

4.6.2 大力推动挖掘弘扬西部独特的文化资源，促进民族团结进步

指导西部省级分中心建设了《西藏戏剧》《汉维双语幼儿教育》《四川绵竹年画》等 36 个地方特色资源库。国家中心还着力推进少数民族语言的资源译制工作，翻译了 2415 小时包括维语、哈语、蒙语、安多藏语、卫藏藏语等少数民族语言在内的影视资源，深受西部广大基层群众欢迎。国家中心为西部地区提供的数字文化资源有：地方戏曲 2486 部，影视作品 766 部，专题讲座 4047 场。

4.6.3 广泛开展信息技术和文化教育培训，提高群众的科学文化素质

国家中心支持并推动西部举办了近千次各类集中面授培训，手把手讲授如何使用计算机、网络、卫星接收器等设备，为基层群众提供信息化服务，让群众感受信息的便捷、农技的实用与文化的欢乐。通过开设培训专栏、制作课件、编写教材、推

荐培训案例、举办知识竞赛、开展远程培训、参加志愿者行动和“春雨工程”等多种途径,千方百计帮助西部地区群众掌握科学文化知识,提高素质。金融危机爆发后,国家中心开设“保民生,保稳定,保增长”网上专栏,同时发布“农民工再就业”救助专题,并免费为西部群众特别是下岗职工和农民工,举办形式多样的知识技能培训和讲座。支持云南在全国首创“文化信息资源共享工程农民素质教育网络培训学校”,充分利用文化共享工程这个载体,根据农民群众实际需求提供个性化信息服务,逐步实现文化乐民、文化育民、文化富民的目标;支持内蒙古杭锦旗支中心设立咨询服务台,向农牧民宣讲农牧业科技种养、卫生健康知识;在重庆、云南、宁夏、新疆等省开展“志愿者行动——基层图书馆馆长培训”活动,受训人数达到622人;2011 年开始在西部边疆地区包括西藏、新疆、云南、青海等地开展“春雨工程”,并在西藏开通汉藏双语网站。

4.6.4 丰富西部人民文化生活,巩固先进文化宣教阵地

国家中心策划组织各类主题活动,带动西部地区各级中心和基层点开展服务,丰富了群众文化生活,及时把党中央国务院的声音传递到西部群众身边。

- “纪念抗战 · 永保和平”服务活动。
- “文化共享长征行”服务活动。
- 汶川地震后,派出救灾服务小分队,组织“抗震救灾,共建家园”专题资源,援建四川、陕西、甘肃等赈灾服务点,灾后为900 个过渡性综合文化站配备共享工程设备和资源。
- “文化共享奥运行”接力巡展活动。
- 为庆祝新中国成立60 周年,在“五一”、“五四”、“六一”、“七一”、“八一”、“国庆”等节日,制作传播贯穿全年的主题服务。国庆期间,不仅代表全国文化共享工程各级中心和基层服务点出色完成“辉煌六十年——中华人民共和国成立60周年成就展”文化建设单元的参展任务,而且在全国组织开展了“祖国万岁 文化共享”主题活动和“国事盛典 文化印证”巡展,掀起爱党爱国宣传教育的高潮。
- 大力宣传“双百”人物,开设“‘双百’人物,感召中国”专栏,并开展征文活动。
- 结合重大节庆假日开展系列数字文化服务活动,走进农村、走进社区、走进学校、走进军营、走进企业。
- 历年春节系列活动已形成品牌。2005 年“文化精品送下乡、双奖好戏送下乡”活动;2006 年“贵州遵义新春服务行”和 “乡风文明好戏来”活动; 2007 年“文

化共享和谐风”活动;2008 年“文化共享幸福花”活动;2009 年“文化共享新春乐”活动;2010 年“共享花开乐万家”活动;2011 年“欢乐共享过大年”活动;2012 年“文化年货带回家”活动。

4.7 文化共享工程多举措服务汶川灾后恢复重建

文化共享工程始终坚持充分利用其丰富的数字资源和便捷的传输渠道服务社会,在汶川地震灾后恢复重建、北京奥运、上海世博、建国 60 周年、建党 90 周年等国家重大事项中都快速反应、精心策划、周密部署、迅速行动,积极开展文化服务活动,被基层群众称为文化惠民工程、民心工程、德政工程。2011 年 10 月,文化共享工程国家中心规划发展处被人力资源和劳动保障部、国家抗震救灾领导小组、解放军总政治部联合授予“汶川地震灾后恢复重建先进集体”光荣称号。

4.7.1 提供设备和数字资源,支持灾区省级分中心迅速开展服务

文化共享工程国家中心向文化共享工程四川省级分中心拨付 10 万元用于维修主机房已受损的文化共享工程设备,向灾区提供 20 套共享工程设备、20 台移动播放器、9 台共享机。向灾区发送数字资源 22 批,视频资源时长约 1500 小时。

4.7.2 部署全国文化工程系统投入灾后恢复重建的服务工作

文化共享工程国家中心下发《关于在抗震救灾、重建家园时期,全国文化信息资源共享工程积极开展服务活动的通知》,要求受灾地区省级分中心发挥核心作用,支援、指导本地区工作,同时要组织和带领人员走进灾民帐篷、群众广场等地方,为群众播放抗震救灾、医疗救治、灾后防疫、重建家园和激励人民斗志的优秀视频作品。要求非受灾地区要积极开展对口支援活动,帮助灾区人民重建家园。

4.7.3 在网络传输受阻的特殊时期,将数字资源直接送达灾区

文化共享工程国家中心第一时间组织整合灾区急需资源,组建共享工程赴灾区资源服务小组。5 月 22 日,管理中心全体员工举行誓师送行会。在“心连心,同呼吸,共命运,夺取抗震救灾胜利”的大字标语下,全体员工振臂高呼“中国,加油!共享工程,加油!”。服务小组背负着 140 部抗震救灾资源光盘,于当日乘火车奔赴成都,冒着余震不断的危险,经过 32 个小时的长途颠簸,至 24 日凌晨 3 点到达成都。

4.7.4 深入灾区一线建立文化共享工程赈灾服务点

为了尽快了解共享工程基层点受损和需求情况，6 月 2 日，国家中心领导率队赴四川省安县、北川、绵竹、都江堰等地震重灾区。在余震不断的情况下，小分队成员走进已成危房的支中心和服务点，看望坚守在一线的工作人员。小分队向灾区赠送了 50 套用于赈灾服务点建设的文化共享工程设备，并建立了文化共享工程北川县擂鼓镇赈灾服务点。另一支小分队则深入受灾严重的陕西省略阳县、宁强县等地了解受灾情况，赠送移播宝 5 台，文化共享机 3 台，光盘 1 套，协助恢复基层点的服务。

4.7.5 举办灾后恢复重建智力支持业务培训

文化共享工程国家中心与国家图书馆联合举办“灾后重建智力支持业务培训班”，历时 28 天。邀请北京大学信息管理系知名教授以及业界专家，向 25 个受灾区县支中心的 47 名学员讲授图书馆和文化共享工程业务知识，并安排上岗实践活动，举办研讨会，使学员们将培训所得的理论知识在实践过程中得以消化，在交流过程中进一步加深理解。

4.7.6 建立 900 个灾区过渡性文化共享工程基层服务点

在文化部的直接领导下，文化共享工程国家中心组织完成了 900 个灾区过渡性基层服务点设备配置方案的确定、设备集中采购、配发、组织安装、人员培训和总体验收工作。配备设备 900 套，其中四川 780 套，甘肃 90 套，陕西 30 套。每套设备包括服务器、PC 终端机、无线路由器、UPS 电源、移动播放器、移动硬盘、卫星机顶盒、音箱、投影仪、软幕布及卫星接收设备。根据灾区群众最迫切的文化需求，精心准备了约 360 小时的视频资源，在设备组装时即行预装，使灾区群众在设备安装后的第一时间，便可享受到文化共享工程的服务。

4.7.7 确保新增数字资源内容能持续不断地服务于灾后恢复重建

2008 年之后每年的重大节假日以及春耕时节和寒暑假期，都会将策划制作的数字资源大礼箱发往包括灾区在内的全国文化共享工程分支中心。几年来，每年“5 · 12”文化共享工程都会特别针对灾区群众的文化需求，推出“文化共享建家园——纪念 5 · 12 汶川特大地震”专栏和文化资源服务活动，紧紧围绕恢复重建主题，源源不断地将优秀文化资源发送给灾区群众，鼓励和坚定灾区群众自强不息、重建家园的信心和决心。

4.8 文化共享工程援藏开通汉藏双语版网站

在中宣部、文化部共同支持下，2011 年 8 月 20 日，全国文化信息资源共享工程西藏分中心暨西藏图书馆汉藏双语版网站正式开通。双语网站的开通，结束了我国最后一个省级公共图书馆没有网站的历史，解决了文化共享工程西藏分中心的资源建设、资源管理、资源展示和资源传输问题，提高了西藏分中心暨西藏图书馆的服务能力和水平，实现了西藏分中心各项工作规范化、常态化，为西藏基层群众共享中华优秀文化资源搭建了便捷、高效的现代化服务平台，将全面推动西藏文化共享工程建设以及公共文化信息化服务水平迈上新台阶。为配合此次双语版网站开通，2011 年 8 月 5 日，文化共享工程国家中心对西藏各县级支中心的技术骨干进行了为期三天的培训，并联合深圳雅图数字视频技术有限公司向文化共享工程西藏分中心赠送了 40 台投影机设备。

4.8.1 援助西藏建设文化共享工程服务网络平台

近年来，在文化部领导的指导下，在自治区政府的大力支持下，全国文化信息资源共享工程服务网络平台建设在西藏顺利推进，已搭建了一个省级分中心，73 个地县支中心，并建设了一批西藏地方特色数字资源库。但是，随着服务网络深入基层，如何增强数字资源对基层群众的吸引力，特别是加强藏文数字资源库建设已成为事业发展亟须解决的问题。为切实解决文化共享工程西藏分中心面临的设备、技术等实际问题，充分发挥其应有的资源建设、资源更新和资源传输作用，西藏分中心暨西藏图书馆没有门户网站及资源发布平台的现状越来越成为其公共文化信息化服务水平进一步提升的瓶颈。

4.8.2 援助西藏分中心建设汉藏双语网站和资源发布平台

2010 年 10 月起，文化部陆续投入 200 多万元资金，文化部全国文化信息资源建设管理中心委派优秀技术人员，帮助开展西藏分中心汉藏双语网站和资源发布平台建设。首先采取措施对西藏分中心的机房环境进行扩建装修，添加了 12 台服务器、60T 存储、入侵检测等相关设备，使分中心的网络运行环境有了质的提高。其次建设文化共享工程西藏分中心网络平台和西藏图书馆网站。文化共享工程西藏分中心网络平台主要包括资源管理系统和藏汉双语发布系统。再次建设文件传输系统，以西藏自治区分中心一对多的方式，定期向地县支中心传输资源，尽量满足地县支中心的资源需求。同时对服务器的分配和网络策划重新进行设置，陆续导入国家中心和西藏分中心提供的各类资源。

4.8.3 援助西藏分中心推送汉藏双语数字资源服务

经过近一年的建设和试运行，文化共享工程西藏分中心暨西藏图书馆汉藏双语版网站正式开通。西藏分中心网站（http://www.xzgxgc.com）设有文化新闻、西藏风情、文化遗产、知识讲座、聚焦三农、影视天地、少儿园地、务工技能、缤纷舞台、红色记忆、文化博览、工程园地、网络直播等栏目，发布视频资源近 3400 个，精品资源库 12 个。其中，藏语版发布视频 379 条、并且有丰富的藏文图文资源。西藏图书馆网站（http://www.tibetlib.com）发布了读者须知，服务时间等与读者息息相关的内容。资源发布平台同步建成，西藏分中心已经可以通过平台以藏汉双语的形式向所有能上网的用户提供以视频为主，以图文、数据库、音频、动画等为补充的，适合西藏群众的文化信息资源和西藏分中心自身制作的各类特色资源。同时可以有效解决地县支中心、乡镇和村级基层点无藏文资源的现状，为基层群众提供更加便捷的服务，对西藏自治区文化共享工程整体工作及公共文化信息化服务水平提升将起到较大的推动作用。

4.8.4 制定后续援藏计划加快文化共享工程网络建设步伐

结合公共电子阅览室建设项目，加快文化共享工程服务网络建设步伐，为青少年打造绿色上网空间，让老百姓就近方便地使用文化共享工程设施设备；针对基层群众需求，加快藏戏、藏族舞蹈等地方特色文化数字资源库建设；加大中央文化单位和各地对西藏图书馆等单位的支援力度，选派优秀人员参加西藏文化建设；加强队伍建设，提高工作人员的公共文化服务能力和水平。要首先重点抓好以下工作：

（1）加大力度，丰富数字资源。进一步加大对文化共享工程少数民族语言资源建设的支持力度，中央财政年内投入 360 万，支持西藏完成 300 小时藏语资源的建设任务。

（2）密切关注基层群众特别是藏族同胞的需求，进一步加强网站建设。广泛收集基层群众特别是藏族同胞的意见和需求，在网站内容、形式、风格上多下工夫，使之成为深受西藏自治区各族群众喜爱、人气兴旺、充满活力的网上家园，把优秀的藏汉双语数字资源及时地、源源不断地展现出来，为广大基层群众服务。

（3）切实做好技术保障工作。西藏地处高原，地域广阔、信息化水平较内地相比还有差距,这对保障信息系统的安全可靠运行提出了更高、更严格的要求。文化部全国文化信息资源建设管理中心、西藏文化厅和西藏分中心将继续通力合作,采取选派技术骨干进藏工作等方式,加大人才培养和技术保障,在建好网站的基础上,进一步把网站运行好、保障好、管理好。

4.9 文化援疆促进天山南北基层文化服务

文化共享工程频道开通、文化信息大篷车下乡……2010 年 8 月以来,文化共享工程国家中心和新疆生产建设兵团文广局的通力协作,使文化共享工程仿佛在一瞬间就走进了新疆生产建设兵团农六师五家渠市市民的生活和劳作当中,并由此辐射,让广大兵团群众、职工和官兵的文化生活在短短几个月间有了前所未有的变化。

新疆生产建设兵团是实行党、政、军、企合一的特殊组织,它遍及地域辽阔的新疆,在高山,在草原,在沙漠,在戈壁,文化共享工程一定程度上改善或丰富了天山南北的兵团文化生活,有利于促进民族的团结与和谐。

4.9.1 策划制作“文化共享援疆行”光盘大礼箱

2010 年 6 月,文化共享工程国家中心策划制作了“文化共享援疆行”光盘大礼箱,分两个版本,分别是汉语、维吾尔语双语文化资源和汉语、哈萨克语双语文化资源,每个版本节目时长 113 小时,180 部(集)。这些资源集知识性、思想性、艺术性和趣味性于一体,适合各个年龄层的群众观看,由农业技术、务工技能、知识讲座、少儿动漫、杂技等几大板块组成。国家中心还征集了少数民族文艺汇演节目,少数民族语言电子图书、藏语电影、少数民族风光电视专题片、维语节目《中国维吾尔麦西莱甫》等。资源礼品箱发放到新疆地区市县支中心,供他们向少数民族同胞开展文化服务。

4.9.2 开设文化共享工程频道,使数字资源服务进连入户

农六师五家渠市电视台开设文化共享工程频道,利用有线电视网络传输文化共享工程信息资源,从而实现文化共享工程信息资源电视信号进入职工群众家中的目标。其具体做法是:把从光纤接收到的文化共享工程信息资源接入城域网转发至五家渠市有线数字用户,同时将信息资源通过数字信号转换为模拟信号发送到各团场。

文化信息大篷车配备了15台电脑、3G无线网卡及投影设备,将优秀的科技信息送到了田间地头,充分发挥了其“流动教室”和“流动服务站”的平台作用。

4.9.3 联合举办文化共享工程建设业务培训,提高人员素质

2010年9月9日,由新疆生产建设兵团文化广播电视局主办、文化共享工程新疆生产建设兵团分中心承办、新疆生产建设兵团农六师五家渠市文化广播电视局协办的新疆生产建设兵团文化信息资源共享工程建设2010年工作会议暨技术培训会,在新疆生产建设兵团农六师五家渠市召开。会议对新疆生产建设兵团文化共享工程建设工作提出了要求:推广农六师利用有线电视网络传播文化共享工程信息资源的做法,让文化信息资源走入千家万户,切实实现共享。

9月9日至12日,文化共享工程国家中心、国家图书馆、新疆生产建设兵团分中心以及相关企业人员就文化共享工程县级支中心软硬件使用开展了培训。来自新疆生产建设兵团各师文化广播电视局的有关负责同志以及新疆生产建设兵团文化共享工程已建39个县级支中心的120余名代表参加了会议。

4.9.4 文化共享工程数字资源服务成效显现

农六师五家渠市电视台的文化共享频道,每天播出8个板块、17个小时的视频,职工群众足不出户就可以欣赏到高质量的节目,受益群众达30余万人;农六师五家渠市的文化信息大篷车在农忙时节开到田间地头,职工群众可以利用劳作间隙欣赏到通过文化共享工程网站传输的文化信息资源,农业技术人员还可以现场对农工进行农业技术培训;农二师二十七团认真做好节目接收和存储工作,将资源做成光盘分类存档,并免费分发给全团基层单位的文化活动室,同时将管理中心下发的1TB数字资源免费供团场读者上网阅读。这些工作不仅丰富了团里职工文化生活,还拓宽了团里职工学习文化科技知识的渠道;农十二师结合农村党员干部现代远程教育的模式,充分利用有线电视网络,开设远程专用频道和文化信息共享工程节目,从而形成了天网(卫星接收)、地网(互联网)和有线电视网“三网合一”的全方位、立体化、更便捷信息传播模式。目前,兵团39个县级支中心建设已经全面完成验收,另外42个县级支中心的建设也已启动,2010年底前全部建成,兵团近一半农牧团场的农工都将享受到文化共享工程提供的服务。

4.10 云南文化共享工程农民素质教育网络培训学校

在文化"全球化"加剧、互联网/数字电视等新兴媒体正在崛起、文化信息市场竞争日趋激烈的新形势下,作为传统信息教育及传播载体的图书馆,生存与发展面临诸多困惑和严峻挑战:知识传播渠道的多向性,改变了人们进图书馆阅读的唯一方式;新兴媒体的多样性,改变了人们获取知识的单一方式;社会文化的多元性,改变了图书馆藏书的独有方式……

面对这些困惑和严峻挑战,2003 年以来,云南省文化厅在省委、省政府的领导下,抓住我国政府在全国实施文化共享工程的契机,积极探索文化共享工程在拓展图书馆服务功能和提升农村公共文化服务能力方面的重要作用,并首创"文化信息资源共享工程农民素质教育网络培训学校"(以下简称"农文网培学校")这一文化惠农的重大举措,以文化信息素质教育促进云南图书馆事业全面发展,从而整体提升农村公共文化服务能力。

4.10.1 文化信息资源共享工程拓展了图书馆服务功能

云南省以各级公共图书馆为依托,于 2003 年正式启动了文化共享工程,通过近九年的建设,取得了重要的进展。截止 2011 年底,云南省已接收和下传文化共享工程国家中心数据资源 10TB,自建地方特色数字资源 3.5TB,培训53 691 人次,建成了 1 个省级分中心、129 个县级支中心、11 688个基层服务点,服务 1613 万人次。实施文化共享工程,有效提升了公共图书馆建设的科技含量,推动了公共图书馆事业实现跨越发展。

4.10.1.1 文化共享工程丰富了图书馆的服务形式

利用文化共享工程的网络载体,使图书馆从一个特定区域的知识资源库升级为文化信息的传播源,对周围进行辐射;使图书馆的服务工作从静态转化为动态,增强送知识和信息出去的能力,即提供公共文化服务的能力;改变长期以来传统图书馆服务手段单一的现状,使得图书馆的服务手段与高新科技有效地结合起来,更加便捷、灵活、多样。

4.10.1.2 文化共享工程拓宽了图书馆延伸服务的途径

实施文化共享工程可以推动各级公共图书馆的数字化建设进程。通过建设县级支中心,推广"数字图书馆",配置先进的电子阅览室、镜像站等手段,积极地推动县级图书馆的自动化、网络化建设;通过建设具有一定规模的电子阅览室,使乡镇综合文化站能够通过现代化的网络技术和设施设备,直接为基层群众提供数字化信息服务、教育培训、文化鉴赏、影视娱乐等多种文化服务。此外,还使基层图书馆的服务范围不断延伸到广大基层和农村,使更多的群众能够共享图书馆的资源和服务。

4.10.1.3　文化共享工程缓解了图书馆服务内容匮乏的现状

云南省一些县级图书馆、乡镇文化站的图书资料相对匮乏,基本无法满足当地群众的需要。通过实施文化共享工程,配套相应的设备,与文化共享工程日趋专业成熟的网络联网,随时随地接收数字化的文化信息资源,在切实丰富图书馆资源的同时,还能与文化共享工程网络上的其他资源形成互动,极大地扩展了图书馆的服务内容。依托这样丰富的资源,图书馆就能够提供多层次、多样化的文化信息服务,不断满足基层群众日益增长的文化需求。

4.10.1.4　文化共享工程实现了图书馆资源的整合

文化共享工程使得各级公共图书馆的现代化办馆条件得到了明显的改善和提升,利用文化共享工程专业设备,依托互联网、多媒体等先进技术,使上至省级图书馆、下到乡镇文化站的图书资源整合在一起,发挥联动作用;同时还可以使得公共图书馆与科研系统图书馆、教育系统图书馆、企业图书馆等各类图书馆通过文化共享工程网络开展资源共建共享。通过纵、横两条线,推动各级、各类图书馆资源的重组与整合,实现全面盘活公共图书馆资源的目的。

4.10.2　文化共享工程推动了农村公共文化服务体系建设

针对云南省农村文化工作实际,首创"农文网培学校"模式,以提升农村公共文化服务能力,实现文化惠农。其主要特点是以文化共享工程的信息资源库为教材,以乡、村文化站(室)的活动场地为课堂,以文化站(室)的管理人员为辅导员,通过在文化站(室)建设"农文网培学校",整合农村公共文化服务的设施、设备、人员、信息等资源,创新文化共享工程基层服务点运行方式,增强农村文化设施服务群众的能力,达到提高农民群众科学文化素养的目的,实现"文化乐民"服务农村、"文化育民"服务农民、"文化富民"服务农业,从文化的层面上解决"三农"问题。

4.10.2.1　文化共享工程提升了农村公共文化服务整体能力

云南省在2009年1号文件《关于加强农村公共文化服务体系建设的意见》中提出:要以政府为主导,以公益性文化单位为骨干,以乡镇综合文化站为重点,以村文化活动室、农家书屋为基础,鼓励全社会积极参与,努力建设以公共文化产品生产供给、设施网络、资金人才技术保障、组织支撑为基本框架的覆盖全省的农村公共文化服务体系，保障农民群众看电视、听广播、读书看报、进行公共文化鉴赏、参与大众文化活动、接收文化素养培训等基本文化权益。通过建设“农文网培学校”，依托文化共享工程先进成熟的网络技术和设施设备，进一步整合云南省农村公共文化服务资源，丰富农村公共文化服务内容，改进农村公共文化服务质量，完善农村公共文化服务产品，推动农村公共文化服务体系建设，提升农村公共文化服务的整体能力。

4.10.2.2　文化共享工程缩小了城乡文化发展差异

在现代信息社会，建设社会主义新农村，实现城乡文化统筹发展，必须在信息化建设上打破城乡壁垒，改变二元结构，使农民与城市居民同步获取必需的公共文化信息资源。通过建设“农文网培学校”，充分利用文化共享工程海量的文化信息资源、充足的师资力量和健全的培训网络，采取网络教学、多媒体教学、文化科技讲座与现场教学、流动培训等多种教学方式相结合的形式，创新农村文化生活和农民素质教育的途径。根据农民群众不同的科学文化需求，提供所需的各类知识信息，帮助农民群众提高思想道德和科学文化素质，缩小城乡之间文化素质上的差异，推动城乡文化的统筹发展。

4.10.2.3　文化共享工程充分利用和整合了基层文化资源

近年来，云南省通过加强基层文化建设，实施文化重点工程和惠民工程，建起了包括乡镇综合文化站、村文化活动室在内的一大批农村公共文化设施，基层公共文化资源不断充实和完善。特别是通过深入实施文化共享工程，全省已经建成了1099个乡镇基层服务点。但是，目前大部分已建的基层文化设施都面临着一个普遍的问题，就是建成后效率低下、服务能力弱化、利用率不高的问题。通过建设“农文网培学校”，将文化共享工程基层站点建设工作与乡镇文化站、村文化活动室建设工作相结合，不仅有助于拓展文化共享工程在农村的服务功能，而且有助于推动乡镇文化站、村文化活动室的现代化建设，增强其发展活力与服务能力。最关键的是，促进了农村公共文化资源的重组与整合，更有利于发挥其在基层文化建设中的重要作用。

4.10.2.4　文化共享工程推进了农村文化服务网络建设

党的十六大以来，云南省农村文化事业不断进步发展，初步搭建起了公共文化服务网络的基本框架。截至目前，全省共建有公共图书馆149个、文化（群艺）馆149个、乡镇文化站1600多个、博物馆33个，还有一批农村文化活动室、农家书屋、文化经营户和3200多支业余文艺演出队常年活跃在农村基层，省、州、县、乡四级公共文化工作网络已基本形成，为各族群众提供了丰富的公共文化服务。但是，必须清醒地看到,农村公共文化建设中仍然存在许多问题和不足。主要表现在:投入严重不足,公共文化服务体系建设缺乏强有力的支持;城乡文化发展差距大,农村公共文化事业偏弱;农村公共文化服务设施基础差,历史“欠债”多,公共文化服务资源总量偏少;农村文化工作队伍不稳定,数量少,业务能力较差,整体素质偏低,难以适应农村文化建设的需要。在广大乡镇、农村建设“农文网培学校”,为农民群众提供一块直接感受文化、学习文化,接受文化教育和服务的阵地。同时,通过建设“农文网培学校”,可以充分利用文化共享工程这个载体,把农民群众身边的文化和科技资源进行有效整合,以有针对性的信息服务帮助农民脱贫致富,实现真正意义上的“文化乐民”、“文化育民”、“文化富民”,这是对全省农村公共文化服务网络建设的有效充实和完善。

5 全国文化信息资源共享工程知识产权策略

5.1 文化共享工程贯彻落实知识产权策略的实践

5.1.1 引言

文化共享工程多年来在处理知识产权问题方面进行了积极探索，采取了几种行之有效的途径，总结了一些经验，也有一些深入的思考。文化共享工程涉及的知识产权问题主要集中在数字资源的建设和服务过程中。文化共享工程的数字资源建设主要有以下特点。

内容广泛：包括法律、军事、科普、美术、摄影、曲艺、杂技、音乐、舞蹈、话剧、戏曲、医药、旅游、历史、时事新闻和日常生活等。

类型复杂：包括文字、图片、摄影等平面作品，音乐、戏剧、舞蹈、电影、电视等视频作品，还有 Flash 动画作品等。

服务手段多样：有互联网、城域网/政务网、局域网等计算机网络服务，光盘、镜像/移动存储服务，以及有线数字电视/有线电视，并通过电视、投影仪等设备为基层群众服务。

资源建设单位：文化共享工程的资源建设主要由国家中心、分别设在全国省级公共图书馆的 33 个省级分中心和它有关单位共同承担。

以上特点决定了文化共享工程涉及的知识产权问题必须采取多种方式才能妥善解决。

5.1.2 文化共享工程解决知识产权的主要方式

文化共享工程是政府主导的文化创新工程，是服务于广大基层群众的公益性文化工程，在建设过程中始终严格遵守国家的法律法规，按照依法办事的原则，妥善处理有关问题。文化共享工程在获取作品权利人授权方面主要采取以下途径[56]。

5.1.2.1 加强沟通，争取立法支持

文化共享工程先后多次与全国人大常委会法律工作委员会、国家知识产权局、国务院法制工作办公室等立法、行政执法机关交流，通过各种渠道积极宣传文化共享工程建设意义和作用，沟通有关情况，争取各方面支持，并听取他们的意见和建议。2005 年，中共中央办公厅、国务院办公厅转发《文化部、财政部关于进一步加强全国文化信息资源共享工程建设的意见》[57]通知中指出，“工程”属于政府向全社会提供的公共文化服务，是公益性文化事业。改革开放前由国家投资生产的电影等，“工程”可以无偿使用。今后各级政府和有关部门投资或部分投资创作的各类作品，应当事先与有关单位或者个人就该作品的著作权归属问题签订协议，协议确定由政府或者政府有关部门享有著作权的，“工程”可以无偿使用该作品。要充分利用“工程”作为公益性事业的影响力，积极动员著作权人和有关企事业单位、社会团体向“工程”捐赠作品的使用权。对不能通过无偿方式获得使用许可的作品，可通过著作权集体管理组织取得使用许可。要制定奖励政策，鼓励各地建设特色文化资源。要继续探索与数字内容提供商的合作，拓宽资源来源渠道，以较低成本获取数字资源。2006 年 7 月 1 日开始实施的《信息网络传播权保护条例》[58]则针对提供公益性服务的文化共享工程给予了特别的条款，规定文化共享工程为扶助贫困的目的，可以通过信息网络向农村地区的公众免费提供中国公民、法人或者其他组织已经发表的种植养殖、防病治病、防灾减灾等与扶助贫困有关的作品和适应基本文化需求的作品。

5.1.2.2　广开渠道，多途径获取

在解决知识产权的过程中，文化共享工程在严格遵守国家法律法规的前提下，积极采取多种途径，获取作品权利人授权。

社会捐赠。文化共享工程虽然是国家投资的公益性文化创新项目，但也需要社会各界的支持与帮助。为丰富工程资源建设内容，拓展文化信息资源，文化共享工程开展了“名家名作”征集活动。该活动一经推出，就得到社会各界积极响应，先后得到张岱年、任继愈、戴逸、汤一介、冯其庸、启功、王蒙、厉以宁、何祚庥、华君武、江平、郑成思、袁行霈、陈平原、卓新平、卞祖善等颇负盛名的学界泰斗和青年才俊以及社会各界数百位作者捐赠的作品。同时，文化共享工程还得到了一些从事电子图书和数据库制作企业捐赠的电子书刊。

市场采购。为满足基层群众需求，加快资源内容建设，文化共享工程通过市场采购的方式整合了一大批数字资源。如通过音像出版社、影视中心、电子书刊企业等单位，以采购的方式获得了适于农村的种植养殖、机械维修、健康保健等方面的多媒体和电子书刊的使用授权，补充并丰富了资源内容。此外，通过知识产权代理机构等中介组织，文化共享工程也获得了很多资源库建设中必不可少的文字、摄影、美术作品的使用权。

适当补贴。在一些省级分中心(即省级图书馆)的支持下,文化共享工程通过适当支付补贴的方式获取了众多文化专题讲座类作品的许可使用权。

行政调拨。对于由政府各级行政部门享有知识产权的资源,文化共享工程在上级有关部门的支持下,通过行政调拨的方式得到此类资源的使用权。如文化部将用于对外宣传的数十部文化专题片提供文化共享工程使用;国庆六十年期间,通过文化部协调无偿获得《复兴之路》的播放权,国庆六十年优秀剧目展演的节目文化共享工程也可播映。

委托加工。为高质量地完成资源建设任务,文化共享工程在获得作品权利人的授权后,将资源库制作委托给相关机构承担,其中由委托加工单位提供的素材,委托加工单位承担权利担保的责任。双方制作完成后的资源库知识产权属于文化共享工程。目前网站的大多数资源库基本采用此种方式完成。

公开征集。向社会发布年度数字资源征集公告,接受来自全国各省、区、市 30 余家公共图书馆及 40 余家公司的应征,作品进行集中展示。国家中心以专家评审和代表推荐的方式确定年度数字资源的采购范围并签订使用权采购合同。

5.1.2.3 开展培训,提高业务水平

文化共享工程的资源建设需要 33 个省级分中心和相关单位的共同参与,而这些单位的人员以往基本没有接触过知识产权工作。因此,普及知识产权方面的业务知识,提高知识产权问题解决技巧和处理水平,是解决好知识产权问题、顺利推进资源建设的基础。几年来,文化共享工程采取人员集中面授和卫星广播方式举办了八次全国范围的知识产权培训班,分五批对省级分中心有关人员进行了知识产权巡回培训,邀请国家知识产权局、北京市第二中级人民法院和中国社会科学院法学专家、高校教授等,就知识产权问题进行深入浅出的讲解,培训人次过万。这对文化共享工程获取更多资源的许可使用权有很大的帮助。

5.1.2.4 举办研讨,征集专家意见

网络环境下知识产权管理是个新课题,虽然法律已有所规定,但仍存在需要完善之处。针对实际工作中的知识产权问题;也需要深入研究和探讨。为此,文化共享工程召开了由全国人大法工委、最高人民法院、国务院知识产权局、国务院法制工作办公室和北京市第二中级人民法院有关领导,北京大学、中国人民大学、中国政法大学、中国社科院法学专家等参加的“海量资源建设知识产权解决方案研讨会”,就如何解决知识产权问题进行了广泛的研讨,对文化共享工程如何解决知识产权提出了很好的建议和意见。同时,文化共享工程也多次参加国家知识产权局等单位举办的知识产权方面的研讨会,与有关人士交流情况,探讨问题。

5.1.2.5　严谨规范，实施合同管理

合同是规范各方权利义务的法律文件，是保证资源建设正常有序进行的有效手段。为此，文化共享工程在解决知识产权的最后环节均采取与有关资源提供和制作单位签署合同的方式，通过合同规定双方的权利义务。

5.1.3　主要经验

经过多年的工作，文化共享工程在知识产权工作方面取得一些经验。

5.1.3.1　各级领导高度重视

作为政府主导的公益性文化创新工程，国务院有关领导高度重视文化共享工程的知识产权问题，召开协调会，委托有关部门进行专题研究，并要求提出解决方案。文化部领导对此问题也给予极大关注，要求文化共享工程的资源建设遵守国家的法律法规，认真解决有关知识产权问题。2006 年 2 月 26 日，在《文化部、财政部关于进一步加强全国文化信息资源共享工程建设的意见》中，对知识产权问题作了明确的表述，规定由政府或者政府有关部门享有著作权的，文化共享工程可以无偿使用。2006 年 6 月 16 日，文化部发布《文化共享工程"十一五"规划》，在"工作原则"中明确提出要"重视知识产权，依法建设。按照《信息网络传播权保护条例》等法律法规的有关规定，高度重视并妥善解决文化共享工程建设中的知识产权问题，保障文化共享工程的顺利实施。"管理中心将知识产权工作列为重要工作，保证资源合法建设。各级分中心对知识产权工作也日益重视，积极采取措施解决有关问题，初步形成尊重知识产权、依法建设的氛围。

5.1.3.2　国务院出台有关法规

通过各方面的努力，2006 年 7 月 1 日，国务院颁布实施的《信息网络传播权保护条例》第九条规定，"为扶助贫困，通过信息网络向农村地区的公众免费提供中国公民、法人或者其他组织已经发表的种植养殖、防病治病、防灾减灾等与扶助贫困有关的作品和适应基本文化需求的作品，网络服务提供者应当在提供前公告拟提供的作品及其作者、拟支付报酬的标准。自公告之日起 30 日内，著作权人不同意提供的，网络服务提供者不得提供其作品；自公告之日起满 30 日，著作权人没有异议的，网络服务提供者可以提供其作品，并按照公告的标准向著作权人支付报酬。网络服务提供者提供著作权人的作品后，著作权人不同意提供的，网络服务提供者应当立即删除著作权人的作品，并按照公告的标准向著作权人支付提供作品期间的报酬。依照前款规定提供作品的，不得直接或者间接获得经济利益"。这样，文化共享工程在面向农村服务时，可通过上述方式提供资源，文化共享工程建设在法律法规方面得到了保障。

5.1.3.3　基本队伍初步形成

随着资源建设任务的不断增加，不少省级分中心通过引进法律专业大学生、聘请法律顾问、培训现有人员以提高处理知识产权的工作技能等途径，初步建设了一支从事知识产权工作的基本队伍。他们具备基本的法律知识，掌握知识产权工作的主要特点，针对不同情况采取相关措施进行解决，保障了资源建设的合法有效。

5.1.3.4　通过合同约定双方的权利

合同是规定合同当事人权利义务的法律文件。为避免产生不必要的纠纷，特别是对于有些权利较为复杂的作品，通过合同确定相关的权利，是非常必要的。同时，由于有些问题目前的法律法规没有明确的规定，需要在实践中进行探索，因此，也非常有必要通过合同进行规定。

5.1.3.5　实行知识产权一票否决制

文化共享工程在资源建设中实行知识产权一票否决制。国家中心在审核各地提交或购买有关资源时，如果没有相关的知识产权文件，或所提供的知识产权文件不符合要求，则该资源不能通过验收，也就不能投入使用，从而保证所提供的资源已经解决了知识产权，避免产生不必要的问题。目前文化共享工程国家中心颁布的很多资源建设规则中已有相关的规定。

文化共享工程的知识产权工作虽取得一定进展，但也存在一些问题，主要是各地对知识产权工作的重视不平衡，技术保护措施需要不断完善等。

5.1.4　对知识产权工作的思考

文化共享工程在解决数字资源建设过程中与知识产权相关的问题时，要特别注意以下几个方面。

5.1.4.1　不断提高文化共享工程从业人员的知识产权意识

文化共享工程是创新工程，需要建设海量资源为广大基层群众提供公益服务。为此，无论是从事文化共享工程的管理者，还是建设者和服务者，都要不断提高知识产权意识，做到不使用盗版作品、在规定的范围内使用作品、通过适合的途径使用作品，主动维护文化共享工程形象，使政府主持的这项公益工程健康发展。在这方面，国家中心和有关省分中心要加强培训工作，不断提高有关人员的知识产权意识，切实做好知识产权工作。

5.1.4.2　积极稳妥地实施《信息网络传播权保护条例》

信息网络是文化共享工程传输文化资源、提供文化服务的重要方式。2006 年

7 月 1 日开始施行的《信息网络传播权保护条例》对文化共享工程建设和发展有着重要的作用。根据《条例》第九条的规定，文化共享工程可以采取公示的方式使用有关作品，支付报酬，并不得侵犯著作权人依法享有的其他权利。这是我国实施信息网络传播权的一个新尝试。文化共享工程要在实践中积极稳妥地使用该法规，注意总结经验，完善操作方式，制定合理的报酬标准，并将报酬及时支付给权利人，充分发挥该《条例》的作用。

5.1.4.3 开展广泛合作

文化共享工程作为加强社会主义新农村文化建设、实现农民基本文化权益且由政府主持的公益性文化创新工程，尽管目前已经得到社会各界的关注，但资源不足仍然是制约文化共享工程为基层群众提供优质服务的主要困难之一，而知识产权问题又是资源建设的首要问题。为缓解文化共享工程资源不足，妥善解决知识产权，需要通过各种方式、吸引相关单位携手解决。首先，要通过有效的宣传，继续鼓励社会各界以捐赠方式提供资源，支持文化共享工程资源建设；其次，要积极与有关著作权集体管理组织、知识产权代理机构等密切合作，发挥他们的作用，解决有关知识产权问题；第三，要通过采购具有合法知识产权的作品丰富文化共享工程的资源。

5.1.4.4 采用有效的技术措施保护作品

文化共享工程是采用现代信息技术传播优秀的数字文化，因此，也要积极采用现代信息技术保护作品。保护作品有两重性，一方面是要保护提供作品权利人的权利，另一方面也要保护文化共享工程建设的资源。国家中心委托有关机构研发了“数字版权管理系统”（DRM），通过该系统，文化共享工程可以以技术手段对作品主动采取保护措施，控制数字资源库中的作品，有效保护权利人的作品免受侵权之扰。

5.1.4.5 探索知识共享协议（CC 协议）在文化共享工程的应用

知识共享协议是由知识共享组织（Creative Commons）设计并向社会免费提供的一系列许可协议[59]，以解决传统著作权保护模式所遇到的诸多问题。知识共享组织是一个同时附属于斯坦福大学和哈佛大学的非营利性组织，该组织以知识共享为理念、遵从现有的法律框架、利用互联网的技术手段，通过向公众免费提供一系列知识共享协议，为创造性成果提供一种更加灵活并行之有效的保护与使用方法。知识共享协议规定，作者在保留某些权利的情况下，作品在特定条件下可以被自由复制或者修改，这与传统的所有权利保留的做法形成了鲜明的对比，从而使其他人能够在不违反法律的前提下获得更多的创作素材[60]。2006 年 3 月 29 日，简体中文版知识共享系列许可协议已向社会发布。

文化共享工程的“共建共享”与知识共享协议的“开放共享”在基本理念上是一致的，知识共享协议对文化共享工程建设也有着有益的促进作用：知识共享协议的“一些权利保留”概念对文化共享工程的资源建设和服务有着很好的推进作用[61]。一方面，文化共享工程可以采用知识共享协议创作的作品为基层群众开展公益性文化服务，这也吻合知识共享协议“署名—非商业性使用—相同方式共享”方式使用的要求；另一方面，文化共享工程建设自有版权的文化资源也可以采用知识共享协议的“署名—非商业性使用—相同方式共享”授权许可方式，使开放与共享理念在文化共享工程得到有效的实践和应用。国家中心将积极探索知识共享协议在文化共享工程中的应用，以推动资源建设的快速发展。

5.2 文化共享工程起草并由数图联席会议发布的《数字图书馆资源建设和服务中的知识产权保护政策指南》（2010年7月26日发布）

第一条　在数字图书馆资源建设和服务过程中均涉及知识产权保护问题。为指导全国数字图书馆建设和服务中的知识产权保护和知识传播服务，根据《中华人民共和国著作权法》[62]、《中华人民共和国著作权法实施条例》[63—64]、《信息网络传播权保护条例》和《著作权集体管理条例》[65]等法律法规，特制订本指南。

第二条　本指南中的知识产权是指在数字图书馆资源建设和服务过程中涉及的作品的著作权及其相关权益、专利权、商标权等。

第三条　在数字图书馆的资源建设和服务过程中，应注重知识产权的保护，坚持公益性原则、利益平衡原则[66]、实用性原则，确保数字图书馆建设的健康、科学、可持续发展。

公益性原则是指数字图书馆资源建设和服务中的知识产权保护应以促进知识的创建与传播、保障公众获取信息的权利、满足公众的信息需求为出发点，不以营利为目的。

利益平衡原则是指数字图书馆资源建设和服务中的知识产权保护既要保护知识产权权利人的利益，也要保护图书馆及社会公众的利益。

实用性原则是指数字图书馆资源建设和服务中的知识产权保护方案、手段要具有可操作性，要符合数字图书馆建设实践的需要，符合知识产权保护的需要，要有利于数字图书馆的发展。

第四条　在数字图书馆资源建设和服务过程中，应当按照《中华人民共和国著作权法》的规定，区分不受著作权法保护的作品及受著作权法保护的作品。对于受著作权法保护的作品，要进一步确认哪些作品已过权利保护期，哪些作品仍处于权利保护期，在此基础上开展下一步工作。

第五条　不受著作权法保护的作品包括：

1. 法律、法规，国家机关的决议、决定、命令和其他具有立法、行政、司法性质的文件，及其官方正式译文；

2. 时事新闻；

3. 历法、通用数表、通用表格和公式。

不受著作权法保护的作品，可以根据需要进行复制、加工、整合、改编、汇编等，用于数字图书馆的服务。

第六条　受著作权法保护但著作财产权已过权利保护期的作品，可以自由地以复制、表演、播放、展览、发行或改编、翻译、注释、编辑等方式予以使用，可以自由采取复制、汇编等手段，开发特色数据库或制作其他衍生作品，向用户提供各种形式的开放服务，但不得损害不受保护期限限制的除发表权以外的其他人身权。改编、翻译、注释、整理已过权利保护期的作品而产生的作品，其著作权由改编、翻译、注释、整理人享有。汇编若干已过权利保护期的作品、作品片段，对其内容的选择或者编排体现独创性的，构成汇编作品，汇编人享有著作权。

第七条　受著作权法保护的仍处于权利保护期的作品，要严格执行著作权法的规定，不侵犯著作权人的人身权和财产权利：

1. 购买和许可授权的数字资源，应当按照购买协议，或许可授权协议的要求，以及许可的地域范围和时间，用于数字图书馆的服务。

2. 自行进行数字化加工的数字资源，除符合合理使用法定豁免条件外，如用于数字图书馆服务，则需要取得相关著作权人的授权。

改编、翻译、注释、整理仍处于权利保护期的作品，应当取得著作权人的许可并支付报酬，对因改编、翻译、注释、整理而产生的作品，改编、翻译、注释、整理人享有其著作权，但行使著作权时不得侵犯原作品的著作权。汇编仍处于权利保护期的作品或作品片段，应当取得著作权人的许可并支付报酬，对内容的选择或者编排体现独创性的汇编作品，汇编人享有著作权，但行使著作权时不得侵犯原作品的著作权。

第八条　作者的署名权、修改权、保护作品完整权的保护期不受限制。在复制、加工、整合、服务的过程中要保护作者的署名权、修改权、保护作品完整权。

第九条　数字资源整合加工（包括馆藏文献数字化和数据库开发）过程中的知识产权保护：

1. 馆藏文献数字化：对于已过权利保护期的作品，可以根据需要进行数字化，但必须尊重作者的署名权、修改权、保护作品的完整权。对于仍处于权利保护期的作品，为了保存版本和课堂教学或科研的需要将其进行数字化转化，应当按照《著作权法》和《信息网络传播权保护条例》关于合理使用的规定，不经著作权人许可，不向其支付报酬，但应当指明作者姓名、作品名称，并且不得侵犯著作权人依照本法享有的其他权利；若为了提供服务目的而将其进行数字化转化，则需获得著作权人授权。

2. 数据库开发（包括但不限于：书目数据库、文摘数据库、全文数据库和专题数据库），在内容的选择与编排方面，均体现了智力创作，依法受到著作权法的保护，数字图书馆对其开发建设的数据库整体享有自主知识产权，要通过著作权提示、相关技术措施保护其自主知识产权，避免用户使用过程中的侵权和其他商业性复制。同时注意保护数据库中每一作品的著作权。

数据库开发还应注意不改变数字资源的内容和所附带的著作权信息；尽可能核查确认著作权归属并注明资源的制作者和出处；在数据库起始界面添加著作权通告，提醒用户按照著作权法的规定使用该资源。对数据库的链接使用，必须同数据库权利人签订合同以确定有关数据库的使用。

数据库开发过程中，如在内容的选择和编排方面具有独创性，则该数据库构成汇编作品，数据库开发人对汇编作品在整体上享有著作权，但行使著作权时不得侵犯数据库内容属于作品、作品片段权利人的著作权。

第十条　数字资源提供服务过程中的知识产权保护：

应按照《信息网络传播权保护条例》规定，合理使用处于保护期的作品，向相应对象提供服务。

1. 按照《信息网络传播权保护条例》第六条第（五）项的规定，可以将中国公民、法人或者其他组织已经发表的、以汉语言文字创作的作品翻译成的少数民族语言文字作品，向中国境内少数民族提供服务，可以不经著作权人许可，不向其支付报酬。

2. 按照《信息网络传播权保护条例》第六条第（六）项的规定，可以不以营利为目的，以盲人能够感知的独特方式向盲人提供已经发表的文字作品，向中国境内的盲人开展数字资源服务，可以不经著作权人许可，不向其支付报酬。

3. 按照《信息网络传播权保护条例》第七条规定，可以不经著作权人许可，通过信息网络向本馆馆舍内服务对象提供本馆收藏的合法出版的数字作品和依法为陈列或者保存版本的需要以数字化形式复制的作品，不向其支付报酬，但不得直接或者间接获得经济利益。当事人另有约定的除外。此处规定的为陈列或者保存版本需要以数字化形式复制的作品，应当是已经损毁或者濒临损毁、丢失或者失窃，或者其存储格式已经过时，并且在市场上无法购买或者只能以明显高于标定的价格购买的作品。

4. 按照《信息网络传播权保护条例》第八条的规定，为通过信息网络实施九年制义务教育或者国家教育规划，可以不经著作权人许可，使用其已经发表作品的片断或者短小的文字作品、音乐作品或者单幅的美术作品、摄影作品制作课件，由制作课件或者依法取得课件的远程教育机构通过信息网络向注册学生提供，但应当向著作权人支付报酬。

5. 按照《信息网络传播权保护条例》第九条的规定，为扶助贫困，通过信息网络向农村地区的公众免费提供中国公民、法人或者其他组织已经发表的种植养殖、防病治病、防灾减灾等与扶助贫困有关的作品和适应基本文化需求的作品，数字图书馆若通过信息网络提供服务，应当在提供前公告拟提供的作品及其作者、拟支付报酬的标准。自公告之日起 30 日内，著作权人不同意提供的，不得提供其作品；自公告之日起满 30 日，著作权人没有异议的，可以提供其作品，并按照公告的标准向著作权人支付报酬。数字图书馆服务提供著作权人的作品后，著作权人不同意提供的，应当立即删除著作权人的作品，并按照公告的标准向著作权人支付提供作品期间的报酬。依照该规定提供作品的，不得直接或者间接获得经济利益。

上述不经著作权人许可、通过信息网络向公众提供其作品的，还应当遵守《信息网络传播权保护条例》第十条的下述规定：不得提供作者事先声明不许提供的作品；指明作品的名称和作者的姓名（名称）；依照该条例规定支付报酬；采取技术措施；防止规定的服务对象以外的其他人获得著作权人的作品，并防止规定的服务对象的复制行为对著作权人利益造成实质性损害；不得侵犯著作权人依法享有的其他权利。

数字资源服务应包括与全国文化信息资源共享工程相结合，利用文化共享工程的技术平台和传输网络，向广大农村和基层群众开展服务。

第十一条　在数字图书馆建设过程中应当注意调研实践中存在的知识产权问题，制定并不断完善知识产权保护预案。

第十二条　数字图书馆应当具备数字版权管理功能，登记各种资源的权利状态，采取技术保护措施，制定相应的服务政策；设立版权管理岗位，有专人负责数字图书馆的知识产权保护工作。

第十三条　数字图书馆应当加强员工的知识产权培训,培养员工的知识产权保护意识;开展用户信息素养教育,培养终端用户的知识产权素养。对于终端用户的行为要履行提醒、告知等义务,避免共同侵权。

第十四条　数字图书馆建设过程中形成的发明创造、域名等要及时申请专利、商标及域名保护。数字图书馆要注意网页的著作权保护,要通过版权声明、相关技术措施保护数字图书馆的网页。数字图书馆、数字图书馆特色服务项目等相关文字、图形等标志要及时申请商标权,并根据情况及时申请驰名商标的保护。委托其他机构开发建设数字图书馆的,要书面约定建设过程中形成的专利权、著作权的权利归属。

第十五条　对于自建数字资源及建设过程中形成的著作权、专利权、商标权等知识产权,要加强推广,注重知识产权的保值增值。

第十六条　本指南适用于文化共享工程数字资源建设和服务中的知识产权保护。

第十七条　本指南由全国数字图书馆建设与服务联席会议制定、解释和修改,由文化部社会文化司批准发布。

5.3　解读《数字图书馆资源建设和服务中的知识产权保护政策指南》

《数字图书馆资源建设和服务中的知识产权保护政策指南》(以下简称"知识产权保护政策指南")从 2009 年 11 月开始起草,历时 9 个月,多次征求图书馆界专家和法律界专家意见,数易其稿,终于在 2010 年 7 月 26 日召开的"2010 中国图书馆学会年会"上正式发布。为了使已经发布的《知识产权保护政策指南》能够切实指导业界同仁开展数字图书馆资源建设和服务工作,妥善解决知识产权问题,履行好公共图书馆肩负的知识传播使命,避免发生与知识产权相关的法律纠纷,很有必要对该指南进行解读。

5.3.1　制定《知识产权保护政策指南》的必要性

随着计算机技术的迅猛发展,特别是网络技术、数码存储与传输技术等的全面普及,使得人们在文献信息的加工、存储、查询、利用等方面有了新的要求,数字图书馆应运而生。数字图书馆是建立在基于网络技术基础之上的数据库信息系统,具有信息资源数字化、信息传递网络化、信息利用共享化、信息实体虚拟化等特点。数字图书馆建设和服务必须以建立丰富的数字资源库为基础,否则要实现数字图书馆就是一句空话。而建立丰富的数字资源库就必然涉及众多著作权人的权益,如果无视著作权人的权益,忽视知识产权保护问题,一旦发生法律纠纷,不仅会使数字图书馆的发展受到阻碍,而且会严重影响图书馆界在公众中的美誉度。

目前我国各级图书馆正逢国家构建公共文化服务体系的大好发展机遇,依托全国文化信息资源共享工程等重大文化项目,信息化水平得到了跨越式提升。2010 年,文化部又决定在全国实施“县级数字图书馆推广计划”,将国家数字图书馆的资源通过文化共享工程平台,配送到全国县级图书馆,实现县级图书馆普遍开展数字图书馆服务。同时,随着非物质文化遗产保护工程、舞台艺术精品工程等文化项目的社会影响日益增强和迅速深入人心,各地都开始重视特色数字资源的加工整合,并且加工整合的资源类别、范围在不断扩大,数字资源服务也在不断延伸。但与此不相适应的是,拥有了数字图书馆软硬件基础设施、传输网络、数字资源等关键要素的各级图书馆的工作人员,却对知识产权问题的认识水平参差不齐,令人担忧。

基于此,全国数字图书馆建设和服务联席会议在 2009 年 11 月 9 日于北京召开的第八次会议决定,委托联席会议成员单位之一——文化部全国文化信息资源建设管理中心(即文化共享工程国家中心),充分调研,认真研究,特别是要很好地总结文化共享工程实施近 8 年来在解决数字资源知识产权方面积累的经验,梳理我国现行法律框架下与图书馆实现健康、科学、可持续发展最为密切的条款,结合图书馆工作实际,起草《数字图书馆资源建设和服务中的知识产权保护政策指南》,以指导全国数字图书馆建设和服务中的知识产权保护和知识传播服务。

5.3.2 制定《知识产权保护政策指南》需处理好的关系

首先,要处理好公益性服务和商业性运营的关系。本指南适用对象主要是开展公益性服务的数字图书馆,以及注重公益性、基本性、均等性、便利性的文化事业单位。将数字图书馆定位于提供非营利性信息服务,就可以在网络传播的许可以及制作保存复制品的许可问题上享有不同程度的优惠,乃至合理使用的豁免。但是,如果将数字图书馆进行公司化运作,资源建设的数字化和网络服务就面临大量的许可和支付费用的问题。因为,公司化运作会改变图书馆的非营利性质,使图书馆无法享有合理使用的豁免。因此,以公司化运作的数字图书馆在资源建设和服务过程中,应严格遵守著作权法的规定,以获得著作权人的许可并支付报酬作为唯一的著作权解决方案。

其次,要处理好知识产权保护和知识传播服务的关系。知识产权保护的根本目的是促进鼓励有益于社会主义精神文明、物质文明建设的作品的创作和传播,促进社会主义文化和科学事业的发展与繁荣。而数字图书馆采用国内外先进管理理论和技术,通过对图书馆内外各种知识资源进行挖掘、选择、整合,使知识在个体、群体、组织之间更便捷地传播,从而缩小知识差距、实现知识共享、促进知识增值。二者的最终目标是一致的。数字图书馆资源建设和服务中,既要保护著作权人的利益,也要限制著作权人的权利;既要维护公众自由阅读和接受知识传播的权利,也要引导公众自觉遵守著作权法的规定。

第三,要处理好政策指南和学术论文的关系。政策指南不同于学术论文,是要实实在在指导工作,引用的条文必须是国家已颁布法律法规中的条文,不得随意发挥。而学术论文是要尽可能广泛地调研国外其他国家的知识产权解决方案,结合中国实际,研究前瞻性的对策,为政府决策以及修订现行法律法规提供依据。因此必须明确该指南是在严格遵守我国现行知识产权保护政策的前提下,为数字图书馆资源建设和服务争取最大发展空间,换言之,就是要用足《中华人民共和国著作权法》《中华人民共和国著作权法实施条例》《信息网络传播权保护条例》和《著作权集体管理条例》等法律法规中与图书馆关系密切的合理使用条款。

第四,要处理好保护他人知识产权和保护自主知识产权的关系。数字图书馆在资源建设和服务的各个环节,比如馆藏文献数字化、数据库开发、网站发布、网络传输等过程中,会涉及所使用作品的著作权及其相关权益、专利权、商标权等。与此同时如果在数字化、数据库开发、网页制作等过程中,在内容、结构、编排等方面有独创性,就会产生自主知识产权的作品,要及时申请专利、商标及域名保护。通过版权声明、相关技术措施保护自主知识产权,并加强推广,注重知识产权的保值增值。委托其他机构开发建设数字图书馆的,要书面约定建设过程中形成的专利权、著作权的权利归属。

5.3.3 《知识产权保护政策指南》具体条款解读

5.3.3.1 在前三条明确本指南制定的目的、依据、范围和原则

第一条,是制定本指南的目的和法律依据,明确制定本指南是为了指导全国数字图书馆建设和服务中的知识产权保护和知识传播服务;法律依据是《中华人民共和国著作权法》《中华人民共和国著作权法实施条例》《信息网络传播权保护条例》和《著作权集体管理条例》等我国已颁布并施行的法律法规。

第二条，是对本指南中的知识产权进行了界定，对限定保护给出了明确的界定，专指在数字图书馆资源建设和服务过程中涉及的作品的著作权及其相关权益、专利权、商标权等。

第三条，是针对政策指南和学术论文的关系、知识产权保护和知识传播服务的关系、公益性服务和商业性运营的关系，提出数字图书馆资源建设和服务，必须坚持公益性原则、利益平衡原则、实用性原则，才能确保数字图书馆建设的健康、科学、可持续发展。

5.3.3.2　第四条到第八条，知识产权保护实际工作的操作步骤

第四条，告诉使用对象，在数字图书馆资源建设和服务过程中，应当按照《中华人民共和国著作权法》的规定，要对拟使用的资源按照知识产权状况分成两大类。第一类：不受著作权法保护的作品；第二类：受著作权法保护的作品。对第二类要再细分为：(1)已过权利保护期的作品；(2)仍处于权利保护期的作品。这是知识产权保护中最为基础性的工作，必不可少。

第五条，列举了不受著作权法保护的作品的范围，并明确提出，对这些作品数字图书馆有哪些使用权限。不受著作权法保护的作品包括：(1)法律、法规，国家机关的决议、决定、命令和其他具有立法、行政、司法性质的文件，及其官方正式译文；(2)时事新闻；(3)历法、通用数表、通用表格和公式。对于不受著作权法保护的作品，可以根据需要进行复制、加工、整合、改编、汇编等。

第六条，说明的是对受著作权法保护，但著作财产权已过权利保护期的作品，数字图书馆有哪些使用权限；在什么情况下，数字图书馆本身又拥有了自主知识产权。对这类作品，可以自由采取复制、汇编等手段，开发特色数据库或制作其他衍生作品，向用户提供各种形式的开放服务，但不得损害著作权人除发表权以外的其他人身权。改编、翻译、注释、整理已过权利保护期的作品而产生的作品，其著作权由改编、翻译、注释、整理人享有。汇编若干已过权利保护期的作品、作品片段，对其内容的选择或者编排体现独创性的，构成汇编作品，汇编人享有著作权。

第七条，说明的是受著作权法保护，仍处于权利保护期的作品，数字图书馆要严格执行著作权法的规定，不侵犯著作权人的人身权和财产权利。对这类作品进行改编、翻译、注释、整理、汇编等，应当取得著作权人的许可并支付报酬；如果对内容的选择或者编排体现独创性，就产生了新的自主知识产权，汇编人享有著作权，但行使著作权时不得侵犯原作品的著作权。

第八条，是特别说明，作者的署名权、修改权、保护作品完整权是永久被保护的，不受保护期限制。数字图书馆资源建设和服务中，只要使用著作权人的作品，

不管是否过保护期，都要注意保护作者的署名权、修改权、保护作品完整权。

5.3.3.3 第九条说明数字图书馆资源建设中的知识产权保护

按照资源建设类别的不同，按照馆藏文献数字化和数据库开发两大部分进行说明。

1. 馆藏文献数字化：对于已过权利保护期的作品，可以根据需要进行数字化，但必须尊重作者的署名权、修改权、保护作品的完整权。对于仍处于权利保护期的作品，为了保存版本和课堂教学或科研的需要将其进行数字化转化，应当按照《著作权法》和《信息网络传播权保护条例》关于合理使用的规定，不经著作权人许可，不向其支付报酬，但应当指明作者姓名、作品名称，并且不得侵犯著作权人依照本法享有的其他权利；若为了提供服务目的而将其进行数字化转化，则需获得著作权人授权。

2. 数据库开发（包括但不限于：书目数据库、文摘数据库、全文数据库和专题数据库），在内容的选择与编排方面，均体现了智力创作，依法受到著作权法的保护，数字图书馆对其开发建设的数据库整体享有自主知识产权，要通过著作权提示、相关技术措施保护其自主知识产权，避免用户使用过程中的侵权和其他商业性复制。同时注意保护数据库中每一作品的著作权。

5.3.3.4 第十条说明数字资源提供服务过程中的知识产权保护

本条主要是对《信息网络传播权保护条例》中，与数字图书馆相关的合理使用规定，进行了详细的说明。并特别强调了数字资源服务应包括与全国文化信息资源共享工程相结合，利用文化共享工程的技术平台和传输网络，向广大农村和基层群众开展服务。

5.3.3.4.1 按照《信息网络传播权保护条例》第六条第（五）项的规定，可以将中国公民、法人或者其他组织已经发表的、以汉语言文字创作的作品翻译成的少数民族语言文字作品，向中国境内少数民族提供服务，可以不经著作权人许可，不向其支付报酬。

5.3.3.4.2 按照《信息网络传播权保护条例》第六条第（六）项的规定，可以不以营利为目的，以盲人能够感知的独特方式向盲人提供已经发表的文字作品，向中国境内的盲人开展数字资源服务，可以不经著作权人许可，不向其支付报酬。

5.3.3.4.3 按照《信息网络传播权保护条例》第七条规定，可以不经著作权人许可，通过信息网络向本馆馆舍内服务对象提供本馆收藏的合法出版的数字作品和依法为陈列或者保存版本的需要以数字化形式复制的作品，不向其支付报酬，但不得直接或者间接获得经济利益。

5.3.3.4.4　按照《信息网络传播权保护条例》第八条的规定，为通过信息网络实施九年制义务教育或者国家教育规划，可以不经著作权人许可，使用其已经发表作品的片断或者短小的文字作品、音乐作品或者单幅的美术作品、摄影作品制作课件，由制作课件或者依法取得课件的远程教育机构通过信息网络向注册学生提供，但应当向著作权人支付报酬。

5.3.3.4.5　按照《信息网络传播权保护条例》第九条的规定，为扶助贫困，通过信息网络向农村地区的公众免费提供中国公民、法人或者其他组织已经发表的种植养殖、防病治病、防灾减灾等与扶助贫困有关的作品和适应基本文化需求的作品，数字图书馆若通过信息网络提供服务，应当在提供前公告拟提供的作品及其作者、拟支付报酬的标准。自公告之日起 30 日内，著作权 人不同意提供的，不得提供其作品；自公告之日起满 30 日，著作权人没有异议的，可以提供其作品，并按照公告的标准向著作权人支付报酬。数字图书馆服务提供著作权人的作品后，著作权人不同意提供的，应当立即删除著作权人的作品，并按照公告的标准向著作权人支付提供作品期间的报酬。依照该规定提供作品的，不得直接或者间接获得经济利益。

5.3.3.5　第十一条到第十五条说明知识产权保护相关的管理工作

第十一条，在数字图书馆建设过程中应当注意调研实践中存在的知识产权问题，制定并不断完善知识产权保护预案。

第十二条，数字图书馆应当具备数字版权管理功能，登记各种资源的权利状态，采取技术保护措施，制定相应的服务政策；设立版权管理岗位，有专人负责数字图书馆的知识产权保护工作。

第十三条，数字图书馆应当加强员工的知识产权培训，培养员工的知识产权保护意识；开展用户信息素养教育，培养终端用户的知识产权素养。对于终端用户的行为要履行提醒、告知等义务，避免共同侵权。

第十四条，数字图书馆建设过程中形成的发明创造、域名等要及时申请专利、商标、及域名保护。数字图书馆要注意网页的著作权保护，要通过版权声明、相关技术措施保护数字图书馆的网页。数字图书馆、数字图书馆特色服务项目等相关文字、图形等标志要及时申请商标权，并根据情况及时申请驰名商标的保护。委托其他机构开发建设数字图书馆的，要书面约定建设过程中形成的专利权、著作权的权利归属。

第十五条，对于自建数字资源及建设过程中形成的著作权、专利权、商标权等知识产权，要加强推广，注重知识产权的保值增值。

5.3.3.6　最后两条说明了本指南的适用范围以及制定、解释、修改、发布机构

第十六条，本指南适用于文化共享工程数字资源建设和服务中的知识产权保护。

第十七条，本指南由全国数字图书馆建设与服务联席会议制定、解释和修改，由文化部社会文化司批准发布。

5.4　“十一五”开局之时对几类数字资源知识产权问题的思考

5.4.1　关于电影、电视资源的知识产权使用解决方案

5.4.1.1　1955 年前（包括 1955 年）电影资源的知识产权[69]

经调查，我国 1955 年以前生产的公版电影有 1473 部，其中包括 1289 部故事片、29 部儿童片、31 部科教片、54 部美术片、48 部舞台艺术片、22 部新闻片。这些影片为著作权法所指超过“权力的保护期五十年”的公版作品。工程拟从实用的角度入手，聘请电影届专家，有针对性地选 100 部具有广泛教育意义的爱国题材、农民生活题材的老电影。这 100 部电影在 2006 年即能完成征集片源、格式转换、数字化、编目等工作。

5.4.1.2　1956 年—1978 年电影资源的知识产权

1956 年至 1978 年之间生产的国产影片 1643 余部，其中包括 467 部故事片、54 部儿童片、500 部科教片、18 部美术片、260 部舞台艺术片、344 部新闻片。

这些影片为改革开放前由政府投资生产的电影，且基本属于现行知识产权法规定的“法人作品”，中办[2005]5 号文件明确指出，文化共享工程应该可以无偿使用这些资源。工程拟在这些电影中选择不少于 200 部的优秀作品用于面向农村基层的服务。经过前期的大量调研，我们得知一定数量的电影知识产权已经转让，还有很少量的电影存在非国家独有情况。建议广电总局对这些电影作品进行分类，将其中合作投资或知识产权已转让的作品通知文化部，并协调相关部门，特别要协调类似电影频道这样利用电影资源在电视媒体上提供同样公益服务的国家机构，争取使文化共享工程能以优惠价获得这些电影作品的信息传播权。

5.4.1.3　1979 年后（包括 1979 年）电影资源的知识产权

1979 年后，是中国电影事业飞速发展的时期，平均每年有上百至几百部的电影出品。1979—2004 年间，全国共出品电影 9918 部。其中包括故事片 2909 部，儿童片 147 部，科教片 2329 部，美术片 769 部，科技期刊片 486 部，纪录片 1938 部，新闻期刊片 711 部，电视电影 496 部，戏曲片 133 部。这些作品中有一些是实行改制

前各电影厂组织创作的，仍属于现行知识产权法规定的“法人作品”。建议其中由国家全额投资的作品，参照1978年前作品的处理方式，由文化共享工程无偿或以优惠价获得使用授权。

工程在作品选择上，除考虑作品内容适合面向农村服务外，同时考虑获奖情况，以保证所采用作品的质量。国家级电影奖，如金鸡奖、百花奖、华表奖均在备选之列。综上所述，预计选择1979年后出品的电影约300部。

5.4.1.4 电视资源的知识产权问题[69]

《中国广播电视年鉴》从1983年开始，对中国电视片创作出品情况开始有统计，到2004年为止，国内共出品130 838集，15 114部电视片。

关于电视剧作品的使用问题，从国家广电总局电视剧管理局了解到，由于中国的电视剧事业是改革开放后才逐渐兴起的，一起步就走了市场化的道路，国家单独投资制作的电视剧几乎没有。因此不会有“国家投资”的说法。电视剧目前是市场化程度最高的影视艺术形式之一，70%的投资份额来自民间。权力归属问题相当复杂。

电视专题片的投资制作模式更加市场化。对那些农业科学技术、农民致富、农村生活题材的电视专题片，工程拟找到节目的制作源头，与制片单位协商购买这些作品的信息网络传播权，以便于向农民提供更多的有价值的视频资源。

5.4.2 关于电子图书的知识产权使用解决方案

图书、期刊、报纸等电子资源，要依托国家图书馆，采用“旧书依靠国图，新书联合国图”的战略，与国家数字图书馆的资源建设与服务“统一战线”。

5.4.2.1 1949年前出版的古籍、善本、民国书报刊

可通过资源共享的方式，依托并利用国家图书馆的数字图书馆建设成果。其中已经完成数字化及计划在“十一五”期间完成数字化的善本古籍、普通古籍（如地方志等）、民国文献（包括期刊、图书、报纸等）及其他特藏专藏（如年画、老照片等），可直接用于文化共享工程的基层服务。

5.4.2.2 1949年以后出版的作品

对于1949年后的图书作品，特别是政治、经济、文学、历史、农业种植养殖技术、农机维修、医药卫生、计算机基础知识等群众最为需要的图书，平均每年新出3—5万种。该部分资源中最有使用价值的还是近年来出版的新书，工程需尊重知识产权，采取适当的方式获得合法的使用权。

根据国家图书馆对“1949年以后出版的数字化文献数据库以外购为主”文献

整合思路,工程与国家图书馆合作,通过代购或联合采购的方式,争取以优惠价格,获得在文化共享工程范围内的最经济、最合法的资源共享效果。每年采购的数量仍保证一万种。在图书的选择方面,仍采用专家参与及各省级中心协助选择相结合的方式,在全国百强出版社出版的新图书中,确定适合基层,特别是农民阅读的精品图书。

由于1949年后的"法人作品"及"公版作品"等数量及目录尚不能获得权威机构的统计结论,因此可考虑暂缓协调解决。

5.4.3 关于舞台艺术、讲座资源的知识产权问题

这两类资源目前已经形成了较为有效的解决模式,要继续推广。

(1)通过文化部协调,继续以低于市场的价格征集获得"五个一"工程奖、文华奖等国家级奖项,以及各省文化艺术奖项等的舞台艺术作品及文化系统表演团体演出作品的使用许可;征集获得公共图书馆系统的讲座。

(2)通过文化部协调,继续以免费的方式获得"群星奖"的演出作品以及部分文化部直属单位出品的文化视频作品。

(3)积极调动各地省级分中心的积极性,广泛征集具有地方特色的农村小品、地方小戏等农民喜爱的文艺作品。

6 全国文化信息资源共享工程绩效考核

6.1 文化共享工程绩效考核体系设计

6.1.1 引言

近年来,“绩效评估”、“绩效考评”、“绩效考核”等等类似的词语频频见之于书刊报以及各级领导讲话和政府文件中。中共中央政治局常委、国务院总理温家宝同志就多次强调要“建立问责制度,开展绩效评估”;《国家“十一五”时期文化发展规划纲要》则提出“中国将建立政府对公共文化事业投入的绩效考评机制”;《全国文化信息资源共享工程“十一五”规划发展纲要》也明确要求要“做好绩效考核工作”;2012 年 2 月 16 日印发的《国家“十二五”时期文化改革发展规划纲要》则提出“制定公共文化服务指标体系和绩效考核办法,明确服务标准和服务规范,加强评估考核”。早在 2005 年 9 月 9 日,财政部就正式颁布了《中央级教科文部门项目绩效考评管理办法》[70](财教[2005]149 号),要求对纳入中央部门预算管理的教科文部门专项资金项目的实施过程及其完成结果进行综合性考核与评价。无论是绩效考核,还是绩效评估,抑或绩效考评,其实质都是通过管理提高资金使用效益增强实际效果的一种评测手段。本书统一使用“绩效考核”的概念。

文化共享工程是利用现代高新技术传播中华先进文化的创新工程,是中央财政重点支持的国家公共文化服务建设工程和重点文化惠民工程,以政府为主导,已被列入《中华人民共和国国民经济和社会发展第十一个五年规划纲要》《中华人民共和国国民经济和社会发展第十二个五年规划纲要》以及《国家“十二五”时期文化改革发展规划纲要》等一系列重大规划之中。笔者认为无论从遵守国家政策规定、贯彻落实文件精神,还是从加强自身管理、进一步提高绩效出发,都很有必要对文化共享工程绩效考核体系进行认真的思考和研究。

6.1.2 文化共享工程绩效考核的定义和现实意义

6.1.2.1 绩效考核的定义[71—72]

文化共享工程绩效考核是指为改进文化共享工程管理和预算资金管理,运用一定的考核方法、量化指标及评价标准,对其预期计划目标的实现程度及其经济性、效益性、效果性和持续性所进行的综合性考核与评价。绩效考核是公共财政体制下政府管理公共支出的间接监督管理方式和手段，是完善公共财政项目效益观念和责任意识的客观要求，是提高工程项目投资效益支出效率、合理配置文化共享工程资金的有效途径。

6.1.2.2　绩效考核的现实意义

对文化共享工程进行科学、合理、全面、客观、公正的绩效考核，不仅是执行国家规定、贯彻文件精神的需要，更是满足文化共享工程本身高效管理和可持续健康发展的需要，具有很重要的现实意义。

(1)开展绩效考核有利于追求巨大资金投入的效益回报，帮助实施部门树立更高的工作目标，不断促进创新发展。

(2)开展绩效考核有利于发现文化共享工程实施中存在的实际问题，挖掘资源建设、资源传输、资源服务、工程管理等各方面的成功经验，引导并指导工程的进一步发展。

(3)开展绩效考核有利于合理定位文化共享工程的角色，使之与社会主义新农村文化建设、公共文化服务体系建设、数字图书馆建设等方面的发展相协调。

(4)开展绩效考核有利于实施部门更直接地了解基层群众特别是广大农村地区群众的实际需求，调整自己的建设方向和内容，更有针对性地满足基层个性化需求。

(5)开展绩效考核有利于实施部门提高工作绩效，通过不同层级间的纵向沟通交流以及不同地方间的横向比较评测，鼓励先进，带动后进，互相借鉴，促进文化共享工程全面平衡发展。

(6)开展绩效考核有利于组织实施部门制定出台更加合理、符合基层实际的发展战略和对策。

6.1.3　文化共享工程绩效考核的类型[73—74]

绩效考核有不同的分类方法，相对应有不同的类型。

6.1.3.1　依照绩效考核机构的不同进行分类

(1)内部绩效考核：由文化共享工程各级领导单位组织专家考评组对下级部门实施文化共享工程的绩效进行考核，绩效考核结果作为审批下级部门下年度项目经费预算的依据。

(2)外部绩效考核：委托专业机构根据文化共享工程的中短期规划和工作目标，对执行过程和完成情况进行绩效考核。绩效考核结果作为对具体实施部门实行奖惩的依据。

6.1.3.2　依照绩效考核范围的不同进行分类

（1）完全式绩效考核：对文化共享工程在全国的总体实施情况和资金使用效益进行绩效考核。接受考核的机构是组织实施文化共享工程的各级领导单位，相对应的具体实施部门配合。考核的资金包括中央财政和各级地方财政为文化共享工程投入的全部资金总和。考核的内容包括资金管理、工程管理、数字资源建设、服务平台建设、共建共享、人员培训、开展服务、社会效益等所涉及工作的各个方面。

（2）部门式绩效考核：对指定部门或指定地区实施文化共享工程的整体情况和资金使用效益进行绩效考核。接受考核的机构对应于文化共享工程的具体实施单位，可以是国家中心、省级分中心，也可以是市县支中心或乡村基层服务点，下一级的实施部门配合。考核的资金包括该部门得到的中央财政投入和当地配套资金的总和。考核的内容包括资金管理、工程管理、数字资源建设、服务平台建设、共建共享、人员培训、开展服务、社会效益等本部门所涉及工作的各个方面。

（3）单项式绩效考核：侧重对文化共享工程的某项主体工作，如数字资源建设、服务平台建设等目标实现情况和资金使用效益进行绩效考核。接受考核的机构随指定区域的不同而变化，可以对全国的资源建设考核，也可以对某省或某市的资源建设或其他项目进行考核。考核的资金包括该项主体工作已支出的经费及其使用效益。考核的目标是该项工作的实施情况及对推进文化共享工程实施发挥的作用。

以上分类中，第一大类全部囊括了第二、三大类的考核范围、资金和内容。

6.1.4　构建文化共享工程绩效考核体系的基础条件

文化共享工程自2002年实施以来，已在全国范围内按照国家级、省级、地市县级、乡镇级、村级的分级管理结构全面推进，财政投资逐年增加，实施力度不断加大。实施的成效究竟怎么样，是否达到预期工作目标，下一步工作思路如何调整，要客观回答这些问题，就需要开展绩效考核。事实上，目前对文化共享工程进行绩效考核的基础条件已经具备。

（1）各级领导和实施部门对开展绩效考核的必要性和重要性已经有了比较充分的认识，在文化共享工程的总体规划和年度任务分解里，都有关于开展绩效考核并建立考核体系的要求。

（2）财政部已出台了相关的规定，是文化共享工程开展绩效考核的指导性文件，直接相关的有《中央部门预算支出绩效考评管理办法（试行）》（财预［2005］86号）和《中央级教科文部门项目绩效考评管理办法》（财教［2005］149号）。

（3）文化共享工程各级实施部门都有各自明确的职责分工、发展规划、年度工作目标和计划，这些都是开展绩效考核的重要依据。

（4）2007年，文化共享工程领导小组委托专业机构对国家中心进行了绩效考核。指定时段（T）是2001年筹备开始到2006年年底，指定区域（A）是国家中心辐射的范围，指定项目（P）包括资源建设、服务平台、人员培训、共建共享、开展服务、媒体宣传、制度建设等，与指定的TAP相对应的资金投入为中央财政投入的1.05亿元人民币。这次绩效考核是一次有益的尝试，对考核指标的设定进行了探讨，积累了相关的经验，为合理构建文化共享工程绩效考核体系奠定了必要的基础。

6.1.5 文化共享工程绩效考核体系设计构想

6.1.5.1 设计依据

文化共享工程绩效考核体系的设计要在《中央部门预算支出绩效考评管理办法（试行）》《中央级教科文部门项目绩效考评管理办法》的指导下开展，遵守财政部颁布的其他有关绩效考核的办法和规定以及国家有关财政管理、财务管理的制度和规定。同时，需要紧密结合文化共享工程的实际，按照文化共享工程相关文件的具体要求，特别要结合《文化共享工程实施方案》《文化共享工程各级中心的工作职责》《文化共享工程管理暂行办法》《文化共享工程专项资金管理暂行办法》《文化共享工程“十一五”发展规划》《文化共享工程“十二五”发展规划》等文件的具体内容进行个性化设计。

6.1.5.2 遵循原则

（1）依法考核原则

（2）客观、公正原则

（3）科学规范、简明实用原则

（4）统一领导、分级管理、分类考核原则

（5）由点及面、由大到小、先易后难、逐步推开原则

6.1.5.3 组织实施

绩效考核工作由文化共享工程领导小组统一领导、分级组织实施，可以自行组织专家进行内部考核，或者委托专业机构进行外部考核。国家中心承担的文化共享工程项目，原则上由部属一级单位组织实施。属于中央预算资金安排、由地方单位管理的文化共享工程项目（转移支付项目），原则上由省级主管部门组织实施。

6.1.5.4　绩效考核体系的构成

(1)考核对象

考核对象是纳入文化系统预算管理的文化共享工程资金项目。

按照上文的分类,无论是完全式、部门式还是项目式的绩效考核,都必须首先界定三个要素:指定接受考核的区域(A)、指定时间段(T)、指定考核的项目(P),在区域A、时段T、项目P确定后,通过计算可得出相应的资金投入(F)。其中A、T、P、F都是可变量,设定不同的A、T、P、F值组合,可实现不同的考核目的。

(2)考核内容

考核内容主要包括业务考核和财务考核两部分。

①业务考核:主要对文化共享工程的实施情况进行考核,具体指标包括:立项目标完成程度、立项目标的合理性、目标完成的可能性、项目验收的有效性、项目组织管理水平、项目的社会效益。

②财务考核:重点对文化共享工程财政资金的使用情况进行考核,具体指标包括:资金落实情况、实际支出情况、财务信息质量和财务管理状况等。

(3)考核形式

绩效考核形式分现场考核和非现场考核。

①现场考核:考核人员到文化共享工程各级中心和基层服务点采取调研、座谈、问询、复核等方式,对考核项目的有关情况进行核实,并对所掌握的有关信息资料进行分类、整理、分析和评价。

②非现场考核:考核人员根据文化共享工程实施部门提交的项目绩效自评报告和其他相关资料进行分析,提出考核意见。

(4)考核方法

项目绩效考核方法主要包括比较法、因素分析法、公众评价法、成本效益分析法等[75]。

①比较法:通过对绩效目标与绩效结果、历史情况和考核期情况、不同单位和地区同类支出等指标的比较,综合分析考核绩效目标完成情况。

②因素分析法:通过分析影响文化共享工程目标、结果及成本等的内外因素,综合分析考核绩效目标完成情况。

③公众评价法:对无法直接用指标计量其效果的支出,通过专家评估、公众问卷及抽样调查,对各项绩效考核内容完成情况进行打分,并根据分值考核绩效目标完成情况。

④成本效益分析法:将文化共享工程在一定时间段的支出与效益进行对比分

析,考核绩效目标的完成情况。

⑤文化部和财政部确定的其他考核方法。

(5)考核程序

考核程序可分为准备、实施、总结反馈三个阶段。

①准备阶段:文化共享工程各级领导单位根据绩效目标及预算管理的要求确定考核对象,选定承担绩效考核的机构(内部考核或外部考核),下达绩效考核通知,明确考核目的、内容、任务、依据、考核时间、考核的具体实施者等。承担绩效考核的机构拟定绩效考核工作总体方案,报领导单位备案。被考核的实施部门根据绩效考核工作总体方案和绩效考核通知,拟定自评工作方案,报上级主管部门(单位)备案后具体实施。

②实施阶段:实施单位按照绩效考核通知要求,调查、收集、整理、分析文化共享工程的有关资料,对工程实施过程和结果进行绩效评价,编报《文化共享工程绩效自评报告》。根据绩效考核通知要求,考核机构对实施部门提供的《文化共享工程绩效自评报告》以及相关文件资料进行审核,提出考核意见,编报《文化共享工程绩效考核报告》。

③总结反馈阶段:考核机构对实施部门的自评报告以及考核机构组织考核的过程与结果进行总结,将考核结果及相关信息反馈给实施部门,提出改进措施、要求和工作建议,并对实施部门落实考核意见情况进行监督检查。

绩效考核结束,考核机构要将《文化共享工程绩效考核报告》和其他需要总结的情况书面上报文化共享工程领导单位。

(6)绩效考核指标体系和评定方法

指标体系是绩效考核体系的核心要素,根据财政部文件已规定的一、二级考核指标,结合文化共享工程的特点和实际,依据考核对象相对应的实施部门的具体职责和工作目标,细化三、四级考核指标,旨在从立项目标完成程度、项目社会效益、项目可持续性影响、项目预算执行和项目财务管理状况等方面考核项目的绩效情况。

以文化共享工程国家中心为例,国家中心的定位是文化共享工程的资源建设中心、技术支持中心和管理服务中心,与此相适应,确定其绩效考核指标体系如表 6-1 所示。从国家中心到省级分中心、地市县支中心、乡镇村基层服务点,由于承担的职责及业务项目递减,因此三、四级指标可相应进行调整。

考核的评定方法是:考核专家采用集中评议法,分别进行业务考核和财务考核。考核机构根据专家对各业务、财务指标的评分,汇总计算出各指标的平均得分,并加权得出综合考核得分,同时形成业务考核结论、财务考核结论和综合考核结论。

“总分”的计算方法：总分 = 业务指标的实际得分 ×60% + 财务指标的实际得分 ×40%。

表 6－1　全国文化信息资源共享工程绩效考核指标体系

一级指标	分值	二级指标	分值	三级指标	分值	四级指标	分值
业务指标	60	立项目标完成程度	25	数字资源建设	10	资源标准规范	4
						资源征集加工	3
						资源维护更新	3
				服务平台建设	6	设备购置	2
						软件购置	2
						网络运行与维护	2
				提供服务情况	5	国家中心提供服务	3
						省级分中心提供服务	1
						基层中心提供服务	1
				共建共享	2	与有关部门和行业开展合作共建共享情况	1
						与相关工程的共建共享情况	1
				其他工作任务	2	人员培训	1
						工程宣传	1
		立项目标的合理性	4	立项目标准确性	2	立项目标明确性	1
						立项目标合理性	1
				目标调整合理性	2	调整依据充分性	1
						调整程序合规性	1
		项目验收的有效性	5	验收方式合理性	3	——	3
				验收程序合规性	2	——	2
		项目组织管理水平	6	管理制度健全有效性	3	管理制度健全性	2
						管理制度有效性	1
				组织机构和人员结构合理性	3	组织机构合理性	2
						人员结构合理性	1

续表

一级指标	分值	二级指标	分值	三级指标	分值	四级指标	分值
		项目的社会效益	12	推动文化信息资源共建共享的作用	5	——	5
				对文化建设的促进作用	4	——	4
				对其他方面的促进作用	3		3
		项目可持续性影响	8	对提高政府公共文化服务水平的影响	4	——	4
				对保障群众实现基本文化权益的影响	2	——	2
				对改善城乡群众文化服务的影响	2	——	2
财务指标	40	资金落实情况	6	资金到位率	3	——	3
				到位及时性	3	——	3
		实际支出情况	14	预算执行与预算批复的相符性	6	——	6
				实际支出调整的合理性	4	调整内容必要性	2
						调整手续合规性	2
				实际支出结构的合理性	4	——	4
		财务信息质量	10	财务资料完整性	5	财务资料齐全性	2
						财务资料合规性	3
				会计核算准确性	5	会计数据真实性	3
						会计核算合规性	2
		财务管理状况	10	财务（资产）管理制度健全、规范性	5	财务（资产）管理制度健全性	3
						财务（资产）管理制度规范性	2
				财务（资产）管理制度有效性	5	——	5

6.1.6 文化共享工程绩效考核结果应用

绩效考核的目的不仅仅是监督检查,更重要的是指导后续工作,并为进一步发展提供决策依据。

文化共享工程实施部门即被考核的单位应当根据绩效目标和绩效考核结果,认真分析内部管理中存在的问题,提出改进措施,及时调整和优化本单位以后年度预算支出的方向和结构,不断改进内部管理,合理配置资源,加强财务管理,提高资金的使用效率和效益。

文化共享工程领导单位应当根据绩效考核中发现的具体问题,及时提出改进和加强文化共享工程经费管理的意见,并督促有关单位落实;对绩效考核中发现的共性问题,要认真分析产生问题的原因,找出工程管理中的薄弱环节,通过制定相关的管理制度加以改进、规范。

文化共享工程领导单位应当将绩效考核结果作为以后编制和安排年度预算的重要参考依据。对绩效良好的实施部门提出表扬,并在下年度优先安排预算;对绩效差劣的实施部门进行通报,在下年度慎重安排预算。依据财政项目绩效评价结果,对后续资金拨付提出处理意见,并酌情调整支出预算。

6.2 文化共享工程实施五年后的绩效考核自查

6.2.1 绩效目标完成及调整情况

一、对照指标体系,逐项详细准确说明项目启动时确定的各项工作的绩效目标情况。

根据文化部、财政部《关于实施全国文化信息资源共享工程的通知》(文社图[2002]14 号),截至 2005 年,总体目标为:充分利用现代高新技术手段、国家骨干通讯网络系统,整合中华优秀传统文化以及现有的各类文化信息资源,扩大网上中华文化信息资源的存储、传播和利用,实现全国文化信息资源的共建共享,建成互联网上的中华文化信息中心和网络中心,实现优秀文化信息通过网络为大众服务的目标。

资源建设目标:(1)完成全国图书馆、博物馆、美术馆、艺术研究等机构的文化信息资源联合目录。(2)完成以"百万册(件)文献共建"与"四个一优秀作品"为核心的数字资源建设,即完成 100 万册(件)文献、1000 台优秀地方剧目、1000 部优秀音乐作品、1000 部优秀美术作品、1000 件珍贵文物的数字化,并提供上网服务。

(3)整合贴近大众生活的社会文化信息资源。(4)建设支持文化信息资源共建的基础信息资源。

网络建设目标:实现网络联网的“135”计划,即实现1个国家中心、30个以上省级中心和5000个以上县、乡、街道和社区基层网点的建设与联网。

开展服务目标:通过文化信息资源联合目录,建立网上文化信息资源导航系统;利用由国家中心、省级中心以及基层中心组成的网络开展服务。

二、对照上述绩效目标,对项目完成的数量、质量、实施进度等进行分析,详细说明项目的完成情况。

在党中央国务院的亲切关怀和高度重视下,文化共享工程一直稳步推进,成效显著,深受基层群众欢迎。

管理体系建立情况。初步形成了从中央到地方、能够适应文化共享工程发展的分级管理体系。

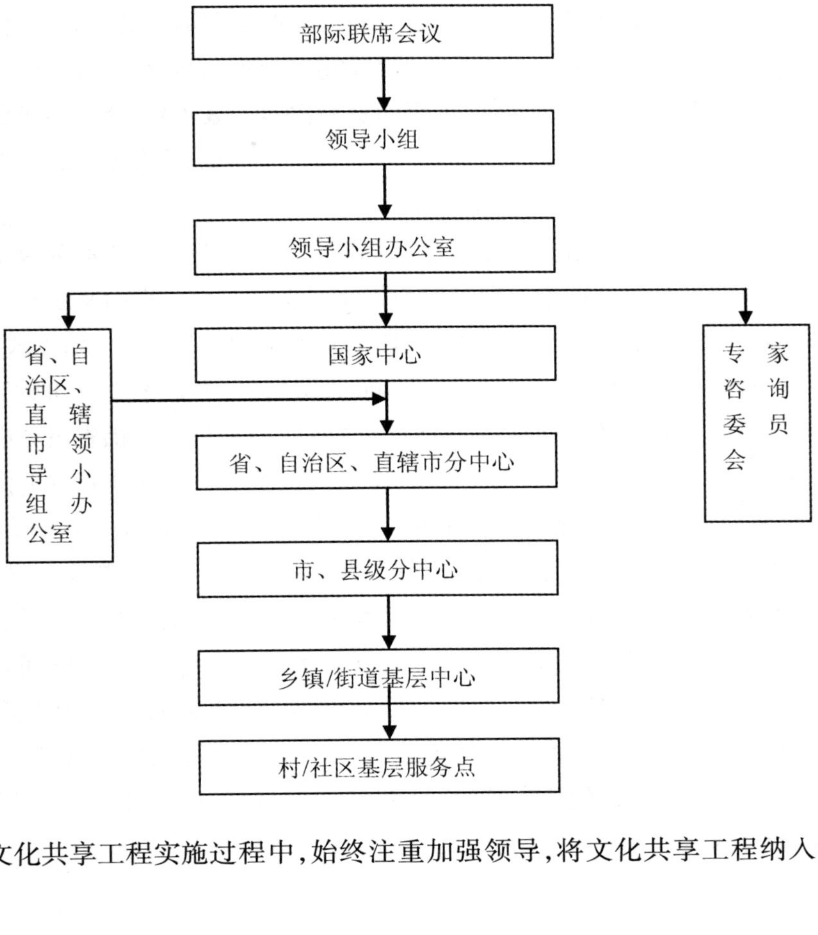

文化共享工程实施过程中,始终注重加强领导,将文化共享工程纳入经济社

会发展规划，纳入地方信息化建设的总盘子，纳入创建文明城市、文明村镇、文明社区的工作目标。各有关部门均各司其职，加强协调、密切配合，共同推进文化共享工程的顺利实施。实施中，还培养了一支懂技术、会管理、愿意扎根基层的文化共享工程人才队伍。

数字资源建设情况。文化共享工程以加工整合全国图书馆、博物馆、美术馆、艺术研究机构、艺术表演团体等机构的各类优秀文化信息资源为重点，逐步构建起具有一定规模的文化信息资源库群，截至2006年底，资源总量达到58TB（1TB数据量相当于25万册电子图书或926个小时视频节目）。其中，文化部全国文化信息资源建设管理中心（文化共享工程国家中心）整合加工约8TB的数字资源，包括11 500部/集（6680小时）的文艺演出、专题知识讲座、农业专题片、电影电视剧等多媒体资源，2万余种电子图书，1574种500万篇电子期刊，46个历史文化、法律法规、科普知识、医药保健和生活百科等资源库。各级分中心通过各种渠道，整合完成了约50TB的数字文化资源，主要有电子书刊、专题知识讲座以及影视作品等，并建设了一批具有地方特色的专题资源库。同时，采取深度链接的方式，将博物馆、美术馆等国家级文化单位适合文化共享工程服务的互联网数字资源纳入文化共享工程网站的整体服务框架中，丰富了工程的资源内容。截止到2006年年底，文化共享工程网站设有42个栏目、5个分版（农村版、社区版、少年版、企业版、军营版）、46个专题库和9个文化部直属网站资源联结库。

服务平台和网络建设情况。逐步建立了以国家中心、省级分中心为骨干，基层中心为服务端的工作网络体系。国家中心搭建了文化共享工程的网络平台，开通了互联网和卫星传输通道，使用互联网、卫星、资源镜像、光盘等传输方式传送资源；同时建立了文化共享工程网站（www. ndcnc. gov. cn），开通了24小时资源自动应答与传输服务，为各省级分中心传送所需资源。同时还研制出供省级分中心、基层中心使用的资源加工、发布等软件，开展了相关技术培训与软件安装工作，各省级分中心、基层中心陆续开始运行并开展服务，实现了工程边建设边服务的阶段性目标。2006年为适应文化共享工程发展的需要，编制完成了文化共享工程运行管理系统技术方案，全力构建双向互动的技术体系。结合基层服务的特点，创新技术服务模式：除互联网、卫星、光盘等方式外，根据广大农村操作计算机出现的各种困难，量身定制简易型移动播放器——可以存放200GB的信息资源（大约可播放300小时的视频节目），用遥控器即可操作播放，已开始在吉林、河北、四川、陕西、广西进行试点。国家中心定制的播放器受到中央领导、文化部领导、各级分中心和基层群众的一致好评。

文化共享工程依托省、市、县各级公共图书馆，分别建立省、市、县分中心，在乡镇和街道文化站设立基层中心，在村和社区发展基层服务点。截至 2006 年年底，已建成各级中心和基层服务点 6700 个，包括 1 个国家级中心，33 个省级分中心，1775 个市/县级分中心，2085 个乡镇、街道基层中心，2806 个村、社区等各种类型的基层服务点。

开展服务情况。文化共享工程依托国家现有的骨干通讯网络，并采用数字图书馆技术，建立工程的应用服务体系。通过以下方式开展服务：在具备网络条件的地方，通过互联网提供服务；在开通城域网、局域网的地区，采用镜像方式传输资源；在网络不发达的地方，通过卫星传送方式传输资源；同时通过光盘、移动存储等方式开展服务。一些地方还通过数字电视或有线电视，传输工程资源。截止到 2006 年年底，文化共享工程向全国发放了 2161 套设备，包括卫星接收设备、电脑、投影仪、幕布等，并组织专业技术人员到基层中心现场安装调试。国家中心通过网站的 42 个栏目和 46 个专题库向互联网用户提供多媒体、图文资源服务，为满足不同用户的个性化需求，还分别建立了农村版、社区版、少年版、企业版等特色版块，对具备卫星接收条件的 3000 余个基层服务点传输了 6440 个视频节目和其他图文信息。为响应国家建设社会主义新农村、构建公共文化服务体系的战略要求，满足农民群众节日期间的文化需求，2005 年和 2006 年春节期间，国家中心先后组织了“双奖好戏送下乡”和“乡风文明好戏来”光盘赠送活动，通过遍布全国的各级中心，将载满优秀文化资源的光盘送到农民手中。

河北省分中心启动了“服务快车”，送电影下乡、送戏下乡活动，丰富了村民的文化生活；天津市分中心主动将文化共享工程优秀视频资源送到“奥运”场馆、“海河开发”等国家重点建设项目工地，受到广大农民工的热烈欢迎，被誉为“流动电影放映队”；山西省分中心举办的消夏电影晚会，深受市民喜爱，市民们早早地赶到文化广场等着电影播放……许多农村基层文化单位依托文化共享工程资源开展数字化文化资源服务、开展农业技术培训、农民工培训、再就业培训等，改善了服务条件，充实了服务内容，提升了服务水平。随着工程服务方式的拓展，越来越多的群众能方便快捷地享受到文化共享工程的服务。

共建共享情况。文化共享工程实施以来，坚持与农村党员干部现代远程教育和农村中小学现代远程教育相结合，一方面积极为这些工程提供数字化文化资源，另一方面依托这些工程的基层服务点，发展文化共享工程服务网络。2005 年 1 月文化部和教育部联合下发文件，部署农村中小学现代远程教育与文化共享工程共建共享工作。2006 年 12 月，全国农村党员干部现代远程教育试点工作领导协调小组办公室与全国文化信息资源共享工程领导小组办公室联合下发通知，要求在开展农村党员干部现代远程教育试点工作的12个省、区，做好农村党员干部现代远程教育与全国文化信息资源共享工程的资源整合工作。几年来，文化共享工程与两个远程教育工程密切合作，资源共享，取得了明显成效。一是通过农村中小学远程教育平台，为农村中小学生提供了丰富的课外教育资源，开阔了师生的视野，受到了广大师生的欢迎，同时，农村中小学校积极创造条件向当地农民群众开放服务。二是通过农村党员干部现代远程教育平台，一点多用，资源共享，使农村基层服务点迅速拓展。截止到2006年年底，与农村党员干部现代远程教育工作、农村中小学现代远程教育工程合作共建基层服务点分别达到19.7万和18.1万个，初步形成了覆盖全国的服务网络。与中宣部“百县千乡宣传文化工程”相结合，合作共建300个乡镇宣传文化中心；向100个全国妇联“美德在农家”的基层点提供设备和数字资源；通过与青岛、佛山数字电视合作，为110万户居民提供服务，通过与遵义有线电视合作，为30万户居民提供服务。

媒体宣传情况。为更好地推动文化共享工程的实施，始终非常重视媒体宣传工作。在新华社、人民日报、中央电视台、中央人民广播电台、中新社、光明日报、中国文化报、中国青年报、北京电视台以及互联网等数十家新闻媒体发表报道1000余篇次。并通过组织新闻发布会或联络媒体发稿、自写稿件、提供素材等多种方式宣传报道文化共享工程的各项活动。此外，通过编发工作简报，制作工程宣传光盘、宣传册，举办工程实施成果全国巡回展，结合资源内容、网站栏目策划开展丰富多彩的活动，大大提升了文化共享工程的社会知名度和影响力。通过有效宣传，进一步提高了公众对文化共享工程的认识，使文化资源得到充分利用。中央电视台在全国最有影响的新闻联播、焦点访谈、科技博览、新闻会客厅、决策者说等栏目多次对文化共享工程进行报道，甚至制作专题节目。中宣部还下发专门文件，要求新闻媒体要加大对文化共享工程的宣传力度，从而更进一步推动了工程的实施。2006年年底，邀请相关人员共同撰写出版了一期《数字图书馆论坛》，全面回顾、总结了文化共享工程的发展历程，对工程的总体发展、数字资源建设、技术体系建设、知识版权等核心问题进行了深入的探讨和思考。随着宣传的逐步深入，文化共享工程的知名度和社会影响力大幅提升。

人员培训情况。文化共享工程依托县图书馆、文化馆、文化站等基层文化单位，建立了约7800人的专兼职工作队伍，国家中心编制了《资源建设标准规范》《版权工作手册》《县级分中心技术培训教程》《文化共享工程基层设备操作手册》等培训教材，举办多种形式的培训，充实了基层服务队伍，全面提升了公共文化服务的水平。

6.2.2 项目验收情况

文化部社图司邀请文化共享工程专家咨询委员会的七位成员组成验收工作组，在2003年10月12日至11月5日期间，先后对福建、广西、四川、山西、陕西、浙江、河北、江苏9个省级分中心(广西为两个)和34个基层中心以及国家中心进行了认真调研和验收，并于2003年12月2日提交了验收报告。对国家中心的评价如下：

主要工作。国家中心自2002年5月10日成立以来，按照文化部、财政部的总体部署，积极开展了各项工作。经过共同努力，基本完成了阶段性工作任务，为文化共享工程的建设与发展做出了成绩。归纳起来，主要包括：(1)资源建设。共完成资源整合量1.8TB，其中包括700部电影，120场讲座，200场戏曲，300种图书，46个资源库。为系统内安装资源累计约4TB，为系统外安装资源累计约3TB，已经向广大用户提供服务。(2)基础设施。完成了国家中心技术环境建设，软硬件的配备，公网服务器维护，数据上传发布等。(3)服务培训。国家中心根据工程的不同实施阶段，主要是对用户进行系统建设和软件使用以及一些相关的硬件及网络知识等的培训。除现场培训外，还通过网络与卫星举办了远程培训，建立了用户反馈表。(4)基层中心建设。积极协助各级文化主管部门和各省级分中心建立基层中心，在国家中心和省级分中心的共同努力下，已经有近400个基层中心开始提供服务。(5)技术支持。研制了文化共享工程的内容管理应用软件(CM)，该软件根据文化共享工程的需要，在数字资源的采集、加工、发布方面基本达到了工程资源加工和服务的要求。现在国家中心使用该软件完成数据加工任务1.3TB，各省级分中心加工资源400GB。文化共享工程国家中心已使用该软件进行广域网资源发布，共到全国20个省进行了软件安装、资源安装、技术培训与支持服务。开通800部电话，24小时进行技术支持。每个月回答咨询电话100—200个之间。建设完成卫星通信的基础平台，试运行资源投放。(6)积极探索版权解决方案。国家中心在2003年开展了版权方面的培训，编制了《版权工作手册》，出台了规范合同管理的办法——《合同协议操作的流程》。已经征集到200余位专家学者的作品，在网站上已经提供了50余部作品。同时，由国家中心投资开发的基于数字版权管理的应用系统(DRM)于2003年3月份通过工程验收，完成基于数字版权管理系统的稿酬收转工作方案等。

主要问题。(1)资源严重不足，特色资源量较少，不能满足需求；(2)工程整体发展不平衡,可持续发展的问题需要解决;(3)没有建立良好的共享机制,各方面的积极性没有调动起来;(4)没有建成适合工程发展的运行机制,国家中心的建设须加强。

6.2.3　组织管理情况

6.2.3.1　相关管理办法的具体内容及实施效果

上级发文

(1)2002 年文化部、财政部联合下发了《关于实施全国文化信息资源共享工程的通知》《关于印发全国文化信息资源共享工程专项资金管理暂行办法的通知》;文化部下发了《关于全国文化信息资源共享工程管理暂行办法的通知》,对文化共享工程启动实施提出指导性意见,规范和加强了工程的组织、管理工作,明确了工程发展方向。

(2)2005 年中办、国办转发《文化部、财政部关于进一步加强全国文化信息资源共享工程建设的意见》,从提高思想认识、加强资源建设、建立各级技术服务平台、加快网点建设等各方面提出了具体要求,推动工程的进一步发展。

(3)2006 年 6 月,文化部印发了《关于全国文化信息资源共享工程"十一五"规划的通知》,阐明了文化共享工程的指导思想和总体目标,明确了工作任务和保障措施,确保进一步加快建设步伐。

(4)2006 年 9 月,为加快文化共享工程建设,全面探索"十一五"期间文化共享工程在不同社会发展地区、不同地理环境下的建设、服务、运行和管理模式,文化部办公厅印发《关于印发〈全国文化信息资源共享工程试点工作方案〉等文件的通知》,选定了 100 个试点县开展试点工作。

国家中心发文

(1)2005 年为进一步明确资源征集、加工制作等工作,国家中心分别制定了《接受捐赠作品暂行管理办法》《多媒体资源及图片资源著录暂行规范》《讲座资源建设暂行规范》。

(2)2006 年为进一步加强讲座资源的建设力度,扩大征集范围,提高资源质量,提高人民群众的科学文化素质,丰富广大基层群众的精神文化生活,特印发了《关于加大力度征集讲座资源的通知》《关于实施讲座资源征集与编辑加工的暂行办法的通知》。截至 2006 年年底,共征集视频讲座场数 818 场,时长71 604分钟,容量 1981.2GB;音频讲座 49 场,时长 5046 分钟,容量 5GB。内容涉及科学发展观、关爱未成年人健康成长,医疗保健,普法教育,科普知识,经济管理,文学欣赏,艺术鉴赏,传统文化,人物解读,文物遗产,历史地理,素质教育,中外文化交流等方面,受到了基层群众的热烈欢迎。

(3)2006年为进一步满足各地基层群众,特别是农民对地方特色资源的需求,特制定印发了《征集各省优秀地方戏剧目暂行办法》《优秀地方戏作品征集奖励办法》,2004年,征集舞台艺术32部;2005年,征集183部;2006年,则征集719部。

(4)2006年,为加快文化共享工程建设,加强试点工作中资源建设的规范管理,根据文化部2006年9月试点工作会议精神,国家中心经广泛征求意见后制定了《全国文化信息资源共享工程试点工作资源建设指南》,用于指导试点期间各地的资源共建共享。

(5)为加强各省文化共享工程工作情况交流,相互借鉴工作经验,推进文化共享工程建设深入开展,国家中心印发了《加强全国文化信息资源共享工程各地建设进展情况交流的通知》,并通过自行设计的《运行管理系统》按月统计基层各项情况。

通过对各类文件、规定的认真领会,贯彻落实,截止到2006年年底,工程资源总量达到58TB(1TB数据量相当于25万册电子图书或926个小时视频节目)。

其中,国家中心整合加工约8TB的数字资源,包括11 500部/集(6680小时)的文艺演出、专题知识讲座、农业专题片、电影电视剧等多媒体资源,2万余种电子图书,1574种500万篇电子期刊,46个历史文化、法律法规、科普知识、医药保健和生活百科等资源库。

各级分中心通过各种渠道,整合完成了约50TB的数字文化资源,主要有电子书刊、专题知识讲座以及影视作品等,并建设了一批具有地方特色的专题资源库。

到2006年年底,文化共享工程网站设有42个栏目、5个分版(农村版、社区版、少年版、企业版、军营版)、46个专题库和9个文化部直属网站资源链接库。

6.2.3.2 文化共享工程组织管理结构及人员构成情况

已初步形成了从中央到地方、适应文化共享工程发展的分级管理体系。

2002年4月,全国文化信息资源共享工程领导小组成立。文化共享工程启动之初,文化共享工程领导小组及日常工作机构成立。其职责是:宏观规划建设方向;组织协调、指导资源建设和信息服务;协调网络通道使用;协调与有关部委、单位、地方主管部门的关系等事宜。组长由文化部部长孙家正担任。

领导小组下设办公室,办公室设在文化部。其职责是:组织起草建设规划和编制实施方案;负责专项资金的管理与使用;制定年度工作计划;制定国家中心章程,监督国家中心的运行;承担领导小组的日常工作等。

2002 年 4 月,全国文化信息资源共享工程专家咨询委员会成立。委员会的职责是:协助领导小组对文化共享工程的规划、实施方案、资源建设、标准规范、技术路线等重大问题给予咨询。专家咨询委员会由文化部聘请有关专家组成。

2002 年 4 月,全国文化信息资源共享工程国家中心成立。国家中心设在国家图书馆内。主要职责是:负责工程实施的技术路线;组织起草有关项目管理办法与验收办法;制定、推广有关标准规范;具体组织全国性的数字资源建设;指导各省级分中心的业务建设;承担文化共享工程系统的日常运转工作。

2004 年 2 月,文化部全国文化信息资源建设管理中心成立。管理中心作为事业法人,从国家图书馆独立出来。管理中心是文化共享工程的国家中心,承担了文化共享工程的资源建设中心、技术支持中心、管理服务中心的相关工作。

2006 年 4 月,经国务院批准,同意建立由文化部牵头的全国文化信息资源共享工程部际联席会议制度。

联席会议制度的主要职能:在国务院领导下,研究拟订文化共享工程建设的重大政策措施,向国务院提出建议;协调解决推进文化共享工程建设中的重大问题;讨论确定工作重点并协调落实;指导、督促、检查文化共享工程建设的各项工作。

联席会议制度的工作规则:

联席会议每年召开 1 至 2 次例会。根据党中央、国务院领导同志指示或工作需要,可以临时召开全体会议或部分成员单位会议。联席会议以会议纪要形式明确会议议定事项,经与会单位同意后印发有关方面,同时抄报国务院。

文化共享工程依托国家图书馆以及省、市、县级图书馆建设统一的全国性技术服务平台,实行统一服务、分级管理。截止到 2006 年年底,文化共享工程依托各地图书馆、文化馆及乡镇/街道文化站、村文化室,基本建立了辐射全国的服务网络,共建设省分中心 33 个,市/县分中心 1775 个,乡镇/街道基层中心 2085 个,村/社区基层服务点 1670 个,其他基层网点 1136 个,初步搭建了覆盖全国的服务网络。

6.2.3.3 相关宣传工作

(1)大型会议

文化共享工程自 2002 年起每年召开全国范围内的文化共享工程工作部署会议,总结工程实施以来的经验,进行工作交流,部署下一阶段工作,以加快文化共享工程建设速度。

2002 年会议

4 月 22 日,在北京召开的全国基层文化工作会议上,文化部和财政部联合下发了《关于实施全国文化信息资源共享工程的通知》,标志着全国文化信息资源共享工程的正式启动。各省、自治区、直辖市及计划单列市人民政府有关负责同志和中央、国务院有关部门负责同志参加了会议。文化部部长孙家正及中宣部、国家计委、民政部、财政部、建设部、广电总局的负责同志在会上发言。会议由国务院副秘书长高强主持。

7月3—5日，文化部在山西省太原市召开“全国文化信息资源共享工程试点工作会议”，文化部部长孙家正、副部长周和平及文化部、财政部有关方面负责同志和来自全国31个省、市、自治区文化厅（局）的领导、省级图书馆馆长近百人出席了会议。本次会议采用现场会的方式部署试点工作，共同讨论文化共享工程的推广和建设。

12月23日，中共中央政治局常委李长春同志，在中共中央政治局委员、中宣部部长刘云山同志的陪同下，冒着风雪视察国家图书馆。陪同视察的还有文化部部长孙家正，中宣部副部长吉炳轩、李从军，文化部副部长潘震宙、孟晓驷、陈晓光、周和平、赵维绥，中纪委驻文化部纪检组组长常克仁等领导。李长春同志听取国家中心主任张晓星所作的文化共享工程的专题汇报并观看了现场演示后，指示要尽快把资源送入公网，为广大群众服务。

12月27日，全国文化信息资源共享工程工作总结电视电话会议在京召开。文化共享工程领导小组副组长、文化部副部长周和平，文化共享工程领导小组副组长、财政部副部长金立群出席会议并讲话。各省、自治区、直辖市文化厅（局）、财政厅（局）及文化共享工程国家中心、各省级分中心、基层中心的领导和有关人员在北京主会场及各地分会场参加会议。

2003年会议

6月12日，全国文化信息资源共享工程电视电话会议在北京召开，各省会城市设分会场。文化共享工程领导小组副组长、文化部副部长周和平出席会议并讲话。会议由文化部社会文化图书馆司司长张旭主持。文化共享工程国家中心主任张晓星就上半年工作总结和下阶段工作要求做了发言。各省、自治区、直辖市文化厅（局）、文化共享工程国家中心、文化部直属单位、各省分中心及基层中心的领导和有关人员出席了会议。

6月29日，国家中心在国家图书馆多功能厅举办海量资源版权解决方案研讨会。来自中宣部、最高法院、国家版权局、国务院法制办、全国人大法工委等单位的领导与北大、人大、社科院、政法大学的学者会聚一堂，结合自己的工作实践和学术研究，纷纷发表在知识产权领域的真知灼见，为文化共享工程的资源建设献计献策。

2004 年会议

4 月 10 日,“全国文化信息资源共享工程工作会议”在南京举行。文化部副部长周和平、江苏省人民政府副省长张桃林、财政部教科文卫司文化处助理调研员宋文玉、江苏省政府副秘书长朱步楼、江苏省文化厅厅长章剑华、文化部社会文化图书馆司司长张旭、副司长刘小琴、国家图书馆副馆长陈力等领导和来自全国的文化共享工程各省级分中心负责人参加会议。会议对 35 个全国文化信息资源共享工程建设先进单位进行了表彰。

2005 年会议

2 月 25 日,在北京召开全国文化信息资源共享工程工作会议,全国各省、自治区、直辖市以及新疆生产建设兵团文化厅、图书馆有关负责人参加了会议。会议传达了中央领导同志有关全国文化共享工程的指示精神,总结 2004 年工作并部署 2005 年工作。文化部副部长周和平作重要指示。

2 月 28 日,召开了全国文化信息资源共享工程电视电话会议,北京中心会场由文化部副部长周和平主持会议,国务委员陈至立、文化部部长孙家正、财政部部长助理张少春、教育部副部长陈小娅、国家广电总局副局长胡占凡、国家新闻出版总署署长石宗源出席会议并讲话。国务委员陈至立要求各级政府和有关部门认真贯彻落实中办、国办转发的文件精神,加快推进文化共享工程建设。

2006 年会议

3 月 4 日,陈至立主持召开会议,研究推进全国文化信息资源共享工程建设有关问题。国务院副秘书长陈进玉、发展改革委、财政部、文化部、广电总局、新闻出版总署、法制办的有关负责同志出席了会议。文化部部长孙家正作了汇报,文化部副部长周和平作了说明。会议议定成立由文化部牵头的全国文化信息资源共享工程部际联席会议,协商处理文化共享工程建设中的重大事项。

3 月 10 日,在北京召开全国文化信息资源共享工程工作会议,各省、自治区、直辖市及计划单列市的文化厅(局)主管领导、文化共享工程国家中心和各省级分中心负责人参加了会议。会议传达中央和国务院领导同志有关文化共享工程的指示精神,研究贯彻落实方案;部署文化共享工程调研工作;讨论《全国文化信息资源共享工程“十一五”规划》。文化部副部长周和平在会上作重要讲话,文化共享工程国家中心主任张彦博在会上作工作报告。

5 月 12 日,由文化部组织协调,国家财政部、国家发改委、农业部、教育部、国务院法制办、广电总局、新闻出版总署等有关部委联合召开了第一次部际联席会议,讨论并通过文化共享工程“十一五”发展规划纲要。

6月22—24日，在贵阳举行全国文化信息资源共享工程经验交流会。陈至立国务委员出席会议并作重要指示；文化部孙家正部长作重要讲话。贵州省委书记石宗源、省长石秀诗、文化部副部长周和平、财政部部长助理张少春、中央文明办副主任翟卫华、教育部副部长陈小娅、国家广电总局副局长胡占凡、国家版权局副局长阎晓宏、山东、浙江、广东、上海、湖北省市政府负责同志、青岛市、宁夏贺兰县等负责同志、各省、自治区、直辖市文化厅（局）长、社文处处长、各计划单列市文化局长等参会。会议总结、交流各地开展文化共享工程建设经验，部署2006年文化共享工程试点工作，实地考察贵州省遵义文化共享工程基层服务点试点情况。

9月18—19日，在山东济南召开全国文化信息资源共享工程试点工作会议。全国各省（市、区）文化厅（局）主管厅（局）长、社会文化处处长，计划单列市文化局主管局长，各省（市、区）及计划单列市文化共享工程分中心负责人，长江以北地区全国文化共享工程试点县文化局长、文化共享工程分中心负责人，共220多人出席了会议。会议贯彻落实2006年6月在贵州召开的全国文化信息资源共享工程经验交流会议的精神，具体安排文化共享工程试点工作，为实施《全国文化信息资源共享工程"十一五"规划》和全面推进全国文化信息资源共享工程做准备。会议由山东省副省长张昭福同志致欢迎辞，文化部社图司张旭司长主持，文化部周和平副部长作重要讲话。

9月28日，文化部办公厅正式印发《关于印发全国文化信息资源共享工程试点工作方案等文件的通知》。

这些大型会议的组织召开进一步提高了大家对文化共享工程重要意义的认识，推动工程的深入实施。

（2）网上活动

"全国文化信息资源共享工程网站"是文化共享工程的互联网窗口，是面向发达地区及有网络条件的基层中心、服务点开展服务的主要形式。2006年以来，文化共享工程网站新增387万字、850幅图片的新内容。其中包括"2006年春节礼品包"、"非物质文化遗产"、"农业市场信息"、"八荣八耻"等八个新专栏；策划开展"明荣知耻有奖问答"、"中小学弘扬和培育民族精神月"有奖征文、"纪念建党85周年"、"纪念红军长征胜利70周年网上问答"、"中华瑰宝知识—有奖问答系列活动"、"仲夏夜开心急转弯"有奖竞答活动、"唱希望之歌，看抗日电影"少儿主题活动、"楷模光辉照我心"征答学习等网上活动，受到网民广泛关注和积极参与；为纪念中国工农红军长征胜利70周年，推出大型主题制作《红军长征史诗》。文化共享工程网站的点击率在中文公益文化网站中名列前茅，仅2006年，网站参观人数就达到 855 万人次，网页访问数达 5653 万页。

6.2.3.3.3　开展“文化信息进社区”活动

2003 年 1 月 26 日，中央文明办、文化部和财政部在全国开展了以“共享网络资源、传播先进文化、丰富群众生活”为主题的全国“文化信息进社区”活动。中央文明办常务副主任翟卫华、文化部副部长周和平、司法部党组成员、政治部主任张苏军、共青团中央书记处书记杨岳、中国科协书记处书记程东红、财政部教科文司助理巡视员傅东等领导同志出席。通过在有条件的城市社区建立文化信息服务站点，将文化共享工程丰富的文化信息资源以网络方式，送到社区居民身边，使他们可以阅读电子图书，查询信息，观看电影，欣赏音乐、戏剧、曲艺等；还可以听专家讲座，学习文化、艺术、科技、法律、军事、衣食住行等各方面的相关知识；同时通过开展网上知识竞赛、音乐绘画比赛、家庭才艺表演等各种活动，吸引居民用户上网参与展示自身才华的文化活动或艺术创作。

6.2.3.3.4　开展“新春服务行”活动

2006 年 1 月 26 日，在贵州省遵义启动“新春服务行”活动，活动本着“集中力量办大事”的思想，集中有限资金、人力和物力，形成“全区域覆盖”，在遵义县所有乡镇、遵义市所有县（市）建立了一个完善的基层服务网络，为广大群众提供有效的文化服务，构建起一个基本完备的社会公共文化服务体系。

6.2.3.3.5　开展“文化共享长征行”活动

为迎接中国工农红军长征胜利 70 周年，国家中心、中国图书馆学会联合当年红军长征经过的江西、福建、河南、陕西等 15 个省区的文化共享工程省级分中心，于 2006 年 5—10 月共同开展了“文化共享长征行”系列服务活动。各地在开展“文化共享长征行”活动中组织了丰富多彩的活动，传播了社会主义先进文化，帮助广大农民求知求富，求健康，求文明，推动社会主义新农村建设。同时，各地以红军长征精神为动力，因地制宜开展文化共享工程建设，为构建和谐社会做贡献。

6.2.3.3.6　开展“文化精品送下乡”系列服务活动

将最新征集的文化精品资源，包括舞台文艺节目、农业科技电视片、医药卫生电视片等通过互联网，传送到千家万户。内容包括“欢乐到农家”活动，“对春联、猜灯谜、说风俗”文化活动，“新春有奖问答”专题，“村村乐”影视展播活动，“万种电子好书送下乡”等。

2005 年至 2007 年春节期间，国家中心先后组织了“双奖好戏送下乡”、“乡风文明好戏来”和“共享资源和谐风”光盘赠送活动，通过遍布全国的各级中心，将载满优秀文化资源的光盘送到农民手中。

6.2.3.3.7 培训活动

编写了《文化共享工程县级分中心技术培训手册》《2005年国家资助文化共享工程项目基层点设备配套与发放工作手册》等教材，召开了技术骨干培训班，培训有关卫星接收系统及设备下发技术操作等内容；举办全国讲座培训与交流会议；举办试点县技术培训会议等。文化共享工程依托县图书馆、文化馆、文化站等基层文化单位，建立了约7800人的专兼职工作队伍，通过举办各类培训，切实提高基层服务人员的服务技能和水平。

6.2.3.3.8 其他活动

为宣传推广各地文化共享工程建设进展，国家中心举行了“文化共享工程建设成就视频展播”，得到了16个省、自治区、直辖市分中心的积极参与。他们按照通知要求精心制作视频作品，在短短20分钟内，比较全面地反映了当地文化共享工程建设情况。

6.2.3.3.9 宣传报道

在新华社、中新社、人民日报、中央电视台、中央人民广播电台、光明日报、中国文化报、中国青年报、北京电视台以及互联网等数十家新闻媒体发表报道1000余篇次。并通过组织新闻发布会或联络媒体发稿、自写稿件、提供素材等多种方式宣传报道文化共享工程的各项活动。此外，通过编发工作简报，制作工程宣传光盘、宣传册，举办工程实施成果全国巡回展，结合资源内容、网站栏目策划丰富多彩的活动，大大提升了文化共享工程的社会知名度和影响力。中央电视台在全国最有影响的新闻联播、焦点访谈、科技博览、新闻会客厅、决策者说等栏目多次对文化共享工程进行报道，甚至制作专题节目。中宣部还下发专门文件，要求新闻媒体加大对文化共享工程的宣传力度，从而更进一步推动了工程的实施。2006年年底，邀请相关人员共同撰写出版了一期《数字图书馆论坛》。随着宣传的逐步深入，文化共享工程的知名度和社会影响力大幅提升。

6.2.3.3.10 各地活动

河北省分中心启动了“服务快车”，送电影下乡、送戏下乡活动，丰富了村民的文化生活；上海市分中心将文化共享工程送进了女子监狱，定期为她们播放文化节目，并开设了《读书与做人》讲座，为这群特殊群体送去了人文关怀；在甘肃、山西、广西、贵州、福建、湖南等地农村基层服务点，借阅率最高的是农业科技光盘，村民们通过观看科技光盘、阅读科技电子图书，学会了如何运用科学的种植养殖技术生产、生活，把科技知识带到了田间地头。

四川省分中心在省文化共享工程领导小组和省文化厅的支持下，在2006年夏季,利用农民群众集中纳凉和农村中小学校学生暑假期间,组建 90 支放映队,利用投影仪放映的形式,把丰富多彩的文化资源送到全省 13 个地、市、州的 2800 多个边远乡村,受益群众超过 140 万人次。

宁夏回族自治区贺兰县级分中心根据本地实际情况,积极采取光盘和移动硬盘服务模式,以推广使用文化共享工程资源为切入点,以服务基层、服务大众为立足点,先后为基层印发宣传资料 8000 多份,刻录光盘14 000多张,为全县农民科技致富和开展保持共产党员先进性教育活动提供了及时、最新的 VCD 光盘节目,受到了基层广大群众和党组织的欢迎和好评。

贵州省遵义县南白镇龙泉村的农民在文化共享工程资源中学到相关知识,通过建立大棚种植反季节蔬菜,年收入达到 1.5 万多元。他们高兴地说:"通过学习知识,我们真正得到了实惠,希望文化共享工程为我们带来更多的知识,使我们得到更多的实惠。"

基层群众普遍反映,文化共享工程解决了农民找科技书难、看电影难、看戏难的问题,为农民增加了全新的娱乐内容,使他们享受到优秀传统文化带来的快乐以及现代科技带来的实惠。

6.2.4 社会效益

文化共享工程的最终目标是服务基层。为了满足各地群众求知、求富、求健康的需要,国家中心和各级分中心因地制宜开展工作,摸索总结不同服务模式,拓宽了服务范围,取得很好的社会效益。

促进文化信息资源共建共享。国家中心结合国家的重大事项和节假日策划并举办了系列活动,包括:配合保持共产党员先进性教育举办"楷模光辉照我心"活动;结合中国少年儿童歌曲推广计划举办"唱希望之歌,看抗日电影"活动;在中小学暑假期间推出"仲夏夜开心急转弯"活动;为纪念抗日战争胜利 60 周年举办"纪念抗战 · 永保和平"等活动;为纪念中国工农红军长征胜利 70 周年,在长征经过的 15 个省、自治区、直辖市开展"文化共享长征行"活动,向沿途基层单位赠送设备、图书、光盘;为纪念建党八十五周年,编制系列光盘下发基层,开展拥党、爱国教育活动;在 2005 年和 2006 年的元旦、春节期间,特制下发"双奖好戏送下乡"、"乡风文明好戏来"系列光盘,将高水平舞台艺术作品传递到基层农村;2006 年春节前后,在贵州遵义举行"文化共享工程遵义新春服务行"活动,近万群众参加……

2005 年 4 月以来,在文化共享工程国家中心的支持下,广东省分中心与福建、广西、天津、山东等 12 个省市的 30 个分中心开展了网上联合参考咨询工作,依托这些分中心整合的90万种电子图书,2000余万篇期刊论文,35万篇博硕士论文,20余万篇会议论文,3.5万件国家标准和行业标准,86万件专利说明书以及各分中心建立的规模庞大的地方文献数据库和特色资源库,积极利用互联网为读者服务。

促进各地的文化信息化建设。近年来,各地结合当地文化建设和信息化建设的实际情况,积极探索文化共享工程服务的新模式。北京市将实施文化共享工程与基层文化建设、公共图书馆计算机信息服务网络建设、艺术档案建设相结合,实现了文化信息传播、图书馆图书借阅和文艺作品欣赏三类服务的整合,进一步促进了北京文化资源管理与服务的数字化建设。上海市将文化共享工程建设和城市信息化建设、城市中心馆建设、社会主义新郊区建设、城乡区域文化信息资源共享紧密结合,使服务延伸到社区信息苑、高校、街道、企业、中学、军营、监狱、寺庙、进城务工者居住区……浙江省把文化共享工程建设与各级图书馆网络化、信息化建设相结合,重点建设省市县三级分中心服务网络。广东省东莞市将文化共享工程与区域图书馆公共服务体系建设和数字图书馆体系建设相结合,研发新一代集群管理系统,促进文化共享工程向基层的延伸。其他各省则普遍将实施文化共享工程与数字图书馆建设、创建文明城市、文明社区、文明乡镇、文化先进县、文化示范村等紧密结合,使文化共享工程服务渗透到城乡的各项工作中。

促进面向农村的其他工作。文化共享工程实施以来,根据党中央和国务院关于建设社会主义新农村的要求,整合了大量适合新农村建设需求,广大农民群众看得懂、用得上、实用性强的图文资源和视频资源。紧密结合农民脱贫致富的读书用书、学习文化、学习技能以及普及先进实用的农业科技知识和卫生保健常识的需要,开展资源建设。截止到2006年年底,已整合了2000多部农业、畜牧业、渔业、医药卫生、生活百科等内容的专题片和10 000余种适农电子图书。适农资源的使用,科技文化资源的普及,使广大农民群众受益匪浅。实践证明,文化共享工程的实施,一定程度上解决了农民看书难、看戏难、看电影难等问题,让全体农民能够平等享受政府提供的公益性文化服务。文化共享工程是农民科学种植养殖最重要的"资源营养库",是农民奔康致富的好帮手。

文化共享工程与中宣部"百县千乡宣传文化工程"相结合,由中央精神文明办公室投入1100万元,合作共建300个乡镇宣传文化中心,作为文化共享工程示范点对外提供服务。向100个全国妇联"美德在农家"的基层点提供设备和数字资源,提高了这些基层点的服务能力。四川省为此特别策划举办了"科技服务乡村行"活动——将文化共享工程中适合农村、农业、农民的资源通过乡镇文化宣传中心开展服务。山西、江苏、青海等地结合农村文化大院、文化中心户的扶持工作,开展了各类富有地方特色的服务。

为加快文化共享工程服务网络的建设并弥补资金投入的不足,各地也以开放的姿态探讨与商家合作的模式。山东青岛、广东佛山通过有线数字电视分别向当地 80 万户、30 万户居民播放文化信息资源;贵州遵义市有线电视台开设了文化共享工程频道,为 30 万户群众传递多媒体资源。山西、福建、浙江等地与中国网通、中国移动合作,加快服务网络建设的进程。吉林、河北、湖北等地与网吧联合开展信息资源服务。

7　思考延伸

7.1　新农村公共文化服务体系建设与全国文化信息资源共享工程

7.1.1　引言

加强公共文化服务体系建设，是党中央国务院从中国特色社会主义事业总体布局和全面建设小康社会全局出发提出的一项重要任务。而全面建设小康社会，最艰巨最繁重的任务在农村。真正的小康必须是全面的小康，是经济建设、政治建设、文化建设和社会建设协调发展的小康。改革开放以来，农业生产和农村经济获得了巨大发展，农民的温饱问题已经基本解决，但农村社会事业建设却相对滞后，这正在明显制约着农村经济社会的全面进步，制约着全面建设小康社会的进程。在全面贯彻落实科学发展观、建设社会主义新农村、推动社会主义文化大发展大繁荣、构建和谐社会的新形势下，探析如何加快构建新农村公共文化服务体系，对于维护好、实现好、发展好人民群众基本文化权益具有重要意义。

7.1.2　"公共文化服务体系"提出的背景

党的十六大明确了发展文化事业和文化产业的重要性。特别提出"要加强政府对文化公益事业扶持的力度，为人民群众提供良好的公共文化服务"。2006 年 9 月，国家颁布了《"十一五"时期文化发展规划纲要》，将加强"公共文化服务"作为下一步文化建设的重要组成部分，这是国家首次明确提出"公共文化服务"的概念。此后，公共文化服务体系越来越频繁地出现在从中央到地方有关部门的文件和领导讲话中，成为当前文化建设的"流行语言"和核心理念。

公共文化服务体系的提出有其深刻的理论背景：首先，贯彻落实科学发展观，增强建设社会主义先进文化的能力需要公共文化服务体系；其次，社会政治经济体制改革的进程要求公共文化服务体系；第三，充分发挥文化自身价值与功能、构建和谐社会需要公共文化服务体系建设；第四，打造服务型政府，体现政府执政为民的天职需要公共文化服务体系。公共文化服务体系的提出同样有着深刻的社会背景:一是中国经济快速前进,而文化建设显得相对滞后,如何实现社会的平衡发展决定着未来中国的面貌;二是文化领域自身,尤其是大众媒介出现了泛娱乐化的趋势,如何引导文化的健康发展决定着公众精神生活的质量。

不难看出,"公共文化服务体系"主要是在文化改革、创新乃至于经济体制改革的基本框架中提出的。把建设公共文化服务体系作为目标,是文化体制改革背景下的一种新的文化自觉,体现了"以人为本"的科学发展观[76]。

7.1.3 公共文化服务体系的内涵和要素

公共文化服务体系是指由政府主导、非营利的、社会参与形成的普及文化知识、传播先进文化、提供精神食粮、满足人民群众文化需求、保障人民群众文化权益的各种公益性文化机构和服务的总和,涵盖文化政策、基础设施、人才培养、精品创作等诸方面,将文化建设与人民群众的基本权益紧密结合,体现了文化发展以人为本的特征,凸显了党和政府执政为民的本质。

成熟的公共文化服务体系,应该包括十个方面的内容:即文化政策规范体系、舞台艺术供给体系、文化展示服务体系、群众文化活动体系、文化市场监管体系、文化资源整合体系、文化主体引导体系、文化保护传承体系、文化交流扶持体系与文化人才培育体系。

7.1.4 当前农村文化发展现状分析

改革开放以来,农村文化建设也取得了明显进展。

一、已经建成了一批农村公共文化基础设施,截止到 2006 年年底,共建乡镇综合文化站32 706个、村文化室97 868个。有些发达地区的乡镇、村还建成文化活动中心,集文化、娱乐、教育、培训、健身于一体。

二、实施了一批农村文化工程、信息化工程,包括全国文化信息资源共享工程、广播电视村村通工程、农村电影 2131 工程、非物质文化遗产保护工程、送书下乡工程、流动舞台车配送工程等等。其中,全国文化信息资源共享工程是对文化信息资源进行数字化加工和整合,通过卫星、互联网和光盘等传输渠道为社会公众提供服务的一项文化创新工程[77]。截至 2009 年 5 月底,文化共享工程的数字资源量已达到 74.65TB(1TB 数据量相当于 25 万册电子图书或 926 个小时视频节目);自建、共建的基层服务点已超过 75 万个。2010 年,已基本形成资源丰富、技术先进、服务便捷、覆盖城乡的数字文化服务体系,县有支中心,乡村有基层服务点,实现"村村通"。这些工程的实施,一定程度上缓解了农民群众看书难、看电影难、看戏难的问题，活跃了基层群众的文化生活。

三、各地因地制宜，结合本地实际，探索出一些独具特色的公共文化服务模式。比如，陕西省新建一批乡镇示范文化站和100个文化示范村，加强农村文艺题材作品的创作，举办农村文艺调演；开展对农民自办文化的调研，逐步建立支持社会力量办文化的机制和政策；青海省组织力量，为藏区群众提供更多更好的民族语影视译制节目；广东省把农村文化建设作为文化大省建设的重点，进一步增大公共文化服务覆盖农村的范围，改善地区之间基层文化服务水平不平衡的现状，推动全省流动图书馆、流动博物馆、流动演出网络的建设。

四、鼓励农民自办文化。现在已经出现了一批民间业余剧团、农民文化大院、文化发展中心户、文化示范户等等形式的文化组织，调动了农民参与农村文化建设的积极性。

这些进展为构建新农村公共文化服务体系奠定了必要的基础。

但是，我们也应该意识到，中国幅员辽阔，不同地区农村的文化发展水平差距很大，各有特点。相对发达地区的农村，随着经济发展，生活水平的改善，广大农民的欣赏水平也逐步得到提高，并形成了自己独特的审美嗜好和欣赏习惯。加之电视，甚至网络等现代娱乐方式的日益普及，为他们的文化生活提供了更多选择机会。在这种情况下，辛辛苦苦组织的诸如"送电影下乡"等内容陈旧、形式老套的文化活动，往往受到农民群众的冷落，没有起到应有的作用。而偏远落后地区农民"看书难、看戏难、看电影难、收听收看广播电视难"，"早上听鸡叫，白天听鸟叫，晚上听狗叫"仍然是许多农民文化生活的真实写照，这些地方农村文化十分单调、乏味。同时，农村人口居住相对分散，几乎没有什么有组织的休闲娱乐活动，基本上是一家人没事时围着一台电视机悄无声息地打发时光，不甘寂寞的则互相串串门，往往被一些打牌、赌博、封建迷信等撮合在一起，影响家庭和睦社会和谐。尽管农民群众也十分渴望有适合他们的各种文体活动，但终因受到设施条件和自身经济环境的制约而实现不了。

这些实际情况进一步表明，构建新农村公共文化服务体系应该成为当前推进新农村文化建设的有效途径。

7.1.5 当前农村公共文化服务体系建设面临的问题和困难

近年来，各级财政部门对文化事业的投入虽然不断增加，但由于长期以来文化事业经费基数低、单位底子薄、基础条件差，财政投入与事业发展所需投入之间仍有不小的差距。农村公共文化服务体系还很不完善，广大农村群众的基本文化需求同公共文化服务能力不足之间的矛盾比较严重，城乡发展不平衡的问题比较突出。

当前农村公共文化服务体系建设面临的主要问题和困难具体表现在以下方面。

7.1.5.1 文化设施建设相对落后

文化设施数量不足，全国现有32 706个乡镇综合文化站，而面积低于50平方米的有26 715个；全国现有行政村624 428个，仅有村文化室97 868个，占行政村总数的15.7%。

与此同时，现有文化设施陈旧落后，难以有效发挥作用。乡镇、村文化站（室）普遍存在文化设施功能不全，面积狭小，年久失修，内部设备匮乏，缺少群众文化培训、辅导教具等，无法开展相应文化活动，服务能力与人民群众日益增长的文化需求不相适应。

7.1.5.2 文化经费投入明显偏低，农村文化投入严重不足

农村文化投入十分不足，农村公共文化建设相对薄弱，城乡文化发展水平差距较大。2006年，各级财政对农村文化共投入44.6亿元，仅占全国财政对文化总投入比重的28.5%；对城市文化投入占总财政投入的比重高达71.5%，超过对农村投入比重43个百分点。扣除对县级文化机构的投入，2006年直接为7.37亿农民提供文化服务的乡镇综合文化站财政投入只有10.9亿元，农民人均仅1.48元。从投入的地区构成看，西部地区的文化投入无论是基数还是增长速度都低于东、中部地区。2006年各级财政对西部地区文化投入共计34.3亿元，仅占全国文化事业财政投入的21.9%，比重偏低[78]。

7.1.5.3 公共文化服务资源贫乏

由于文化机构设施落后，经费不足，导致运转存在较大困难，为基层群众提供文化服务的资源总量偏少、质量不高。2006年全国图书馆人均藏书量仅为0.38册，远远低于国际图联人均1.5—2册的标准。全国有733个图书馆无购书经费，其中，县级图书馆709个，占县级图书馆总数（2391个）的30%。中西部地区购书经费与东部地区相比，差距很大。在全国县级图书馆中，东部地区平均每馆购书费为19.5万元，而中、西部地区分别只有2.1万元和1.6万元。全国乡镇文化站藏书总量8300万册，人均拥有量仅为0.12册。各级剧团农村演出场次28.7万场，平均每村每年看不到半场戏。

7.1.5.4 文化队伍结构不合理，从业人员整体素质偏低

与医生、教师等职业相比，基层文化机构，如图书馆、文化馆等，没有严格的职

业资格制度，没有建立必要的准入“门槛”。县乡文化机构的人员素质得不到根本保障，难以对群众提供高质量的公共文化服务。在乡镇机构改革中，不少乡镇文化站机构撤并、牌子撤销、人员减少。乡镇文化站的职责和功能得不到充分发挥，人员的编制和待遇问题没有得到彻底解决，很多乡镇综合文化站工作人员常年被抽调忙于乡镇其他工作，无暇顾及文化站业务建设。

这些问题的存在，已经影响到了文化的发展和繁荣，影响到了社会主义新农村建设和全面建设小康社会的进程，必须予以重视，认真加以解决。

7.1.6 新农村公共文化服务体系建设的思路和对策

针对当前农村公共文化体系建设面临的问题和困难，提出新农村公共文化服务体系建设的思路为：以建立并改善农村公共文化设施为基础条件，以提供公益性的基本公共文化服务为主要任务；以提供适应需求的公共文化服务为发展目标；以健全各级政府公共文化服务职责为实施导向；以提高公共文化服务质量和效率为工作重点，切实保障农民群众看电视、听广播、读书看报、看电影看戏、进行公共文化鉴赏、参加大众文化活动等基本文化权益。具体对策如下：

一、进一步加强新农村公共文化基础设施建设，形成较为完备的公共文化服务网络。确保实现县有文化馆、图书馆，乡有综合文化站，村有文化活动室，且都能正常开展活动。扎实推进国家正在实施的乡镇综合文化站建设规划，到2010年，圆满完成2.67万个乡镇综合文化站的新建和改建、扩建任务。同时对村一级建文化室给予适当的支持，使每个行政村能够建有文化室，使乡镇的文化站能够具备提供公共服务、组织群众开展文体活动，同时进行市场管理的职能，使村里的文化室能够发挥就近为群众提供文化服务的作用。

二、建立公共文化投入的稳定增长机制，通过实施重大文化工程，加大对新农村公共文化服务体系建设的支持力度[79]。调动各级财政的积极性，保障公共财政对于农村文化建设的投入，确保专款专用。采取中央、省、县、乡四级财政按适当比例分担的办法解决农村公共文化服务基本项目经费，保证基础设施建设资金。继续做好全国文化信息资源共享工程、农村电影2131工程、流动舞台车配送工程、广播电视“村村通”工程等对农村文化建设实实在在的利好工程，增加全国文化信息资源共享工程的基层服务网点。加大对农村的文化扶贫力度，建立健全乡镇图书室、农家书屋、科技文化培训中心、乡村贴报栏、活动室等，让其充分发挥独特宣传作用。

三、创新公共文化服务的方式，切实提高公共文化服务的能力，把新的科技手段引入到传统文化领域[80]。针对农村新型农民具备一定的鉴赏能力、获取文化知识的渠道不断丰富、对高层次的文化生活有着强烈的追求和多样化需求的现状，充分利用现代信息技术，创新公共文化服务的方式，针对地方特点，送农村群众喜闻乐见、农村题材的、现代的、能够鼓舞人心的文艺节目；送农民真正需要的科教片和农村题材的故事片。将戏剧纳入政府采购项目，用新的投入机制把文艺精品送到基层、送到农村，让农民一村一月能看上一场电影；一年至少能看到一场较高水准的文艺演出；一人至少能拥有一册藏书；每季度至少能参加一次文化活动。

四、努力培养农民群众的公共文化意识。农民不仅是农村文化的受惠者，更应该是农村文化的建设者。农村文化应让农民唱主角。继续扶植文化中心户、农民自办文化大院、农民宣传队、农民书社、个体放映队、民间职业剧团和农村业余剧团等文化实体，进一步出台优惠政策，减免各种税收，为其发展创造良好的政策环境。鼓励农民自己组织开展形式多样的文艺活动，自己演，演自己。在丰富的文化活动和独特的文化创造中形成农民健康的文化人格。

通过采取以上的各项措施，逐步构建新农村公共文化服务体系，努力把公共文化服务覆盖到每一个角落、每一个人，保障和实现广大人民群众充分享受文化成果的权利，以促进人的全面发展、提高全民族的思想道德和科学文化素质，为全面建设富强民主，文明和谐的社会主义现代化国家，营造蓬勃向上的人文环境。

7.2 文化共享工程服务政策解析及对数字图书馆服务政策的思考

7.2.1 制订文化共享工程服务政策需遵循的总原则

全国文化信息资源共享工程（以下简称“文化共享工程”）是文化部、财政部共同组织实施的一项文化创新工程，于 2002 年 4 月正式启动。其主要内容是：利用现代信息技术，将中华优秀文化信息资源进行数字化加工和整合，利用覆盖全国的网络化管理和服务体系，实现文化信息资源在全国范围内的共建共享。文化共享工程是公共文化服务体系的基础工程，是政府提供公共文化服务的重要手段，是实现广大人民群众基本文化权益的重要途径，是改善城乡基层群众文化服务的创新工程。因此，制订服务政策时就一定不能脱离了这一背景。

文化共享工程作为由政府财政支持的大型公益性文化项目，日益受到党中央国务院的重视，连续三年被写入《政府工作报告》，连续四年被写入中共中央一号文件，同时还被列入《中华人民共和国国民经济和社会发展第十一个五年规划纲要》《中华人民共和国国民经济和社会发展第十二个五年规划纲要》《2006—2020年国家信息化发展战略》《国家"十一五"时期文化发展规划纲要》《国家"十二五"时期文化改革发展规划纲要》等重大发展规划之中。国家制定颁布的有关法律条例和下发的文件中,对文化共享工程有一定的优惠政策,实施部门应当认真研究,用足政策。

文化共享工程作为建设和谐社会推进社会主义文化大发展大繁荣的一支重要力量,已被写入《中共中央关于构建社会主义和谐社会若干重大问题的决定》和《中共中央关于深化文化体制改革推动社会主义文化大发展大繁荣若干重大问题的决定》。实施部门必须模范遵守国家法律法规,尊重著作权人合法权益,妥善解决版权问题,依法办事。

文化共享工程作为保障人民群众基本文化权益、丰富和活跃群众文化生活、传播社会主义先进文化、缩小数字鸿沟的民心工程,已经实现县县建有支中心、乡乡建有基层服务点,正在大力推进进村入户,最终实现文化信息资源在全国范围内的共建共享。因此在用足政策、依法办事的前提下如何最深入、最广泛地提供全方位的服务也是制订服务政策时必须考虑的问题。

显然,制订文化共享工程服务政策需遵循的总原则就是"用足政策、依法办事、面向基层提供全方位服务"。

7.2.2 文化共享工程享有的优惠政策概述

2002 年 4 月,文化共享工程正式启动。随着工程的稳步推进实施,工程的服务成效逐步显现,引起社会各界关注,也越来越受到党中央国务院的重视。2006 年 7 月 1 日颁布施行的《信息网络传播权保护条例》对文化共享工程这类公益性工程有明确的优惠政策。2005 年以后陆续下发的有关文件对文化共享工程在资源建设、资源传输、基层点建设等方面有适当的倾斜政策,概括如下。

7.2.2.1 在资源建设方面的优惠政策

厅字〔2005〕5 号文件[81]明确规定:改革开放前由国家投资生产的电影等,'工程'可以无偿使用。今后各级政府和有关部门投资或部分投资创作的各类作品,应当事先与有关单位或者个人就该作品的著作权归属问题签订协议,协议确定由政府或者政府有关部门享有著作权的,'工程'可以无偿使用该作品。共享办〔2005〕3 号文件[82]规定:各省级文化厅、局主办或协办艺术表演的评奖、汇演等活动,应在事前有关通知或规则中明确约定参赛作品应提供文化共享工程使用。办社图函〔2005〕264 号[83]则规定:文化部享有著作权的各类艺术作品,工程可以无偿进行公益性复制、放映、广播、信息网络传播、摄制和汇编等。文社图发〔2007〕14 号文件[84]则要求：由国家投资的文化产品和文化系统拥有自主版权的文化产品，要无偿提供给工程使用。

可以将以上几个文件中的规定简单概括为：文化共享工程可以通过发布公告的方式，在事先未获得著作权人授权的情况下为贫困地区提供适用的资源，可以使用数字图书馆的数字资源，可以无偿使用改革开放前由国家投资生产的电影等，可以无偿使用各级政府和有关部门投资并享有著作权的文化产品，可以无偿或以优惠方式使用文化部司属和直属单位属政府投资生产的各类文化资源，但所有这些资源都必须用于公益性服务。

7.2.2.2　在资源传输方面的优惠政策

教基〔2005〕1 号文件规定[85]，教育部提供中国教育卫星宽带传输网作为资源传输平台，依托农村中小学现代远程教育专用数字频道，建立全国文化信息资源共享工程专题栏目，免费向农村中小学学生传输共享工程的数字资源。远通联发〔2006〕1 号文件[86]则规定：农村党员干部现代远程教育卫星数字专用频道设置全国文化信息资源共享工程专题栏目，免费播出由文化部全国文化信息资源建设管理中心提供的适合农村干部和广大农民群众特点的文化信息精品资源。办社图函〔2007〕319 号文件[87]指出：为了加快推进全国文化信息资源共享工程的建设，充分利用公共网络资源，经研究，决定依托国家电子政务外网，开展文化共享工程的文化信息资源传输工作。

简而言之，文化共享工程在资源传输方面可以通过开设专题栏目，免费使用农村中小学现代远程教育和农村党员干部现代远程教育的数字专用频道，为农村中小学生、农村党员干部、广大农民群众提供适用的文化资源服务；可以免费使用国家电子政务外网向已接入的文化共享工程各省分中心、市/县支中心传输文化信息资源。

7.2.2.3　在基层站点建设方面享受的优惠政策

厅字〔2005〕5 号文件明确规定：依托实施“农村中小学现代远程教育工程”的农村中小学校，开展基层服务，通过两个工程的结合基本建成遍布全国的工作网络，实现文化信息资源在全国范围内的共享。文社图发〔2006〕16 号文件[88]要求：各级政府要把文化共享工程建设纳入重要议事日程，纳入当地经济社会发展的规划，纳入当地信息化建设规划及创建文明城市、文明村镇、社区的工作要求。教基〔2005〕1 号文件中规定，实施现代远程教育的农村中小学校，同时也是全国文化信息资源共享工程的基层中心，其设施设备在课余时间、节假日、寒暑假应向当地广大农民开放，并公布开放时间，让农民收看全国文化信息资源共享工程提供的数字资源。远通联发〔2006〕1号文件则规定：建在农村党员活动室的终端接收站点，可作为全国文化信息资源共享工程的卫星基层服务点，安排时间播放全国文化信息资源供当地党员干部和广大农民群众收看。文社图函［2007］2070号文件[89]要求，在具备条件的信息大篷车和农村信息化示范点，加挂文化共享工程基层服务点牌子，为当地群众开展服务。

综上所述，文化共享工程基层站点建设在文化系统内可以依托图书馆、文化馆、群艺馆、乡镇和社区文化站、村文化室等文化场所，还可以与全国农村党员干部现代远程教育、农村中小学现代远程教育、信息大篷车等其他信息化项目结合，加快推进基层点建设。

7.2.3 文化共享工程服务政策的具体实践

文化共享工程是采用现代信息技术手段，对中华优秀文化信息资源进行数字化加工和整合，利用覆盖全国的网络化管理和服务体系，实现文化信息资源在全国范围内的共建共享的文化创新工程。其主干的业务流程可以概括为三大环节——资源建设、资源传输、资源服务。在文化共享工程实施过程中，"用足政策、依法办事、面向基层提供全方位服务"的服务总原则始终贯穿于业务流程的每一个环节之中。

7.2.3.1 资源建设实践

按照服务政策的总原则，采取了如下措施：

(1)行政调拨。将政府享有版权的作品提供文化共享工程，包括文化部外宣专题片、群星奖参赛作品、少儿歌曲大赛参赛作品、老年合唱节视频、部分年度的文化部春节文艺晚会视频、卫生部"飘扬的红丝带"晚会视频以及国家图书馆2.74TB数字资源。

(2)发布公告。农村地区策划制作多媒体资源库所需的图片资料和视频片段等，采用发布公告的方式获得使用权。自公告之日起30日内，如果著作权人不同意提供，不得提供；自公告之日起满30日，著作权人没有异议的，继续提供其作品，并按照公告的标准向著作权人支付报酬。如果作品提供后，著作权人有异议，则停止使用，并支付作品使用期间的报酬。

(3)优惠征集。在文化共享工程部际联席会议成员单位的统筹协调以及各地文化厅(局)、各省分中心的大力配合下，以优惠价格征集到大量荣获文华奖、五个一工程奖，荣获各省、自治区、直辖市文化部有关奖项的各类优秀艺术表演作品，涵盖杂技、戏曲、曲艺、小品、木偶、皮影、话剧、歌剧、舞剧、儿童剧、综合舞台、讲座等。

(4)争取捐赠。积极采取有效措施,吸引社会力量的广泛参与,争取捐赠。先后得到张岱年、任继愈、戴逸、汤一介、冯其庸、启功、王蒙、厉以宁、华君武、卞祖善等人士的大力支持,以及一些从事电子图书和数据库制作企业捐赠的电子书刊。

(5)市场采购,根据用户需求,对不能通过无偿调拨、发布公告、优惠价格、捐赠获得的资源,严格遵守法律法规,妥善解决版权问题,择优购置公开出版发行作品的使用权,严格按授权范围提供服务,主要是实用农业技术类资源和影视剧。

(6)自建或共建。在认真分析用户需求和文化共享工程实施单位行业特点的基础上,采取自建或共建方式策划制作资源,比如讲座、文化专题片、多媒体资源库类。

7.2.3.2 资源传输实践

按照服务政策的总原则,采取了如下措施:

(1)贯彻落实文件精神,免费搭载其他系统或项目平台传输资源。已在农村中小学现代远程教育、全国农村党员干部现代远程教育数字频道分别开设了文化共享工程专栏传输资源;已正式开通国家电子政务外网的下载专区,支持互联网和专网的双网下载,定期传输资源。此外在辽宁、海南、青岛、佛山、深圳、遵义等地通过数字电视(或有线电视)进行文化共享工程资源传输。同时积极协调,在全军政工网也开设了文化共享工程专栏传输资源。

(2)按需履行合法程序采用其他模式传输资源。自建文化共享工程互联网/卫星网、浙江镜像站,作为国家中心主干通道传输资源。在全国各地,结合本地实际情况,因地制宜,选用不同的传输模式。河南、山西等地依托宽带互联网,采用电脑或电视机+机顶盒的IPTV模式;山东、湖南等地采用基于互联网的分布式视频点播CDN+VOD模式;陕西、四川、浙江等地依托虚拟专用网VPN模式等等。

(3)操作维护简单、携带方便的辅助资源传输模式。为了能够让一些尚不具备互联网和卫星条件的地区接收到文化信息资源,以光盘、移动硬盘、移动播放器等作为辅助的资源传输方式。

7.2.3.3 资源服务实践

开展资源服务就必须依托国家中心、省级分中心、市县支中心、乡镇街道社区村基层服务点,因此,资源服务实践也就是各级中心和基层站点在建设和服务中如何遵循"用足政策、依法办事、面向基层提供全方位服务"总原则的实践。

(1)截止到2008年6月底,依托原有文化服务设施,文化共享工程自建了14 814个服务站,已初步建成包括国家中心、省级分中心、市县支中心及乡镇、村基层服务点的网络体系。通过多种形式的合作共建,文化共享工程的特色资源可以为全国农村党员干部现代远程教育、农村中小学现代远程教育的61.4万个基层服务点提供服务。此外,文化共享工程还可以为工业和信息化部信息大篷车提供服务、可以为已接入国家电子政务外网的32个省提供服务,可以为全军官兵提供服务,可以为辽宁、海南、青岛、佛山等地的数字电视、有线电视用户提供服务……

(2)结合国家重大活动比如改革开放30年、北京奥运、上海世博、抗震救灾、抗日胜利60年、十七大召开等以及春节、暑假、中秋、国庆等重要节日,策划网上有奖问答、展览、专题片展播、“文化共享长征行”、“乡风文明好戏来”、“双奖好戏送下乡”、“热爱祖国 放飞希望”、“党旗飘扬 祖国万岁”、“国事盛典 文化印证”、“现场经验交流会”等丰富多彩的活动,带动全国各地开展全方位的资源服务。

7.2.4 对数字图书馆服务政策的思考

文化共享工程是数字图书馆的早期实现形式。在建设文化共享工程过程中,与数字图书馆建设紧密结合,在数字图书馆技术体系的框架下,按照统一规划、统一标准、统一格式进行建设,通过文化共享工程的技术平台,将数字图书馆的资源传递到千家万户,提高图书馆的信息服务能力。在基础设施建设上,文化共享工程与各地图书馆自动化、网络化设施建设紧密结合,以文化系统的可控资源数字化为基础,突出文化信息资源特色,同时组织并整合与大众日常生活密切相关的社会文化信息;在资源整合过程中充分利用数字图书馆建设的资源基础,科学规划,避免重复。换言之,文化共享工程的标准规范体系建立在数字图书馆标准规范体系基础之上。在服务方面,文化共享工程是数字图书馆面向基层服务的延伸;在资源方面,文化共享工程与数字图书馆互为补充;在技术平台建设方面,文化共享工程要与国家数字图书馆工程并轨。

目前,文化共享工程与国家图书馆在数字图书馆技术与资源方面的共建共享已经全面启动。国家图书馆全力支持文化共享工程信息基础设施平台的建设,提供了网络接入、资源存储、主服务器与数据库系统等支持与运行维护服务;同时精心组织了总量达2.74TB的数字资源,投放到文化共享工程的全国服务网络中,通过互联网、局域网、电子政务外网、光盘、卫星等多种渠道向全国公众免费提供服务。文化共享工程国家中心也积极参与国家数字图书馆标准规范的研制,承担《国家图书馆数字资源统计标准规范》《国家图书馆文本对象数据标准规范》两个项目的研发任务。这些举措必将促进跨平台标准规范的应用,推动文化共享工程与国家数字图书馆在技术平台搭建、资源交换与共享、资源服务的合作与交流、人员培训、宣传推广等方面的深入融合，提升这两项工程公共文化服务的整体水平。

无疑，文化共享工程在服务政策方面的实践也是对数字图书馆服务政策的早期探索。无论是在中央文件还是领导批示中，都一再强调文化共享工程要与数字图书馆紧密结合。在文化系统内，文化共享工程和数字图书馆的政府主管部门本身就是一家，到省、市、县，除河北、云南外，具体实施部门也是一家。文化共享工程的服务政策从一定程度上可以看做是制订完善数字图书馆服务政策的应用实例。因此，笔者在此基础上对数字图书馆服务政策也有一些思考。

（一）回顾总结数字图书馆发展历程，梳理哪些问题确实属于实施部门不可逾越但又严重制约数字图书馆建设和服务的范畴，需要有政策支持。

（二）调研国内外公益性项目在政策上有哪些做法值得借鉴。

（三）对数字图书馆的发展进行前瞻性思考，预测将来还会出现哪些制约发展、需要政策支持的问题，尽早提出建议方案。

（四）对政府已经出台或有明确规定的优惠政策，进行效益评估，总结经验教训，指导今后服务政策的制定。

（五）考虑专门就数字图书馆服务政策立项，集中人力在短期内拿出实质性成果，向立法决策部门和政府主管部门积极呼吁。

（六）充分发挥全国数字图书馆建设与服务联席会议的作用，进一步加强业界各主要图书馆的合作共享，整体提升数字图书馆的服务能力。

7.3 文化共享工程对各级公共图书馆发展的影响

7.3.1 文化共享工程推动了各级公共图书馆的快速发展

7.3.1.1 国家图书馆数字资源通过文化共享工程网络系统服务社会公众

2008 年 7 月 1 日，国家图书馆与文化部全国文化信息资源建设管理中心（即文化共享工程国家中心）签署合作协议，国家图书馆丰富的数字文化资源正式通过文化共享工程网络系统服务社会公众。国家图书馆此次提供的资源内容主要包括：5 万种、330 万册电子图书以及 19 万种、38 万册电子图书的远程账号访问；送书下乡精选图书全文数据 1029 册；文津图书奖书目数据 1680 条，目次数据近 10 万条，图书全文 34.7 万页；地方志书目数据 2834 条、地方志全文 2834 种；年画书目数据 278 条，图片数据 278 种 339 幅；在线展览共计 42 场；在线讲座 386 场。国家图书馆还在 2008 年底前将 5000 册中文新书、每年将 1 万册中文新书借助文化共享工程网络平台面向社会公众提供服务[90]。通过合作，有效提高了国家图书馆数字资源利用率，让国家图书馆的服务直接延伸到文化共享工程的各级分支中心和数量庞大的基层服务点中，从而提升了国家图书馆的社会影响力。

7.3.1.2　实施文化共享工程使省级图书馆整体实力得到有效提升

以西北地区的陕西省为例。陕西省于2006年被确定为文化共享工程试点省份，经过几年艰辛探索和发展，陕西省文化共享工程服务网点从无到有、从少到多、从多到精，成果较为显著，也存在着一些困难和问题。

（1）省级图书馆服务网络逐渐延展扩大

陕西省于2006年被文化部确定为全国文化共享工程试点省份，经过认真调研、精确选点，确定依托凤翔、眉县、泾阳、定边、澄城、临渭区共6个县图书馆建设文化共享工程支中心。2007年又有灞桥、蓝田、三原、耀州等30个县图书馆成为文化共享工程县支中心。2008年年底，全省建成省级分中心1个，市、县支中心39个，基层服务点421个。陕西省文化共享工程建设的具体任务是：2007、2008、2009年各建30个县支中心，2010年建设剩余的11个，最终实现县县建有支中心。

（2）省级图书馆资源内容不断丰富，资源建设初具规模

通过实施文化共享工程，陕西省图书馆作为文化共享工程省级中心，其数字资源生产技术水平和产品质量不断提高，内容不断增加。建设了一批具有地方特色的专题数据库，共19个大类180个数据库，共拥有资源13.9TB。这些资源通过“陕西文化信息网”（www.snwh.gov.cn）及陕西省文化信息资源共享工程服务专网（http://192.168.104.149）进行转播。还重点开发、建设了深受群众喜爱、颇具民族特色的八大特色资源数据库：西安事变专题数据库，陕西帝王陵专题数据库，秦腔秦韵专题数据库，非物质文化遗产专题数据库，陕西景观专题数据库，陕西民间美术专题数据库，陕西文史资料专题数据库，影视平台专题数据库。

7.3.1.3　实施文化共享工程使市县级图书馆实现跨越式发展

以云南省保山市图书馆为例。2010年1月，文化共享工程保山市支中心在保山市图书馆建立。

（1）市县图书馆转变了图书馆的服务理念和服务方法

保山市公共图书馆以建设文化共享工程支中心为契机，着力打造图书馆现代化、网络化、数字化建设，从根本上转变图书馆的服务理念与服务方法。

一是从手工编目解放出来，采用电脑对全馆可流通的所有文献资料进行统一自动化采编，为传统文献的自动化流通提升平台。二是积极开展青少年绿色上网空间和电子阅览室的网上读书工作，通过共享工程的绿色上网空间，大力在全市推广科普知识。三是开展电子图书的采购、加工与外借工作，电子图书藏书种类达十

万册以上。四是充分利用文化共享工程,通过视频会、QQ 群、点播系统、电子邮件、网络链接等多种渠道,开展图书馆间的业务研究讨论、服务协作交流活动。五是通过文化共享工程,加强数字电影放映工作,服务广大读者。保山市图书馆就专门设立了数字电影放映厅、每天向市民放映各种知识性的电影。各县乡利用文化共享工程数字放映机每年放映电影上千场,观众达 5 万人次[92]。六是重点开发文化共享工程服务器的使用功能,开设保山市图书馆的门户网站,建立数字报刊、专业论文、数字图书服务平台。

(2)市县图书馆与服务地方有机结合,担当地方建设的得力助手

保山市图书馆依托保山市文化共享工程支中心的硬件设备,开始了保山市特色文化信息资源数据库的建设工作。数据库工程包括保山旅游专题、保山重大文化节庆专题、保山文物保护专题、保山重大项目建设专题、保山绿色生态专题等。分别建立文字资料、图片资料、音像资料等特色数据库,并使之和文化共享工程全国中心相链接,通过互联网,最大限度地宣传推介保山的文化信息资源。

(3)市县图书馆带动乡镇(村)文化站(文化室)焕发勃勃生机

保山市龙陵县平达乡文化站,在 2010 年前一没馆舍,二没人员,三没设施设备。自从盖起馆舍并建起了文化共享工程基层服务点后,在保山市图书馆的带动和指导下,与全乡产业发展有机结合,与"党的声音进万家"活动有机结合,与群众文化活动有机结合,与相关网络和资源有机结合,抓培训、搞活动、传知识,充分发挥了文化共享工程设施设备和数字资源服务基层群众的作用。

7.3.2 文化共享工程带动公共图书馆发展方面存在的问题

实施文化共享工程的目的是面向基层服务民生,依托并带动公共图书馆在全球信息化的进程中,充分运用现代信息技术,实现文化信息资源在全国范围内的共建共享。文化共享工程实施近十年来,有效推动了各级公共图书馆的发展,但也面临着发展中的诸多问题。

7.3.2.1 持续发展经费亟待解决

文化共享工程各级分支中心和基层服务点不同程度上都面临着持续发展经费紧缺的困境。如果中心机房 24 小时不间断运转,多媒体机房每天开放 10 个小时,同时保证日常的照明和温度调节,则一个县图书馆实施文化共享工程一年仅电费一项就需投入 5 万余元。除了电费以外,还需要其他各项支出,包括广电网络费用、设备损耗维修费用、宣传费用、服务人员的报酬等。虽然文化共享工程后续运行经费可以上报地方财政预算,但是各地存在一定的差异,并非每个县图书馆都可

以得到足够的资金支持和保证文化共享工程的正常运转。

7.3.2.2　基层技术力量较为薄弱

文化共享工程主要利用现代化信息技术传输信息资源为群众服务，这就需要一支精悍的队伍能够随时解决群众遇到的困难和问题。而图书馆馆员数量较少，计算机技能薄弱、业务素质较低等问题，导致文化共享工程无法充分为人民群众服务，实现其社会价值。人才问题已经成为制约服务开展的首要瓶颈。县图书馆严重缺乏具备计算机维护、网络建设、资源开发等方面知识的专业人才。

7.3.2.3　数字资源数量和质量均有待加强

中国幅员辽阔，地域差别巨大，南北部地区之间、东西部地区之间、城市和乡村之间、不同年龄行业的群体之间，对数字资源的需求差别很大。文化共享工程目前数字资源建设总量虽然已经达到136TB，但仍然难以满足群众的基本多样化文化需求。此外，具有自主知识产权的原创数字资源比例偏低，相当多的数字资源只是购买了使用权，最终必然会削弱文化共享工程在带动公共图书馆发展方面的作用。

7.3.3　下一步发展的对策和建议

7.3.3.1　积极寻求可持续发展之路

文化共享工程是一项投资大，涉及面广的系统工程，抓好此工程必须依靠当地政府和文化主管部门的关心和重视。为促进全国各地区文化共享工程的进一步发展，应努力做到工程“四纳入”，即把文化共享工程纳入重要议事日程、纳入经济和社会发展规划、纳入当地财政预算、纳入目标考核，并做到人员、阵地、经费、牌子、设备、制度“六落实”，才能促进此项工程的顺利实施。

7.3.3.2　培训先行，加强人才队伍建设

文化共享工程建设要始终坚持培训先行的原则，把人才培训放在重中之重的地位来抓。文化共享工程是利用现代通讯技术和设备来实施的，硬件的维护、软件的开发设计，以及资源加工都需要专业信息技术人才。就目前多数公共图书馆具体情况看，存在人员构成庞杂，编制不合理，技术人才严重缺乏，专业水平素质明显偏低的问题，急需建立一个科学的引才、育才、养才机制，为公共图书馆文化共享工程的可持续发展提供人才保障。

7.3.3.3　继续加大数字资源建设力度

通过自主原创、合作共建、资源整合等多种方式，继续加大数字资源建设力度；抓好内容选题，树立精品意识，提高资源质量，增强资源内容的吸引力；加强数字资源建设的针对性，进一步调动地方各级公共图书馆的积极性，提高他们在地方特色

资源建设中的参与程度,建设更多适用性强的资源库;探索建立群众评价和反馈机制,深入分析和研究新形势下群众需求的新特点、新变化,更好地满足基层群众多层次、多方面、多样化的需求。

7.4 美国搜索引擎 Google 与我国数字图书馆内容建设

当前形势下,应研讨图书馆界在建设数字图书馆和为公众提供数字文化信息方面如何应对 Google 的挑战等问题。

7.4.1 图书馆与 Google 合作中隐藏的四大风险

自 Google 宣布其"Google Print"[93]计划以来,一直受到很多国家的政府、出版商、作品权利人的声讨,并一度中止该计划;但凭借其技术、资金及资源上的优势,"Google Print"仍然在继续,并演变为"学术搜索"(Google Scholar)[94]和"图书搜索"(Google Book Search)[95]等,其中"图书搜索"又分为"图书馆计划"和"出版社计划"。2012 年 6 月,Google"图书搜索"中的"出版社计划"率先落地中国。据最近的网络数据,Google 的合作方已包括清华大学出版社、少年儿童出版社、高等教育出版社和中信出版社等。Google 在施行其"出版社计划"的同时,也积极与中国图书馆届联络,意图推进其"图书馆计划",目前已有数家图书馆与 Google 达成书目数据检索的初步合作意向。图书馆与 Google 合作,客观上可以推动业内数字资源建设,对推广中文信息也有一定帮助,但这种合作至少存在以下四大风险。

7.4.1.1 内容的风险

包括两个方面,即内容流失的风险和被分发的风险。图书馆与 Google 合作,势必要将本身拥有的资源内容提交 Google 数字化并提供网民查阅,这样使得数字资源被 Google 占有,但 Google 显然并不会满足于目前的资源使用方式,必然会随着信息技术的发展而去积极拓展新的利用方式,而使得图书馆日益失去对数字资源的控制。同时,Google 也有可能利用技术优势,在网民检索信息时,按照其既定的价值标准向检索者分发资源,如此则使得图书馆向公众提供公益信息服务的愿望大打折扣。

7.4.1.2 话语权削弱的风险

图书馆拥有的馆藏非常庞大,内容也极其丰富,但若是与 Google 合作,将这些资源提交 Google,则 Google 可能建成全球最大的中文数据库并进而控制它,实现其在全球范围内的中文信息垄断。同时,Google 通过图书馆获得大量的中文信息资源，不但充实了它的数据库内容，也提升了其业界形象。如果 Google 利用其品牌趁机推介符合其价值观的中文信息资源，则会更大地削弱我们在世界互联网领域内的中文话语权，网民检索到的内容也是 Google 按其意愿分发的信息。

7.4.1.3　侵权的风险

图书馆馆藏的资源并非全部属于公有领域，而且越新的资源越受公众欢迎，但最近颁布的《信息网络传播权保护条例》并没有授予图书馆利用互联网提供作品的权利。因此如果不加选择地将馆藏资源提交 Google，则会将图书馆拉入侵权的漩涡。

7.4.1.4　产业链被控制的风险

Google 通过图书馆获得大量的中文信息资源，在一定程度上提高了它在图书出版等相关领域的形象力，甚至控制力；再借助其“出版社计划”，Google 则会通过对内容的影响进而影响甚至控制中文出版传播的产业链，从而再反过来在更高层次上影响和控制中文信息的互联网传播。

7.4.2　提出规避风险，防患于未然的七点建议

在提出图书馆与 Google 合作存在风险的同时，参与座谈会的专家也提出了图书馆应对 Google 网上数字图书馆的七点建议。

7.4.2.1　推动建立数字图书馆网络内容合作联盟

目前国内建设数字图书馆的图书馆数不胜数，但在很大程度上各自为政，设备、技术、资源等都是如此，这也给 Google 逐个谈判、攻破提供了便利，但却不利于我国数字图书馆建设的整体推进。因此，联合国内有影响的在建数字图书馆，建立数字图书馆网络内容合作联盟和联合目录，在互联网上向全球传播中文信息，是提升我国数字内容建设与应用能力的重要途径，也是与 Google 开展对话的重要保障。

7.4.2.2　与 Google 试验性合作，稳步推进

Google 网上数字图书馆计划在很大程度上也是应用的图书馆理念，对改善公众获取社会信息条件和缓和经济发展不平衡地区的“数字鸿沟”等问题也有一定的裨益。因此，在充分调研国内图书馆与 Google 合作详细情况后，积极与 Google 接触，开展对话，加深了解，探索合作，稳步推进。

7.4.2.3　建立网络内容合作标准规范

有关网络内容合作的政策法规还不完善，因此需要由国家有关部门牵头，依据国家有关保护知识产权、反不正当竞争法和反垄断等方面的法律法规，组织相关机构协商，制定与 Google 合作的规则，确定提供资源范围、提供方式、存储方式、检索

方式等各方面内容,指导各意向图书馆的操作。其中,要尤其关注数字内容的版权保护问题,要积极采用成熟的数字版权管理系统(DRM),保护权利人合法权益,保障图书馆在合作中免受侵权之扰。

7.4.2.4 加强行业自律,推进中文信息传播

图书馆界要加强对国家政策法规的学习,强化法律意识,同时了解和学习市场运行规则,以便在与 Google 等商业机构对话与谈判中把握方向、站稳立场、保障自身权益。同时要重视和关注社会公共利益,从我国基本国情出发,推进互联网上中文信息传播,保障社会公众,特别是弱势群体获取数字资源的权力。

7.4.2.5 跟踪业界动态,开展专项课题研究

适时成立一个专项研究小组,从权利保护、公共利益保护等角度,收集 Google 网上数字图书馆业务进展动态和典型案例,听取包括图书馆在内的相关行业对 Google 的反应,发现国内可能替代 Google 的中文信息发布和传播平台,研究图书馆与 Google 合作的各方面情况。

7.4.2.6 加快推动中资搜索引擎公司发展

当前,欧洲诸国图书馆和政府在争论 Google 网上数字图书馆影响本国文化的同时,也在积极讨论如何扶持本国搜索引擎以向全球推介本国文化的办法。鉴于此,在图书馆界积极谋划应对 Google 网上数字图书馆的同时,有关部门也需要积极注意市场动态,及时发现和扶持有影响力的中资搜索引擎公司。这样既可使图书馆避免被 Google"锁定"而在双方对话中处于相对有利地位,同时也可以更有效地为互联网提供更多的中文信息。

7.4.2.7 推进文化共享工程,构建自主信息平台

作为政府投资的公益性文化创新工程,文化共享工程一直以传播中华文化、服务基层群众为己任,也一直关注着中文信息的互联网传播问题。借 Google 网上数字图书馆意图落户中国之际,文化共享工程也会利用自身多年累积建设的文化信息资源和逐步完善的技术及服务体系,以积极而审慎的态度"借船出海",在做好数字版权保护的前提下,借助 Google 的全球信息发布平台向全世界传播中文信息资源。

7.5 国家图书馆在国家信息化建设中的作用

2003 年 7 月 22 日温家宝总理在国家信息化领导小组第三次工作会议上指出,大力推进信息化,是党中央顺应时代进步潮流和世界发展趋势做出的重大决策,是

我国实现工业化、现代化的必然选择，是促进生产力跨越式发展、增强综合国力和国际竞争力、维护国家安全的关键环节，是覆盖现代化建设全局的战略举措。这次会议对信息资源的开发利用给予了特别的重视，要求加强信息资源开发利用，以政府信息资源开发利用为突破口，带动全社会信息资源的开发利用，加快发展信息服务业。在这样的新形势下，国家图书馆作为国家级的公众信息资源保存、组织、管理、服务机构，如何找准自身的定位，充分利用自身优势，成为国家信息化建设中不可或缺的重要角色，很值得进行探讨。

7.5.1 国家信息化建设进展概述

早在 1996 年，我国就明确将国家信息化定义为“在国家统一规划和组织下，在农业、工业、科学技术、国防及社会生活各个方面应用现代信息技术，深入开发、广泛利用信息资源，加速实现国家现代化的进程”。同时确立了组成国家信息化体系的六个要素，即“信息资源、信息网络、信息技术应用、信息技术和产业、信息化人才队伍、信息化政策法规和标准规范”。并指出信息资源的开发利用是国家信息化的首要核心任务，是国家信息化取得实效的关键，也是我国信息化的薄弱环节。

国家信息化领导小组遵照上述定义和所明确的六要素在全社会推进信息化工作，经过多年的发展，我国信息化建设已经取得了重大进展。电信运营业和电子信息产品制造业的增加值达国内生产总值的 7% 以上，网络基础设施规模稳居世界第一，电子信息产品制造业的总体水平显著提高，我国将成为全球电子信息产品开发、制造基地之一[96]。政府投资约 200 亿元重点建设了经济、金融、铁道、电力、民航、统计、财税、气象、灾害防御等 12 个国家级大型信息系统。1993 年之后，政府先后组织实施了“金桥”、“金卡”、“金关”、“金税”等信息化重大工程，取得显著成效，发挥了良好的示范带动作用。与此同时，互联网更是蓬勃发展，根据中国互联网络信息中心（CNNIC）在 2004 年 1 月 15 日发布的第十三次《中国互联网络发展状况统计报告》，到 2003 年年底，我国网民数达到了 7950 万，上网计算机达到 3089 万台，网络国际出口带宽总数达到27 216M，CN 下注册的域名数、网站数分别达到 34 万和 59.6 万[97]。互联网已经发展成为中国影响最广、增长最快、市场潜力最大的产业之一，正在以超出人们想象的深度和广度迅速地发展，互联网络提供的信息资源越来越丰富同时也越来越庞杂。此外，信息技术得到广泛应用，信息产业持续快速增长，信息立法、标准、培训等基础性工作也不断得到了加强。

7.5.2 国家信息化对图书馆事业发展的影响

图书馆事业处在我国大力推进信息化的大背景之下，无疑也和其他所有领域一样,既享受到了信息化提供的诸多便利,同时也面临着信息化对本行业提出的严峻挑战,需要调整定位,肩负起时代赋予的任务,融入到国家信息化建设的大潮流之中。

7.5.2.1 图书馆事业发展的机遇

首先,随着国家信息化体系六要素不断取得突破性进展并在社会各行各业和人们日常生活中不断应用渗透,随着国家级和国际级网络系统的增多和各种行业网、专业网、局域网的相继开通,特别是政府上网、电子商务、电子政务、网上教育及数字图书馆等工程的实施,图书馆的物理结构和信息服务环境也必将或者已经发生了深刻的变化。不仅表现在传统功能和工作程序上,如利用计算机网络联合进行信息资源开发、采访编目、信息交流、信息检索、数据库开发、网上调研、虚拟参考咨询和远程培训等[98],而且还表现在为图书馆业务扩展提供更多更好的机会方面。图书馆将作为全球信息网络的节点互连在一起,从而在一定程度上使分散性、孤立性、封闭性的传统图书馆信息运营环境发生根本性的变革,极大地拓展了传统图书馆的生存空间,使传统图书馆的服务范围由馆内拓展到馆外,服务方式由阵地服务拓展到联机服务、网络服务。

其次,在获取和传递信息资源方面,随着网上出版物、电子出版物的急剧增多,网络信息资源将成为图书馆馆藏中的重要组成部分,一定程度上缓和一直受经费短缺困扰的图书馆的有限馆藏资源和读者无限的信息需求之间的矛盾。此外,网上信息资源通过超文本链接技术使得各种信息内容可以集中在统一易用的用户界面上,消除了地理、文化、语言和时间上的限制。在这种环境下,图书馆信息资源的全球化、网络化、交互式传递和共享必然会越来越普及,图书馆不仅很容易获取到其他机构的信息资源,而且也很容易将自身的信息资源发布传递出去,取得更大的效益。

再次,网络信息内容如洪水猛兽般的爆炸式增长、迫切需要信息分类、组织、管理专业人员来处理海量信息流,而这正是图书馆界的优势。

7.5.2.2 图书馆事业发展面临的挑战

首先,在同样的社会信息环境之中,读者发现即使远离图书馆似乎也可以通过其他渠道比如电信网络、互联网络很便利地找寻到自己所需的文献信息。图书馆则惶恐地发现长期以来一直属于自己的文献信息服务领地,突然被各种"天外来客"闯入,尤其是互联网全天候昼夜开放的便利和各种信息资源吸引了数千万人漫游其中。文献信息服务已不再是图书馆的专利,愈演愈烈的竞争不知何时早已拉开了帷幕,图书馆作为信息资源保存、组织、生产、管理、传播服务的地位受到动摇。

其次，电信网络、互联网络似乎包罗万象的信息内容从某种意义上来讲只是一种“虚假的繁荣”。由于其信息发布具有很大的自由度和随意性，信息内容庞杂，缺乏必要的过滤和质量控制，而且标引和针对性差，信息来源的可靠性和检索质量也都值得怀疑，因而事实上恶化了图书馆的信息资源服务环境。此外，网络的主要内容并非我们传统概念的信息资源的开发与利用，而是一种娱乐生活性服务，它和读者所期待的，旨在提高工作效率的信息服务有着天壤之别。更值得重视的是网络信息资源以每六个月翻一番的指数在增长，而图书馆以知识内容为主体的信息精品只能缓慢地增长，其必然结果就是精品被次品所淹没[99]。这使得寻找有价值的信息资源的成本经常会超过信息本身的价值，图书馆的信息资源内容需要认真设计才能对抗互联网上混乱度增加的趋势。

7.5.2.3　图书馆在国家信息化中的作用

图书馆作为国家教育、科技、文化事业的组成部分，无论是作为一个学科还是行业，有其自身的特点和组织、管理、发展规律。按照国家信息化的定义，在国家统一规划和组织下，在图书馆领域应用现代信息技术及成果就责无旁贷是图书馆自身的任务，也是时代赋予图书馆的历史使命。对于国家信息化体系的六个要素，图书馆需在分析自身行业特点的基础上，深入研究图书馆事业如何与国家信息化同步发展、互相促进、成果双向应用等问题；继续将国家信息化已经取得的成果应用于图书馆业务、管理工作中，丰富馆藏资源，拓展服务领域，改进服务方式，更好地履行图书馆的职责；逐步完善全国图书馆作为一个行业系统的信息化整体规划、实施方案、标准规范，培养图书馆信息化的专业人才队伍，为国家信息化在图书馆领域的应用书写辉煌的篇章。

图书馆参加国家信息化建设应在信息资源的开发和利用方面重点突破。如前所述，信息资源的开发和利用在国家信息化建设中处于首要的核心地位。这是因为，在国家信息化体系中，其他五要素最终都服务于信息资源的开发和利用。信息内容越丰富，信息的共享度就越高，人们从中捕捉的商机就越多，文化科技交流就越充分，决策失误就越少。更重要的是可以源源不断地从中提炼出更多的知识，进而激发出人们的智慧，进行改革创新，发展智能工具，提高生产力和知识经济水平，不断推进国家现代化。因此，信息已成为最重要的资源，信息资源的开发和利用水平也成为衡量一个国家信息化水平乃至综合国力的一个重要标志。虽然国家已经把信息资源的开发利用提高到核心位置，但与此形成鲜明对比的是，目前在我国的实际工作中，信息资源的利用和开发还严重滞后于信息技术的应用和发展。我国绝大多数的数据库建设水平仅相当于发达国家六七十年代的水平。70%以上的数据库信息记录在10万条以下,不仅规模小、质量差、专业化程度也低。网上的信息重复多、更新慢、有用的信息少而且不易查询,从而出现了上网的人多,经常上网浏览的人少等怪现象。

信息资源开发和利用得到空前的重视与目前堪忧现状之间的矛盾正是图书馆事业发展的良机。图书馆是搜集、整理、存储、传播、利用文献信息资源的科学、文化、教育机构和社会信息系统,它的各项工作都是围绕文献信息资源展开的,从对文献信息资源的搜集、揭示,到开发、利用、服务,都是图书馆的本质任务。传统图书馆在长期的实践中,已经形成了一套有效的筛选评价、保护保存、管理揭示、传播利用文献信息的完整体系。在国家信息化建设中,可以利用这些优势按照互联网上信息资源内在的结构与层次,对网络信息资源进行评价分析、保存、整序,实现多种来源信息资源的知识重组。比如,利用传统文献信息资源的分类法和主题法对网上信息资源进行组织揭示,构建全文数据库;用编目手段整理信息资源,弥补网络检索工具涵盖范围有限、缺乏对同一文献不同名称的有效控制、著录项目过于简单、各个域搜索引擎之间没有真正实现信息共享等不足;还可以对包含了网络资源的更为丰富的馆藏资源进行深层次开发,创建更多结构合理、便于用户使用的信息资源内容,为社会提供服务,巩固新的条件下图书馆界文献信息服务的地位。

7.5.3 国家图书馆的优势及其在国家信息化中的作用

7.5.3.1 国家图书馆是图书馆事业发展的领航者

上文讨论的图书馆在国家信息化大背景下所面临的机遇、挑战,以及在国家信息化中特别是在其核心要素——信息资源开发和利用方面所具有的行业优势同样适用于国家图书馆,但同时国家图书馆又具有其独特的个性特点。

国家图书馆作为综合性研究图书馆、国家总书库、全国书目中心、图书馆信息网络中心,履行搜集、加工、存储、研究、利用和传播知识信息的职责;研究和采用现代技术,在全国图书馆标准化、规范化、数字化、网络化建设中起骨干作用;承担着为中央国家领导机关,重点科研、教育、生产单位和社会公众服务的任务;负责全国图书馆业务辅导,开展图书馆学研究……

显而易见,国家图书馆在全国图书馆事业的发展中处于举足轻重的龙头地位,一切调整、转型都具有示范效应。事实上,国家图书馆几乎一直在领风气之先,带领全国图书馆一次次融入社会发展、技术进步的时代潮流之中。比如,为推动缩微技术在图书馆领域的应用,1985年国家图书馆成立了全国图书馆文献缩微复制中心,负责制定全国公共图书馆文献缩微规划,组织协调全国公共图书馆开展对1949

年以前出版的古旧文献的抢救工作，使我国公共图书馆应用缩微技术的整体水平有了很大提高，缩短了与发达国家图书馆的差距。为促进我国图书馆工作自动化、文献信息化、传输网络化，最大限度地实现书目数据资源的共建共享，1997 年 10 月国家图书馆正式成立了全国图书馆联合编目中心，在全国范围内组织和管理图书馆联机联合编目工作，实现网上编目资源共享。书目数据的使用者已超过 670 家，现已发展了 248 家成员馆。为确保书目数据制作的标准化、规范化，中心组织专家编写和修订全国联机联合编目工作共同遵守的系列标准。为研究在中国可推广应用的数字式图书馆实现技术，1997 年 7 月由国家图书馆发起，与上海、南京、中山、深圳、辽宁、桂林图书馆联合申请"中国试验型数字式图书馆"项目，以建立多馆协作、互为补充、联合一致的中国试验型数字式图书馆。之后在 2000 年发起建立了中国数字图书馆工程资源建设联盟，近百家大中型图书馆或信息情报机构参加了联盟，从而为国家数字图书馆基础工程的立项奠定了良好的基础。此外，国家图书馆开展的国家立法决策服务、"两会"服务咨询、部级领导干部历史文化讲座等各项举措，都带动了全国图书馆根据实际情况拓展服务，某种程度上对整个图书馆界地位的提升发挥了很好的作用。

7.5.3.2 国家图书馆参与国家信息化建设的整体策略——建设数字图书馆

国家图书馆对于图书馆事业在国家信息化建设中——特别是在信息资源开发利用方面如何更加蓬勃地发展，一直在进行研究和实践探索，并始终密切关注着国际国内的发展动态。在全球化信息建设狂飙突进热潮中，数字图书馆应运而生。数字图书馆是为了从根本上改变目前互联网上信息分散、无序、不便使用的现状，而提出来的下一代互联网上信息资源的管理模式。它通过集成和利用最新的计算机技术、通信技术以及数字化的多媒体信息内容，建设超大规模、可扩展、可互操作的分布式海量知识库群，并提供在互联网上跨库检索的电子存取服务。简单地说，数字图书馆就是运行在宽带网络上的、分布式的、超大规模的、可跨库检索的海量数字化信息资源库群。国家图书馆敏锐地捕捉到了数字图书馆为传统图书馆事业发展带来的契机。1995 年，为掌握国际上数字图书馆的发展状况，国家图书馆开始跟踪并进行相关技术的研发。自 1996 年起，国家图书馆与有关单位合作，陆续承担了文化部、国家计委和国家"863"计划有关数字图书馆的重要科研课题。1998 年 7 月 20 日，国家图书馆向文化部提出申请，要求在国家立项实施"中国数字图书馆工程"。2000 年 6 月 1 日，李岚清副总理对数字图书馆建设做出重要批示："建设数字图书馆工程的主要目的，是有效利用和共享图书信息资源，有巨大的社会效益。国家图书馆应为我国数字图书馆的核心，要防止重复建设，对方案要认真论证，精心实施。”2001 年 10 月，国家图书馆二期工程暨国家数字图书馆工程经国务院批准立项，并被列为国家“十五”重点建设项目。2002 年 12 月，工程的可行性研究报告通过国务院批准，开始进入筹建阶段。2004 年国家图书馆工作要点中的一项极为重要的工作就是动工兴建“国家图书馆二期工程暨国家数字图书馆工程”，其中，建设的难点是数字图书馆部分。2004 年国家信息化领导小组办公室确定的近期十项信息化试点工作中就包括数字图书馆的建设。

数字图书馆的建设涉及了国家信息化体系中的各个要素，同样需要综合考虑信息资源、信息网络、信息技术应用、信息技术和产业、信息化人才队伍、信息化政策法规和标准规范在图书馆领域的应用，因而理所应当成为国家图书馆作为行业领航者加入国家信息化建设的明智选择。

国家图书馆近年来在信息化在图书馆界的应用方面做了很多工作，取得了一些突破性的进展，积累了实际经验，也有不少的思索。国家图书馆能够在国家的信息化建设、电子政务工程建设启动阶段，发挥自身在信息资源收集、筛选、分类、标引、整合方面独特的专业优势，利用数字图书馆技术组织庞大的政府信息资源，以尽快建成直接服务于政府决策的基础国情库和其他专业信息库，并进行动态的管理。早在 2001 年 1 月，国家图书馆就开始密切关注电子政务工程，并就如何为电子政务服务组织了多次讨论。在“两会”之后的 20 天内，开发完成了《走向全面腾飞——“十五”规划的伟大蓝图》多媒体光盘，由资深信息专家运用数字图书馆技术，对“十五”计划纲要进行深度标引，可以轻松检索、查询纲要中涉及的基础国情、公共信息及相关社会经济数据，帮助全面解读“十五”计划，领会国家发展战略，把握经济工作重点，指导投资、规划事业目标。之后，又就如何将其扩展为更易使用的大型基础国情、公共信息和社会经济数据库群，组织专家进行研究，以设计科学合理的分类体系。这是国家图书馆在如何发挥自身优势服务于国家信息化建设方面所作的尝试。事实证明，二者可以有机结合，互相促进，最终实现“双赢”。国家图书馆乃至整个图书馆界凭借在文献信息资源搜集、加工、整理、传播、利用、服务等方面所具有的独特的行业优势，应该而且必须成为国家信息化建设的一支重要力量，最大限度地发挥其在信息化应用于图书馆领域尤其是在信息资源开发和利用方面的作用。

7.6 数字图书馆和国家重大文化工程

7.6.1 数字图书馆内涵以及国家重大文化工程概述

7.6.1.1 数字图书馆内涵及其在文化领域中的应用

所谓数字图书馆,就是利用现代信息技术对有价值的文本、图像、录音、录像、软件和科学数据库等多媒体信息进行收集,组织规范性的加工和压缩处理,使其转化为数字信息,通过数据存储技术进行高质量保存和管理,实现知识增值,并通过网络通讯技术进行高效、经济的传播,使用户在任何时间、任何地点,都能得到各种服务。

数字图书馆作为一种新型的信息资源组织模式,已经引起了许多发达国家的高度重视。美国、英国、法国、加拿大、日本等国竞相实施本国的数字图书馆研发计划,呈现出激烈竞争的态势。与此同时,国际上在组织数字图书馆的内容建设时,都不约而同地把文化遗产数字化作为中心环节。例如1992年,联合国教科文组织开始推动的"世界记忆"(Memory of the World)项目,是在世界范围内,利用数字图书馆技术使文化遗产数字化,以便永久性地保存,最大限度地使社会公众能够公平地享有文化遗产;1995年美国正式启动的"美国记忆"(American Memory)项目,其目标是将国会图书馆和其他公共图书馆、研究图书馆中的绘画、图书、音乐、手稿、照片、视频、音频等众多反映美国历史、文化的史实性文献转换成数字资源;2000年,由法国文化部组织实施的"文化精品数字化"(JOUVE)项目,则是将精选的能够反映法国文化的资料制作成数字形式加以保存,同时在因特网上提供免费服务……不难看出,数字图书馆的研发应用与文化遗产的长期保存、进而传播利用是密不可分的。

7.6.1.2 国家重大文化工程概述及其信息载体的特色

数字图书馆建设不仅是世界潮流和信息技术革命所带来的挑战,也是在新的历史条件下中华文化大发展千载难逢的历史契机。文化部紧紧抓住这一机遇,在对数字图书馆研发、应用、建设的基础上,联合财政部适时地启动了几项文化工程,涉及中国优秀传统文化遗产的抢救、保护、传播、利用、普及的各个方面。其中全国文化信息资源共享工程、中华再造善本工程、国家舞台艺术精品工程被统称为新世纪三大重点文化工程。

全国文化信息资源共享工程是利用先进科技手段传播先进文化的创新工程,由国家中心、32个省级分中心和5000个以上的县级基层中心组成网络体系,采用现代信息技术，对全国各地包括图书馆、博物馆、美术馆、艺术院团、研究机构等现有的文化信息资源进行数字化处理和加工整合，完成以 10 万册（件）文献、1000 台优秀地方剧目、1000 部优秀音乐作品、1000 部优秀美术作品、1000 件珍贵文物、1000 部优秀影视作品、1000 场优秀讲座为核心的数字资源建设，并通过覆盖全国的文化信息资源网络将这些资源传送到全国各地的基层单位。

中华再造善本工程兼顾文物保护与利用，拟将分藏于国家图书馆和各省、自治区、直辖市图书馆以及高校、科研系统图书馆，乃至博物馆的 1300 余种兼具文物价值与学术研究价值的珍贵古籍善本，有计划地利用现代印刷技术复制，适量出版。

国家舞台艺术精品工程旨在发动艺术表演团体和艺术家创作、改编、移植一批优秀舞台艺术新剧目，同时挑选一批改革开放以来具有较大影响、基础较好、尚有潜力的舞台艺术作品，进一步修改、加工、提高，使之成为能够常演不衰的保留剧目，打造艺术精品，再创中国当代文化辉煌。

重大文化工程还包括中国民族民间文化保护工程和清史编纂工程等。中国民族民间文化保护工程旨在对民间文化进行国家级抢救、普查和整理；而清史编纂工程则包括 3000 万字左右的《清史》主体工程，以及以文献和档案整理工作为主的基础工程两大部分，其中主体工程中的图录部分将是《清史》中的亮点。

从上述几项重大文化工程的介绍中不难看出，这些工程实施的根本目的都涉及特定文化遗产及文化资源的抢救、保护、利用和传播，而且必须解决大批量古籍、善本、音像资料的数字化转换、海量存储、高效检索、网络传输等一系列问题。以全国文化信息资源共享工程为例，几乎涉及数字图书馆的各项关键技术，以下仅讨论几项与文化工程关系最为密切的技术。

7.6.2 与国家重大文化工程直接相关的技术

7.6.2.1 数字化加工转换

7.6.2.1.1 文献数字化加工

数字化加工技术涉及快速扫描技术、高效压缩技术和分布式协同处理技术等。主要用来对书刊、古籍、善本等各种文字、图像（包括地图），缩微制品包括缩微胶卷和缩微平片，以及录音、录像、电影胶卷、唱片等进行数字化加工，解决原始媒介信息难以保存、流通和查阅的问题。数字化加工技术可以实现文献快速电子化，并装订成便于阅读的 PDF 等格式的文件，还可自动实现纸张信息的原版数字化保存，自动地将扫描图像进行格式变换、压缩、加密、文件合成、索引和优化，然后存放到指定位置。

对于文化遗产重要组成的史料、手稿、善本、古籍等,还需有特殊的处理。

(1)应采用世界上先进、成熟的技术与标准。如 2001 年 11 月正式颁布的 ISO/IEC 10646—2:2001(E)/Unicode 3.1,收入汉字七万余个,除甲骨文、篆文外,可满足世界各地汉字使用需要,该标准也即将实现商品化。

(2)古籍文字的数码转换则可选用 OCR 技术实现。因为对古籍汉字中简繁、异体字的输入,OCR 较之人工录入具有独特优势,数据加工人员不需再做大量的古籍文字手工录入工作,重点转向文字校对工作。而且通过 OCR 可以建立图—文之间的一一对应关系,便于实现高效率高质量的电脑辅助校对。

(3)文献内容的标识语言可采用 XML。XML(Extensible Markup Language)即可扩展标记语言,是一种元语言。它是国际互联网联盟(W3C)开发的用于网络环境下数据交换、数据管理和网页设计的新技术。XML 非常适合非结构化文献的全文处理,易于表达文献资料;XML 将资料的存贮与显示相分离,可支持同一资料不同格式的显现、输出,支持多种应用程序的处理;XML 可直接应用于因特网,便于开发网络版电子出版物;XML 有良好的层次结构和约束,处理起来很容易,极大地减少软件开发成本;XML 基于资料内容进行标识,因而可被不同程序用于不同用途;XML 具有很强的链接功能,可定义双向链接、多目标链接、扩展链接和文件间链接,非常有利于实现各种关联检索和图文的链接处理;XML 提供了从小配置文件到大规模资料仓库的可扩展性;XML 支持 ISO/IEC 10646/Unicode。

7.6.2.1.2 模拟格式文件的数字化

几项重大文化工程中均涉及对模拟录像带素材库进行数字化处理,比如舞台艺术精品剧目、共享工程中的地方戏曲、讲座、民族民间保护工程中抢救的遗产等多是模拟视频,是 Betacam SP 或 VHS、8mm 和 Hi8 格式。随着数字技术的进步及视频压缩技术的成熟,应将一些宝贵的资料和素材进行压缩处理后再行存档、检索、管理、节目编辑制作、播放等。数字化处理后的资料以光盘方式存储(VCD、CD-ROM、DVD-R、DVD-ROM、DVD-RAM),可提高资料和素材的保存时间,便于系统化管理和控制,易于节目制作及播出控制,可节省资料存放空间,并能简化整个节目的制作播出过程。

模拟视频的数字化包括不少技术问题,主要包括色彩空间的转换、光栅扫描的转换以及分辨率的统一。模拟视频一般采用分量数字化方式,先把复合视频信号中的亮度和色度分离,得到 YUV 或 YIQ 分量,然后用三个模/数转换器对三个分量分别进行数字化,最后再转换成 RGB 空间。模拟视频可通过视频捕获装置转换成数字格式。

数字视频主要有三种格式:MPEG、AVI 和 MOV。MPEG 采用有损和不对称的压缩编码算法。MPEG 标准详细地说明了视频图像的压缩和解压缩方法,以及播放 MPEG 数据所需的图像与声音的同步。MPEG 标准包括三个部分:MPEG 视频(Video)、MPEG 音频(Audio)和 MPEG 系统(System)。AVI(Audio Video Interleave)是一种音频视像交插记录的数字视频文件格式。1992 年初 Microsoft 公司推出了 AVI 技术及其应用软件 VFW(Video for Windows)。在 AVI 文件中,运动图像和伴音数据是以交织的方式存储,并独立于硬件设备。这种按交替方式组织音频和视像数据的方式,使得读取视频数据流时能更有效地从存储媒介得到连续的信息。构成一个 AVI 文件的主要参数包括视像参数、伴音参数和压缩参数等。MOV 文件格式是 Apple 公司推出的视频格式,相应的视频应用软件为 Apple's QuickTime for Macintosh。MOV 格式的视频文件也可以采用不压缩或压缩的方式,其压缩算法包括 Cinepak、Intel Indeo Video R3.2 和 Video 编码。

三种数字视频文件 MPG 文件、AVI 文件和 MOV 文件,它们具有不同的格式,不同的压缩编码算法和不同的特性。必须要有相应的播放软件才能播放对应格式的视频文件,播放软件首先能够识别视频文件的格式,通过解压来回放数据。通过软件或硬件也可以把这三种视频文件的格式进行转换。如 Broadway 采集卡提供了采集模拟视频,并用 AVI(MPEG I 帧算法)和 MPEG 格式存储成数字视频文件的功能。

7.6.2.2 海量数据的存储

数字图书馆显然不会只有图书,它会集成音频、视频、多媒体等各种其他形式的媒体资源,创造出一个前所未有的阅读新空间。例如,用户在应用数字图书馆技术组织的全国文化信息资源共享工程中查找《宝莲灯》,不但可以看到纸本图书的借还书状态,还可以阅读到《宝莲灯》数字图书,欣赏《宝莲灯》音乐以及《宝莲灯》电影、舞剧、地方剧目等各种视频资料。如此庞杂的信息如何存储?

存储技术的主要目标是实现数据存储的安全性、高效性、可靠性、可管理性以及快速恢复能力和强大的网络特性。几项重大的文化工程在存储方面主要有这样的特点:(1)随着各项工程的实施推进,存储容量将急剧膨胀,对存储服务器有非常大的需求。(2)随着各项文化工程用户服务的不断拓展和深入,数据保持时间增加,必须保证网络数据能够提供每天 24 小时、每周 7 天、每年 365 天的不间断服务。(3)文化工程中的数据具有多样性,而且对象数据又分布在全国各地,从而对重要数据的保护以及数据存储的管理提出了更高的要求——比如要求能够保存电子数据;要求能够为防止数据丢失而提供备份保护;要求能够防止由于停机而影响成本;要求能够实现现场或非现场文档的存储等。因此存储备份技术、数据复制和同步技术、网络存储技术、虚拟存储技术等也理所应当是与文化工程密切相关的技术。

目前,NAS 和 SAN 能够适应现阶段数据存储的要求。NAS(网络连接存储),即将存储设备连接到现有的网络上,提供数据和文件服务。NAS 服务器一般由存储硬件、操作系统以及其上的文件系统等几个部分组成。可以实现即插即用的功能,提供方便快捷的存储服务。SAN(存储区域网络),即由以特定方式互连的若干台存储服务器组成一个单独的数据网络,提供数据存储服务。SAN 方式易于集成,并可扩展,能改善数据可用性及网络性能。利用 SAN,不仅可以提供更大容量的存储数据,而且地域上可以分散,并缓解了大量数据传输对于局域网的影响。SAN 的结构允许任何服务器连接到任何存储阵列,这样不管数据置放在哪里,服务器都可直接存取所需的数据。

可以预测,虚拟存储将会变得越来越重要。虚拟存储实际上是逻辑存储,是一种智能、有效地管理存储数据的方式。虚拟存储克服了物理存储的局限,因为它可以把物理设备变成完全不同的逻辑镜像呈现给客户,既充分利用了物理设备的优势,如高性能、高可用,又打破了物理设备本身不可克服的局限性。

7.6.2.3 基于内容的多媒体信息检索

多媒体信息资源是国家重大文化工程中独具特色的一类信息资源,既包括数字化的文本信息、图形与图像信息,又包括数字化的视频与音频信息。对于这些结构化信息,主要针对文本文献的传统的信息检索方法(基于外部特征和基于文本描述)无法揭示和表达多媒体信息的实质内容和语义关系,即使能利用文字对多媒体信息进行描述,也难以充分揭示和描述信息中有代表性的特征,并带有很大的主观性。因此,如何把握多媒体信息的内在特征,从内容标引入手,探索全新的检索方法和技术,就显得尤为重要。

多媒体检索是一种基于内容特征的检索。所谓基于内容的检索是对媒体对象的内容及上下文语义环境进行检索,如图像中的颜色、纹理、形状,视频中的镜头、场景、镜头的运动,声音中的音调、响度、音色等。基于内容的检索突破了传统的基于文本检索技术的局限,直接对图像、视频、音频内容进行分析,抽取特征和语义,利用这些内容特征建立索引并进行检索。在这一检索过程中,它主要以图像处理、模式识别、计算机视觉、图像理解等学科中的一些方法为部分基础技术,是多种技术的合成。

针对不同的对象资源,有不同的检索方法:

（1）文本检索：根据整个文档文本信息的表示、存储、组织和访问，即根据用户的检索要求，从数据库中检索出相关的信息资料。这种检索方法有三种：布尔模型是简单常用的严格匹配模型；此外还有概率模型和向量空间模型等。文本检索中，能标识出相关文本的方法大致有：通过全文扫描寻找关键索引词，使用索引文件和文献簇等。

（2）图像检索：它根据图像所包含的颜色、纹理、形状以及对象（图像中子图像）的空间关系等信息，建立图像的特征矢量为其索引。检索的内容特征主要包括：颜色（图像颜色的分布，相互关系、组成等）、纹理（图像的纹理结构、方向、组合及对称关系等）、形状（图像的轮廓组成、形状、大小等）、对象（图像中子图像的关系、数量、属性、旋转等）。

（3）视频检索：视频检索的前提是需要利用可视化特征视频数据建立有效的索引。视频检索的方法主要有三种：①基于关键帧的检索。用户可以使用目标特征说明的直接查询、可视实例的示例查询和指定的特征集查询等多种方法在数据库中检索需要的关键帧。②基于运动的检索。这是基于镜头和视频对象的时间特征进行的检索，是视频查询的进一步要求。③浏览。一般采用分层结构和集束分类技术。

（4）音频检索：音频是对声音进行数字化处理得到的结果。基于内容的音频检索就是将输入的字符序列和音频数据库中的字符序列相匹配。常用的音频检索方法有：①赋值查询。用户指定某些声学特征的值或范围来说明查询结果。②示例查询。用户提交一个示例声音，针对一个或多个特征，查出所有与示例相似的声音。③组织浏览查询。对声音进行分类分组，然后通过浏览选择。

7.6.2.4 传输数据的信息网络技术

信息网络实际上是计算机技术与通信技术相结合的产物，可实现资源（硬件、软件、信息）的共享。它把分布在各地的具有独立处理功能的多个计算机系统，通过电讯线路和相应设备连接起来，在网络协议控制下实现信息传输。

文化工程要求传输数据的信息网络能够具有这样的特征：（1）开放。指开放的体系结构、开放的接口标准，使各种异构系统便于互联和具有高度的互操作性。（2）集成。即在同一个网络上，允许各种消息传递，既能提供单点传输，也能提供多点投递；既能提供无特殊服务质量要求的信息传递，也能提供有一定时延和差错要求的确保服务质量的实时传递。（3）高性能。即要求网络能够提供高速的传输、高效的协议处理和高品质的网络服务。高性能计算机网络作为一个通信网络应能支持大量的和各种类型的用户应用，具有可缩放功能，即能接纳增长的用户数目，而不降低网络的性能；能高速低延迟地传送用户信息；能按照应用要求来分配资源；具有灵活的网络组织和管理，这样就能按出现的需求支持新的应用。(4)智能化。即要求在网络的传输和处理上能够向用户提供更为方便、友好的应用接口，在路由选择、拥塞控制和网络管理等方面显示出更强的主动性。

附件1　文化共享工程国家中心成立时赴闽浙两省考察的调研报告

2002年5月16日至5月22日期间，笔者作为全国文化信息资源共享工程国家中心副主任，在全国文化信息资源共享工程领导小组办公室主任、文化部社会文化图书馆司副司长带领下，一行五人到福建、浙江两省就"全国文化信息资源共享工程"的工作进展情况进行了实地考察和调研。福建省在信息资源共享方面已经先行了一步。2001年春季，福建省文化厅党组经过充分酝酿，决定启动"福建文化信息网络工程"试点建设。7月21日第一批试点（10个）正式开通，到2002年5月已经有50个基层文化站成为了文化信息网点单位。在福建省调研时，考察组首先听取了福建省文化厅领导关于福建文化信息网的总体情况介绍以及福建省图书馆馆长关于资源信息平台建设和信息网运行情况的介绍；之后实地参观了福建省图书馆和晋安区金城小区、晋江青阳文体活动中心、晋江市图书馆以及集美区文化中心几个运行情况比较好的基层文化站；此外考察组还听取了厦门市图书馆馆长关于厦门市图书馆新馆建设和信息资源建设方面的设想。在浙江省杭州市，考察组了解了浙江省在信息资源共享工程试点方面的进展情况，包括资金筹备、方案设计等。考察组也及时向浙江省文化厅和图书馆的有关领导介绍了福建省的一些经验，并对如何着手制定省级分中心的总体方案提出了建议。

一、福建省文化信息网络工程的具体做法

（一）强化组织领导。福建省政府以及文化部非常重视，积极推动。

（二）精心组织实施。成立了福建省文化信息网络工程领导小组，多方筹措资金。

（三）整合各种资源。参见福建文化信息网简介。

（四）限期普及推广。与有关部门协商，利用各种通讯设施如卫星、中国电信、网通等通过天网或地网传输，力争在"十五"期间覆盖一半乡镇，直至乡村。

（五）扩展传输手段。与福建政务网对接，借助其先进的硬件设备，传输文化信息资源，同时也弥补政务网"有路、有车但货源短缺的不足"。

二、福建省文化信息网简介

2001年春季福建省文化信息网开通。它以福建省图书馆的网络资源服务平

台为依托，整合了书刊、影视、戏曲、美术等文化资源，以“福建文化信息网站”的形式将文化资源的数字化信息通过网络传输到城乡基层文化单位。

该网站设立了八个栏目，分别是：

文化新闻：以视频或图文方式报道省文化系统的最新动态，下设可视消息、“三个代表”专栏、文化纵横、福建艺术等栏目。

网上书城：提供包括中国数字图书馆1万册、书生之家5万册、超星图书馆20万册共计26万册电子图书的阅览，万方、维普等数据库的查询和各地方报纸电子版网站的链接。

精彩影视：提供视频点播、影视报道、精彩电影片断宣传等。其中视频点播中提供的大部分影片都为爱国影片，这部分影片在乡镇、社区等基层文化站反映良好。下设环球影视、视频点播、爱国主义影片等子栏目。

音乐广场：汇集交响乐团等已授权的优秀音乐作品，推荐乐坛新星和新作。下设名歌荟萃、古典殿堂、岁月流痕等子栏目。

曲苑荟萃：提供福建地方戏曲点播，包括闽剧、高甲戏、南音、梨园戏、相声、杂技、歌舞等。

美术画廊：介绍名家美术书画作品及美术知识，下设书法简史、书法百科、文房四宝、长卷大观、个人荟萃、国画流派、近代名家等栏目。

文化旅游：集旅游文化、旅游常识为一体。介绍福建各地的旅游资源，包括风景、特产、美食、特色文化等。下设旅游常识、旅游图册、福建文化旅游路线推介、旅游手记等子栏目。

科技频道：提供医疗保健、科普、军事等方面知识，重点反映农业科技动态，提供种植、养殖等方面的科技知识。

能够上互联网的用户都可以访问“福建文化信息网”主页，如果需要得到文化信息网中更多的文化资源，必须开通宽带网，成为文化信息网点单位。

三、福建省文化信息网络服务平台简介

（一）网络资源

福建省图书馆地网接入的是带宽100M的中国电信网，部分乡镇基层文化站采用的是2M出口的中广电信卫星网。

（二）硬件资源

1. 服务器6台

HP Net Server 6000 r U 3 服务器（2台）：主要用于视频点播和Web服务；

HP 6200 主服务器(双 CPU)

HP 2000 服务器(3 台):一台用于提供维普数据库查询服务,一台为日常应用软件提供服务,另外一台是备份服务器。

2. 存储设备 2 台

TAK 磁盘阵列(1 台):存储视频、音频等多媒体资源。

IBM NAS 266(1 台由 14 块 173GB 的硬盘组成):该设备目前尚未投入使用。

3. 其他设备

Web Cache 网络信息缓存器 1 台

3COM4924 交换机 2 台

(三) 软件资源

福建省图书馆购买了鼎点天源视频点播系统(该系统可以同时为 200 个用户提供视频点播服务),打算尽快投入使用。目前文化信息网中提供的视频点播服务采用的是 Windows2000 Server 中提供的 Windows Media 服务。

(四) 人员情况

全馆相关技术人员 11 名。

四、福建省具代表性的基层文化中心概况

"福建文化信息网络工程"从一开始就得到有关方面领导的高度重视和大力支持。省文化厅领导亲自带领社文处和省图书馆有关人员到福州、南安、晋江、惠安等市县的社区和乡镇选点、调研,多方考察论证,确定了福州市鼓西街道文化站、惠安县崇武镇文化站、晋江市青阳镇文化站、南安市梅山镇文化站(南安市李成智公众图书馆)、南安市梅山镇新兰村、福州市鼓山镇文化中心、台江区亚峰小区文化站等首批试点,包括城市社区、乡镇文化站、村文化中心和民办图书馆等多种有代表性的类型。省文化厅还及时召开了福建文化信息网络工程试点工作会议。第一批试点于 2001 年 7 月 21 日正式开通。12 月初又召开了全省文化信息网络推广应用会,确定在全省县市图书馆、社区和乡镇村建设 50 个左右文化信息网点。

(一) 基层文化站的选取标准

1. 地区对信息资源共享工程具有一定的积极性;

2. 有一名专职人员可以开展活动,此人经过反复培训并通过工程负责人的面试;

3. 基层文化站需要有自己的活动场地(至少 40—50 平方米),可供用户读书上网、看电影等;

4. 基层文化站必须有一定的经济基础。

（二）基层文化站的资金来源

建设资金主要靠各基层文化站自筹，同时省文化厅也给予适当的补贴。不论贫富，省文化厅均向各基层文化站提供相同的经费支持（约3万元人民币）。为城市的基层文化站提供一台投影仪及两台电脑，为乡镇的基层文化站提供一台高清晰度的大屏幕电视及两台电脑。

（三）基层文化站的运作方式

基层文化站采用动静分开的方式运作，即阅读图书使用电脑，观看爱国影片、闽剧等视频点播则采用投影方式。

（四）实地考察过的基层文化站情况

福建省部分基层文化站情况表

文化站名称	硬件设备情况	演播厅情况	工作人员情况	资金投入情况
晋安区新店镇文化活动中心	实达电脑11台	演播厅今年2月8日正式投入使用，配备价值2.3万元投影仪一台，能容纳几十人	管理人员1—2名	省文化厅下拨资金3万元，镇政府自筹资金9万元
青阳镇文体活动中心	宏达电脑16台64M内存	礼堂配备价值7万元的投影仪一台，能容纳500人。	管理人员1名，计算机一级水平并经过专门培训	省文化厅下拨资金3万元，镇政府自筹资金20多万元
晋江市图书馆	方正文祥电脑24台组成规模阅览室、HP Net Server LC 2000 U3服务器一台、D-Link联想10/100 Fast Ethernet 16口、24口交换机各一台	不详	不详	不详

续表

文化站名称	硬件设备情况	演播厅情况	工作人员情况	资金投入情况
集美文化中心	6台品牌不一配置不同的电脑	演播厅配备价值2万多元投影仪一台，能容纳72人，与晋安区新店镇文化活动中心类似，但放映效果明显好于前者。	不详	不详

五、福建省文化信息网络工程的成效

1. 增强了基层文化站的凝聚力。各基层文化站充分利用"文化信息网"这一新型传播方式和信息网上的影视、图书等文化信息资源，积极组织开展"暑期爱国主义影片观赏"、"地方戏剧观赏纳凉晚会"、网上读书、因特网检索等活动，使广大读者、社区群众和中小学生了解文化信息网，并学会利用文化信息网。

2. 发挥了文化资源的社会价值。"福建文化信息网"内容丰富多彩，图文声影并茂，初步体现了在中华民族优秀传统文化基础上的、为人民喜闻乐见的、体现时代特色的先进文化的传播方式。

3. 为科教兴省提供了有力支持。通过文化信息网这一方式，在一定程度上缓解了文化信息传播中面临的困难和问题，降低了不同地区在获取文化信息资源上的不平等，使老少边穷地区的群众也能享受到优秀的信息资源。比如，通过科技频道，可了解农业科技动态，学习种植、养殖等方面的科技知识。

六、福建省文化信息网络工程的经验

1. 将全国文化信息资源共享工程在福建省的试点工作纳入数字福建的规划之中，并与福建政务网对接。在此基础上，向省计委申请追加经费，可到位500万元人民币。

2. 在全省范围内采用资源共享的办法，即各公共图书馆中如果有一家购买了数据库等资源，则省内其他公共图书馆均可共享所购资源，但此办法没有在高校中实行。

3. 统筹规划全省文化单位的宽带接入工作，由省图书馆出面与电信洽谈，从而取得良好的经济实惠。

第 2、3 条经验，可使有限的资源或经费最大限度地发挥作用。

七、福建省在实际工作中值得关注的问题

1. 资源共享的知识产权问题。福建省正在使用的资源是以在本省区域内使用的名义购买的。以后这些资源将上传到国家中心，会在全国范围内使用，那么资源的所有权归属如何界定？

2. 影片的购买问题。现在很多人都希望福建文化信息网的精彩影视栏目中增加在福建省、北京市等放映的国外大片，而目前一部正版大片都至少要 1000 元，因此，日后将面临着影片购买资金不足和版权的问题。

八、福建省下阶段的工作设想

1. 筹备成立专职的采、拍、编队伍，组织原创资源内容。参照国家中心的机构设置，实行独立核算，机构设在福建省图书馆。

2. 不断充实福建文化信息网的资源内容，资源内容实现用户可定制服务，即“你点我播”。

3. 正在策划实现远程教育、远程电视电话会议，并与国家图书馆合作，把福建省图书馆作为国家图书馆经典讲座的分会场，实现远程讲座。

（成稿于 2004 年 5 月）

附件2 “资源规划和建设机制”课题组赴贵州调研报告

为了科学制定全国农村党员干部现代远程教育教学资源规划，笔者作为全国农村党员干部现代远程教育工作“资源规划和建设机制”课题组专家，于7月16—7月22日对贵州省三个试点地区——遵义市、黔东南州、贵阳市农村党员干部现代远程教育教学资源使用和需求情况进行了调研。

调研组先后调研了18个不同级别、不同规模、不同类型的农村党员干部现代远程教育管理部门和具体的服务点，包括遵义市远程办、湄潭县远程办、湄潭县高台镇、湄潭县永兴镇、凤冈县远程办、凤冈县何坝村、凤冈县龙泉镇三坝村、遵义县远程办、遵义县乌江镇、黔东南州远程办、台江县远程办、台江县台拱镇台拱村、台江县台拱镇梅影村、剑河县远程办、剑河县温泉村、贵阳市白云区艳山红镇摆拢村、清镇市远程办、贵州省远程办。

调研的主要内容为各级各类服务点对教学资源的使用和需求情况，包括对教学资源内容、表现形式、技术支持等方面的评价、需求和建议。调研的主要方式包括听取试点省市(州)县围绕教学资源使用方面的情况介绍，到终端接收站点进行实地调研和考察，组织农村党员干部和群众召开座谈会和个别访谈等等。

以下按照贵州省教学资源建设简况、试点地区对教学资源的使用、评价、需求、建议以及结语六个部分总结归纳成文，供“资源规划和建设机制”课题组参考。

一、资源整合、开发和服务简况

贵州省自开展试点工作以来，一直高度重视教学资源建设工作，将资源建设和站点硬件建设同规划同实施，通过采取上下联动、部门配合、整合与开发并举等措施，使贵州省的教学资源建设取得了实质性的进展。

在教学资源整合开发方面，目前已在省委党校建立了省级资源库，实现了信息采编、加工、存储和管理等功能。省远程办整合开发了500小时的视频教学课件，300多万字的电子文档和数量较大的电子图书等教学资源，制作具有地方特色的乡土教材光盘15万张；遵义市整合开发了800多种音像课件和80多万字的电子图书，制作光盘5万张；黔东南州收集了2万张光盘，开发了55个特色课件(苗汉语或侗汉语)；贵阳市收集制作视频课件1000余部，光盘7万张和18万字的电子文档教学资源。

整合开发的上述教学资源通过“贵州希望网”辅助教学网站和试点市州的其

他辅助教学网站、市州电视专栏和光盘播放等途径对外提供资源服务。贵州省通过建立“贵州希望网”开辟了贵州省农村党员干部现代远程教育的信息传输和学习平台。该网站存储容量为1.2TB，理论上可实现500小时以上视频在线点播，内容涵盖全国远程办教学大纲的11大类内容和结合贵州省实际需要的地方性教学资源，设置有教学管理、试点工作、资源中心、山外世界、党员之家等栏目，便于农村党员干部和农民查找学习资源。

二、教学资源使用情况

贵州省三个试点地区遵义市、黔东南州、贵阳市都本着边建设、边使用的原则，充分利用“天网”（卫星接收）、“地网”（广电光纤网络）、“人网”（制作、播放光盘）等手段，通过收看节目、播放光盘、教学辅导、示范基地实践、组织讨论等形式，依托全国远程办提供的教学资源和贵州省、市（州）、县整合开发制作的乡土教材资源组织培训，促进教学资源的高效使用。

三个试点地区针对教学对象的不同需求，在教学内容选择上有不同的侧重。比如针对镇村党员干部重点进行政治理论、实用技术并重的培训，学习现代农业科技发展的新特点、新趋势，提高决策管理水平，增强求变意识，帮助农民拓宽致富门路，当好农民的致富领路人；针对农民群众则重点进行以种植、养殖、农产品加工、农家乐旅游等为主要内容的技能培训，提高农民群众的科技致富水平；针对农村具有一定特长的“田秀才、土专家、小能人”，则重点进行新技术、新本领的培训，使他们成为科技致富的带头人。

根据各地各级远程办的汇报和通过实地考察与乡、村干部和农民朋友座谈的情况分析，使用最多的资源无疑是农村实用技术大类，包括种植、养殖技术、病虫害防治、农村卫生等实用性非常强的内容。各调研点又根据本地农村产业特点的不同，重点组织了与当地产业经济直接相关或符合当地实际需要的培训，比如遵义县组织辣椒栽培技术培训；凤冈县组织烤烟生产技术、生猪养殖技术、沼气池建设与使用、优质茶叶加工、水稻栽培技术等实用技术培训；剑河县则配合三板溪水电站库区移民搬迁和大量农村劳动力转移等实际情况，组织了移民政策、劳动保障、消费者权益等方面的法律法规培训；台江县结合当地特点，组织养猪、种草培畜、饲养家禽等方面的培训；清镇市则充分利用已建的视频会议系统的电视信号传输功能，将远程教育节目送到农户家中，开展农业实用技术培训（茄果类、瓜豆类蔬菜栽培技术、肉牛高效养殖技术、中药材栽培技术、乌骨鸡饲养技术等）、农村法律法规培训（反邪教警示片、农村税费改革政策），并宣传身边人、身边事（一心为民的好干部——郑培民、协会兴旺万家富纪实片)……

无论是听取介绍、实地调研、还是与村民面对面座谈,获得的信息都是农业实用技术类课件的使用率最高,间或会提到农村法规、农村卫生医疗、典型经验以及农村基层组织建设;对其他大类的内容则几乎没有涉及。

三、对目前教学资源的评价

通过调研18个不同级别、不同规模、不同类型的农村党员干部现代远程教育管理部门或具体的服务点,我们感到无论是组织实施这项工作的领导干部,还是接受培训的农村党员和农民群众,都毫不怀疑远程教育是实现农村产业结构调整、建设小康社会的契机,都对远程教育有很高的期望——甚至超出我们的想象,特别是贫困县的那些村民。望着他们热切的眼睛,觉得远程教育真是任重道远,承载着朴实乡亲科技致富改变现状而且要立竿见影的几乎是全部的梦想。

试点地区在高度评价远程教育的同时,也提出了目前教学资源中存在的不少问题,总结归纳如下。

1. 制度:规范有序的教学资源管理制度尚未形成。

2. 总评:教学资源总量不足,特别是乡土教学课件数量较少,内容不够丰富,种类不够齐全,形式比较单一,针对性和实效性不够强,离党员干部及农民群众的实际需求还有相当的差距。

3. 地域:中央各部委提供的教学资源库里北方地区的课件多、南方地区急需的课件较少;适用经济发达地区的课件多,适用西部欠发达地区的课件少;尤其缺乏适合贵州边远地区农村进行产业结构调整所需的种、养殖等方面的实用技术类课件。不少调研点在谈到这一问题时都提到了“懒汉养猪”的例子,绝对不适合贵州。

4. 选题:就某一选题而言,设计制作的课件未形成体系,比如生猪养殖这一选题,可能仅仅讲到生猪喂养到某一阶段出现了某种问题如何解决的内容,而未全面系统地介绍与生猪养殖有关的其他环节内容。

5. 侧重:教学资源课件中,所介绍的内容讲理论多、讲实际操作少,特别不适合农村党员干部和群众使用。

6. 流程:农村实用技术课件中对操作流程的演示不连贯,代之以文字或语言讲解,对文化程度较低、理解能力有限的农民不实用。

7. 用词:中央各部委制作的课件所用语言未充分考虑农村的实际情况,不是一定要求使用偏远地区的方言或少数民族语言,而是普通话讲解的用词也太多地使用了专业术语,未选用“农民的语言”来讲解。比如,“配兑杀虫剂”不如“兑药水”,

“1∶10配比”不如用农民常用的容器瓶盖、杯子、脸盆等来说明效果好，显得亲切。

8. 形式：许多课件尤其是政策理论类的课件太枯燥，画面单一、内容高深、联系实际不够，所举例子离农民生活实际太远，没有说服力。

9. 传输：中央教育台流媒体节目信号由于传输速率低、图像分辨率差导致图像模糊、质量较差并出现时滞，影响正常收看。

10. 功能：网络系统利用率低，功能单一，基本上是单向传输下载，上传信息和网上交流讨论极少，系统资源没有充分利用。

四、教学资源需求分析

贵州省各试点地区已经把农村党员干部现代远程教育和当地信息化建设、产业结构调整，甚至农村的各项工作比如计划生育、中小学义务教育等紧密联系在一起，因此，所提出的资源需求也与各调研点所处的地理位置、主导产业、产业结构调整的项目方向、受众群体的文化程度等密切相关。

总体来讲，贵州远程教育工作急需四个方面的课件：

1. 提高认识、营造良好学习氛围，激发、培养和提高农村党员干部学习积极性的启发性课件。

2. 拓宽农村党员干部工作思路、制定切实可行的农业发展规划，以帮助农村脱贫致富为重点的推广性课件。

3. 提高农村农业技术水平和农村广大党员干部群众的致富能力，转变农村经营方式，拓宽农业产业布局，促进农民增收，推动规模经济发展的针对性课件。

4. 适合农村中小学学生素质教育方面的辅导性课件。

具体到各市（州）、县、乡、村，对教学资源的需求也存在差异：

1. 城郊经济发展较快的城镇化村：由于土地较少，村民多经商和办企业，需要有关土地政策法规、市场经济、法律、金融、商贸以及致富项目、劳动技能、务工信息等方面的课件。城郊有土地的村比如凤冈县梅影村需要经济作物、蔬菜、花卉、果树等以生鲜农产品种植技术为主的教学课件。

2. 已初步形成农业产业规模化经营的产业化村：比如艳山红镇摆拢村需要科技含量较高的农业专业技术、农产品加工技术、经济管理、市场经济等方面的教学课件。特别是以食品、饲料和现代中药、农副产品和半成品加工、储藏、保鲜技术等有关的加工技术课件。

3. 地势偏远经济落后的传统农业村：比如台拱镇台拱村需要以粮食、油料作物、药材、畜牧业等推广性强的种养殖技术和耐储藏农产品实用技术为主的教学课件，以及移风易俗、卫生防疫、计划生育等方面的课件。在种植技术方面，需要水稻种植、玉米种植、蔬菜栽培、油菜栽培、烤烟种植和烘烤技术、牧草种植、常见中药材种植、果树种植、苦丁茶种植、特种经济作物种植（如黄花、蘑菇等）以及农作物病虫害防治等相关的教学课件；在养殖技术方面，需要生猪喂养、肉牛喂养、家禽喂养、肉兔喂养、三塘（水库、稻田）养鱼以及畜牧疾病防治等方面的内容。

以教学大纲所列教学资源大类为依据进行需求调研，其结果也与上述分析结果吻合。以黔东南州的调研结果为例，各类课件内容的需求比例为：农村实用技术和政策法规两项内容需求比例最高，均为98%；农村富余劳动力转岗就业的技能培训需求率也比较高，为94%；市场信息需求率为89%；科普知识需求率为88%；文体节目需求率为75%；政治理论需求率为73%；经营管理知识需求率为70%；市场经济需求率为68%；典型经验需求率为23%。

从以上的需求不难看出，贵州各地农村党员干部、群众对远程教育课件内容的需求特点是由其特殊的生产和生活环境、文化水平、生产力水平等综合因素造成的，其需求符合贵州广大农村的实际情况，主要侧重于农村农业实用技术方面。

五、试点地区对教学课件制作的建议

调研过程中，无论是组织实施远程教育工作的领导，还是接受过培训的农村党员干部或普通群众，都结合本地的实际和培训中发现的问题，有感而发，提了不少建议，总结如下：

1. 制度：尽快建立规范有序的教学资源管理制度。

2. 规划：在全国远程办的课件开发规划中，要多考虑制作一些适宜西部地区尤其是贫困山区党员干部、农民群众急需的课件。针对贵州省，可设计制作优质辣椒栽培技术、优质有机茶生产技术、金秋梨、杨梅种植技术等更加适合贵州实际的实用技术课件。

3. 内容：在设计制作教学资源课件时，少讲理论、多联系实际，操作流程要尽可能连贯细化，所用语言要通俗易懂。

4. 形式：课件表现形式尽可能生动活泼，忌说教，比如将理论性较强的国家重大方针政策、法律法规等培训寓教于乐，以小品、相声或地方戏剧的形式进行宣传。

5. 制作：市（州）级以下的试点单位普遍提出制作课件存在经费、技术等等方面的实际困难，建议课件统一由全国远程办和省远程办组织制作。

6. 传输：建议全国远程教育网能根据实际需要采用灵活多样的方式实现资源的顺利传输和互动的功能，同时支持本地下载。

7. 功能：建议强化网络系统的功能，开通信息反馈通道，从技术上支持上传信息功能和网上交流讨论，增进沟通，提高效率。

8. 载体：建议除网上数字内容资源和音像制品外，制作一些农业实用技术方面操作性较强的印刷品图书或手册，便于农村党员干部和群众随时随地学习或巩固从音像制品中学到的知识。

六、结语

本调研组在对贵州省 18 个不同级别、不同规模、不同类型的农村党员干部现代远程教育管理部门或具体的服务点进行调研之后，对资源规划和建设机制有几点新的想法，现提出供“资源规划和建设机制”课题组修改课题报告时讨论参考。

首先，在资源规划方面，是否需要根据调研结果对各教学资源大类在规划中所占的比例进行适当调整。既要充分考虑基层的需求，进一步充实农村实用技术、政策法规的内容，又不能完全依照调研结果，使农村实用技术的教学课件占 90% 以上的绝对优势。要将“要求农村党员干部和群众学什么”和“农村党员干部和群众喜欢学什么”有机地结合起来，使全国农村党员干部现代远程教育这项工作既能成为国家加强农村地区思想教育、净化农村社会空气、促进农村经济发展的有效途径，又能真正成为农民脱贫致富奔小康、实现农村产业结构调整的好帮手。

其次，在课件制作方面，是否需要考虑针对每一选题组织制作宣传用、辅导用、操作用等不同版本的课件，同时制作同选题不同载体的资源，比如计算机 IP 课件、VCD、DVD、图书、学习手册等，形成系列产品，满足不同层次、不同条件的用户的学习需求，节约综合制作的成本。对于各地的资源库管理机构，可以通过宣传版的课件向用户推送课件，类似目前电视节目的片花；对于各地农技站的技术人员和其他专业人员，可以通过辅导版的课件充实他们的专业内容，使他们更好地对农民群众进行讲解辅导，类似教师的辅导用书；对于广大的农村党员干部和群众，可以通过操作学习版的课件向他们讲授和示范实用性很强的知识和技术，类似学生用的课本。

第三，在建设机制方面，是否需要对目前所采取的由中央部委、试点省分块分类总承包制作教学课件的方式进行深入讨论。几乎调研到的各级远程办和服务点都提出在课件制作中遇到了经费投入不足、制作设备不专业、技术标准不了解等诸多困难，制作的课件质量差，达不到预期效果。此外还多次提出枯燥的政治理论、政策法规最好能通过文艺节目的形式来表现，不仅对中央和地方上下联动、而且对各部委之间部门联动开发制作教学课件提出了更高的要求。

中央和地方间的合作可以从分解制作流程入手，比如，(1)市(州)县远程办提出具体需求，根据当地实际组织本地农业技术人员、“田秀才”等编写课件脚本，提供“原始素材”；(2)省远程办汇总本省需求，对同类课件进行查重择优、艺术加工后推荐至全国远程办；(3)全国远程办审核通过后向指定的课件制作机构提供课件脚本，制作单位严格按照统一的技术标准进行课件制作和包装。

部委间的合作难度更大一些，因为重点不在流程分解，而在怎样寓教于乐方面，怎样艺术表现“三个代表”、“国家政策”等。

目前无论是中央和地方的分工，还是部委间按行业性质的分工，都是“物理式整合”而非“化学式融合”。今后应该在特色教学课件策划、设计、制作方面加大人力、物力的投入，逐步加强中央与地方以及部门间的合作，制作原创资源精品，以此来引导提高教学课件制作的水平。

(成稿于 2004 年 7 月)

附件3　赴辽宁开展"共享工程进村入户"基层资源需求调研的报告

为调查"全国文化信息资源共享工程辽宁平台"开播之后的资源使用情况和存在问题，了解掌握本地资源需求的第一手资料，以进一步理顺中央和地方资源建设协作机制，提高资源内容的针对性，更好地为"辽宁模式"提供支持，笔者随文化部全国文化信息资源建设管理中心调研小组，于2009年2月11日—13日，赴辽宁开展专题调研。先后走访辽宁省文化厅、辽宁省分中心、兵山市晓南镇项荒村、兵山市索龙沟村、铁岭广电网络中心、清原满族自治县南山镇甘井子村，并听取省文化厅、省分中心近期开展文化共享工程进村入户工作的介绍，结合与村民座谈，深入家户进行调查，到网络中心实地考察等方式，形成此报告。

一、资源使用情况

（一）农民群众确实收看了文化共享工程频道播出或机顶盒推送的资源，而且对工程给予很高的评价。村民认为："共享工程很好，在农民身在大山投师无门的情况下，通过电视送来了需要的节目，对全面提高农民素质很有帮助。""农村的落后，文化落后是根本，共享工程是改变这种状况的基本工程。""文化共享工程是惠民工程，更是造血工程。"

（二）农民群众收看资源后，开始将所学用以指导自己的实际生产和生活，认为这些资源对自己有帮助。比如有村民在收看文化共享工程频道后，发现有关烤全羊的资源内容正是自己急需但却一直无法找到的资源，很快联系到省分中心，拿到了自己梦寐以求的光盘。有农民朋友严格按照资源讲授的内容采购农用物资等。

（三）农民群众收看资源后，对文化共享工程的资源建设给予很高的期望，提出了更高的要求。比如有村民提出在种植养殖技术方面，要与当地（位处辽东）的实际地理条件密切结合，提供玉米种植、水稻种植、鸡/鹿/羊/猪养殖等相关的农业技术内容；建议讲解得尽可能细致，甚至按每日操作要求进行讲解，侧重实际操作，使用农民熟悉的语言；要求提供的知识要紧密结合市场，如农业新技术涉及化肥、农用物资、原材料等，最好提供厂家、产地、咨询电话。

（四）农民群众也使用了图文资源，而且对图文资源有不错的反响，认为有时图文资源能够讲解得更为细致，便于他们掌握。希望图文的字体能够更大一些，若能增加声音则更好。

二、存在问题

（一）资源针对性不够和地方特色资源缺乏仍然是突出的问题，而且随着开播时间的延续，将文化共享工程整合加工的资源和各大电视台丰富多彩时效性极强的资源“同台竞技”，接受观众遥控器的残酷考验，这一问题将日益凸显，形势不容乐观。

（二）向机顶盒推送资源的时间在凌晨0:00—6:00，与农民群众的作息时间有很大冲突。大多数村民在夜里22:00就已经休息入睡，致使资源不能得到及时更新，必然影响今后的资源服务，最终影响基层农民群众对文化共享工程的热情和信心。

（三）文化共享工程已经整合的资源并非专门针对有线电视而加工，无论是节目时长、还是画面清晰度，大多都不能满足有线电视播放的要求，需要重新删减编辑，或将完整的节目分割成几个子节目，工作量相当大。

（四）省分中心提供的资源不能进行检索，资源审核把关人员无法很好地把握政策规定，舞台艺术类资源吸引力和时代感不够强等都是不容忽视的问题。

（五）机顶盒噪音大、耗电多、使用还不够便捷等也是值得注意的问题。

三、资源需求

（一）致富类信息资源：包括种植养殖的实用技术，农民工进城务工技能培训、农副产品及原材料市场信息等。如农副产品产供销行情信息，要避免信息过时而造成的浪费；如何使用化肥，怎样识别真假化肥；村子里30岁以下的壮劳力目前都在城里打工，需要一些城镇务工技能方面的知识。

（二）与日常生活密切相关的医疗保健、法律常识、家庭矛盾纠纷调解等信息资源，甚至天气预报。如常见病的防治、日常保健、老年人健康；公民基本权利、与财产、婚姻有关的法律知识。农村就医条件差，村民希望了解与疾病相关的知识，对常见疾病能早发现早治疗，避免乱投医和误诊。农村老人较多，要讲老年病的预防和简单自治方法。

（三）与素质教育相关的信息资源。在农村学龄前儿童教育和艺术特长类教育几乎是空白，现在家长有这样的意识，但不具备条件，希望文化共享工程能提供此类资源。农村邻里纠纷、婆媳关系、兄弟吵架并不少见，希望整合伦理道德等方面的资源，提高农民的整体道德素养。

（四）信息知识和操作技能的基础性培训资源。现在经济状况好转，不少家庭买得起计算机，也有适应当今信息时代发展的愿望，但村里会使用计算机的人员缺乏，农民群众本身不具备自学能力，因此迫切需要计算机操作入门方面的资源。

（五）具有浓郁地方风味特色的文化娱乐类资源。当地农民最欢迎的还是东北二人转以及反映农村地方现实生活的影视剧。

（六）资源播放的时间尽可能安排在《新闻联播》之后的时段。

四、建议

（一）进一步明确国家中心和辽宁省分中心在资源建设中的定位，理顺体制。针对这次调研了解的资源需求，国家中心侧重整合加工适用范围广、基本不受地域限制的普适性资源，比如素质教育、务工培训、信息知识和操作技能培训等；辽宁本地负责整合适合本地特殊条件的种植养殖实用技术、地方戏曲、东北二人转、市场行情等资源。

（二）根据实际运行情况重新确定向机顶盒推送资源的时间，确保资源推送工作不做无用功，确保农民群众确实能日日更新资源内容，从而提高资源服务的实际效益。

（三）充分利用文化共享工程现有的工作网络，建立长效机制，将需求调研与反馈作为文化共享工程的一项长期基础性工作来抓，使资源建设能够更加贴近基层群众的需求。

（四）国家中心进一步挖掘已整合加工的资源内容，根据不同地域特点进行分类和深加工，提高资源利用率和针对性，为“辽宁模式”可能的进一步推广未雨绸缪。

（五）密切关注铁岭广电系统“三网合一”的模式，可以考虑是否在技术交流会上介绍经验。目前，铁岭广电系统已完成 20 万户有线数字电视的平移工作，其中约 1000 户安装了具有 VOD 功能的调制解调器。在其 VOD 界面有文化共享工程栏目，可随音点播，具有操作简单，速度正常，机顶盒无噪音（没有硬盘）、耗电量小（约 8 瓦）等优点。

（六）适当时机采用恰当方式与广电领导就机顶盒噪音大、耗电量大、使用不够便捷等问题进行沟通。

（成稿于 2009 年 2 月）

附件4　文化共享工程服务农民工调研报告

2011年6月28日—30日，笔者陪同文化部全国文化信息资源建设管理中心主任张彦博专门赴民营企业活跃、农民工集中的福建晋江市和石狮市，走访晋江安踏集团、七匹狼集团、石狮市大帝集团等企业就文化共享工程如何更好地为农民工提供服务开展专题调研。在此基础上，提出文化共享工程下一步加大服务农民工工作力度，并先行在福建晋江、石狮大型民营企业开展试点的实施方案。

一、晋江市、石狮市民营企业文化设施建设现状

晋江、石狮目前有3.3万多家企业，其中民营企业占95%以上。近年来，两地民营企业对企业文化设施的投入都比较大，且呈逐年增加趋势。一些有实力的企业已建立员工文化活动中心，设立图书室、电子阅览室、多功能厅等，给职工提供网络学习和娱乐的场所，如安踏（中国）有限公司、恒安集团、大帝集团、富贵鸟集团等大型企业都已专门设立了电子阅览室供员工获取数字资源。文化共享工程晋江市支中心、石狮市支中心也充分发挥自身资源优势和技术力量优势，结合本地实际情况开展文化进企业活动，先后设立了26家民营企业流通点（分馆），为农民工提供信息服务。据调查，这些民营企业电子阅览室主要由企业投资建设，并指派人员管理，全天或于企业下班时间免费向农民工提供服务，丰富了农民工的业余文化生活，受到他们的欢迎。但调研中，我们也发现，这些电子阅览室受各种因素制约，运行尚不能尽如人意，存在诸多问题，亟待改善。

二、晋江市、石狮市民营企业文化设施存在问题

（一）电子阅览室持续发展的资金支持不稳定。民营企业电子阅览室的经费主要是由企业领导的态度和企业的经营状况决定，经费投入的不定因素较多，资金支持不稳定。

（二）企业对图书阅览和数字资源的投入相对较少，数字资源类型和数量不能满足农民工的需要。晋江、石狮民营企业多为劳动密集型企业，其员工中80后新生代较多，他们大多受过良好的教育，容易接受新鲜事物，融入城市生活的愿望更迫切。企业自建电子阅览室大部分只供农民工上网浏览、收发电子邮件等，较少提供电子阅读、信息查询与检索、视频欣赏等服务，数字资源建设总体上不能满足员工的要求，亟待增加。

（三）电子阅览室管理水平不高、管理不规范。现有电子阅览室有专职管理人员，也有兼职管理人员，但无论专兼职，管理手段、管理水平、人员素质都难以担当电子阅览室所承载的任务和要求。还有一些企业电子阅览室的管理人员来源于企业工会、农民工自身，他们大多是利用业余时间或者通过倒班方式来担任电子阅览室的管理工作，而且有些文化素质低下，导致管理不到位。因此，大部分企业电子阅览室中，职工的求知需求、获取最新信息的渴望很难在管理员那里得到有价值的帮助。

（四）农民工获取信息的途径比较单一。调查显示，农民工群体的文化生活较贫乏，农民工获取信息主要通过电视、聊天和简单的读书看报以及听收音机等。伴随着农民工文化程度的提高、网络的普及，农民工也希望改变其获取信息的途径，希望上网，希望便捷获取数字资源。

民营企业电子阅览室运行过程中存在的以上不足，影响了电子阅览室进一步的发展，为保持民营企业电子阅览室正常运行、良性发展，踏踏实实将此项工作做出实效做出长效，解决以上问题成为当务之急。

三、晋江市、石狮市民营企业调查需求反馈

据石狮、晋江两地调查显示，两地民营企业农民工在电子阅览室作用中呈现出以下需求：

（一）海量的数字资源。希望电子阅览室能提供电子图书、电子期刊供阅览，希望电子阅览室能有消遣娱乐、保障性信息资源、健康与保健、实用技术、便民服务、生活消费休闲、自我提升、政治民主参与、电子商务、流动儿童学习等方面数字资源。

（二）舒适的上网空间。农民工群体的文化生活比较贫乏，除了一般的休闲娱乐方式外，农民工也喜欢上网。伴随着农民工文化程度的提高、网络以及电子商务的普及，农民工在工作闲暇之余希望有一个环境、设备良好，健康、舒适的上网空间。

（三）露天电影播映。希望电子阅览室多开展电影展播，目前 VCD、DVD 的效果还有待改进，要求片源为高质量高清晰度的效果，内容与时代紧密结合。

（四）一定数量的纸质图书杂志，免费提供外借阅览。

四、提升文化共享工程服务农民工工作水平的对策和建议

（一）召开共享工程服务农民工先进经验交流会，推广浙江文化共享工程进企

业、深圳建立文化共享工程农民工服务点等工作经验,研究制定共享工程服务农民工工作方案,推进全国的文化共享工程服务农民工工作。

(二)管理中心结合节假日,面向农民工及其子女,围绕"同一主题"策划组织全国范围的大型文化活动。可以将以前好的做法进一步完善,打造成服务品牌,比如在春节、元宵节、端午节、中秋节等中国传统节日,在全国各级分支中心同时举办"共建亲情纽带 共享文化资源"——文化共享工程关爱农民工及其亲人活动,让他们在网上团聚,同时开展技能培训、电脑知识培训、优秀视频节目展演活动等。

(三)结合共享工程公益性电子阅览室建设项目,选择一些农民工相对比较集中的居住地和大型企业,建设公益性电子阅览室或文化共享工程农民工服务点,针对当地农民工的实际需求,开设特色专栏,整合数字资源,保障他们的基本文化权益,满足他们多元化的文化需求。

(四)加大投资,明确分工,加大数字资源整合力度。国家中心侧重整合全国农民工普遍需要的共性资源,各省级分中心和具备条件的市县支中心,整合加工适合当地农民工需求的具有地域特点的特色资源,保证资源得到定期更新,增强公益性电子阅览室对农民工的吸引力。

(五)先行在福建晋江、石狮以及浙江杭州、广东深圳、东莞等经济发达,农民工又相对集中的城市,选择大型企业开展试点工作,在试点基础上,总结经验逐步在全国推广。

附:全国文化信息资源共享工程服务农民工试点方案(建议稿)

为了充分利用全国文化信息资源共享工程的数字资源、设施设备、网络体系、人员场地等条件,面向广大农民工开展文化服务,实现农民工的基本文化权益,帮助他们掌握进城务工的本领,提高就业竞争力,活跃业余文化生活,满足农民工基本的多元化文化需求,将农民工作为公共文化服务体系的重要服务对象,使他们享受与城市居民无差别的公共文化服务,全国文化信息资源共享工程拟在东部经济相对发达、农民工相对集中的城市开展文化共享工程服务农民工试点工作,探索经验,以点带面,为今后在全国逐步推广奠定基础。

一、试点时间和范围

(一)试点时间:2011 年 9 月 1 日—2012 年 6 月 30 日

(二)试点范围:上海市;福建晋江市、石狮市;浙江杭州市、温州市;广东深圳市、东莞市。在每个城市确定 5—10 家不同类别、条件较好、具有一定代表性的企业电子阅览室作为试点,进行改建、完善并投入使用,实现电子阅览室各项业务的规范化、服务的日常化。试点电子阅览室建设完善后，总结现有经验逐步推广，覆盖全市企业。

二、试点工作任务

（一）建立合作机制：文化部全国文化信息资源建设管理中心、试点城市所在的省级分中心、市级支中心、试点民营企业多方参与，建立合作机制，共建共营企业电子阅览室——文化共享工程农民工服务点。

（二）确定试点单位：遴选建点的民营企业，企业员工600人以上，可上网电脑不少于30台，有1—2名专（兼）职管理员，有完整的规章制度。

（三）明确各自职责：各参与方有各自分工，同时密切配合，共同建设维护好企业电子阅览室——文化共享工程农民工服务点，为农民工提供优质文化服务。

1. 文化部全国文化信息资源建设和管理中心在文化部社会文化司指导下承担以下职责

（1）提出企业电子阅览室——文化共享工程农民工服务点的配置建议，设计统一的标识提供企业自行制作。

（2）根据试点城市农民工信息资源需求的调研，为试点民营企业电子阅览室免费提供海量信息资源，并保持不断更新。

（3）提供特色资源服务专项资金，通过试点省级分中心为当地企业整合适销对路的文化资源，为农民工提供网上阅读、影视播放、知识讲座、信息查询等文化服务。

（4）建立奖惩机制。对被入选试点的电子阅览室或工作开展成绩突出的民营企业进行奖励，加大资源扶持力度。对工作不力，进度缓慢的，进行通报批评直至取消试点资格。

2. 试点省级分中心在本省文化厅（局）指导下承担以下职责

（1）为试点企业电子阅览室提供省级分中心自建资源以及电子图书、电子期刊等数字资源。

（2）承担试点民营企业电子阅览室管理员的业务培训与指导，不断提高他们的管理技能、安全上网和信息查询的能力。

（3）指导试点企业电子阅览室各项规章制度、工作规范的建立健全。

（4）在国家中心的指导下，根据本省试点企业农民工的资源需求，在试点城市支中心的配合下，为企业整合提供所需资源。

（5）指导企业电子阅览室服务方式、文化活动的开展，提高民营企业电子阅览室服务成效。

3. 试点城市支中心在本市文化局指导下承担以下职责

(1)适时调研当地资源需求提交省中心;

(2)配合省中心开展各项培训及业务指导;

(3)指导试点企业电子阅览室的日常业务以及共享工程各项活动的开展;

(4)设专门人员负责解决民企电子阅览室使用过程中出现的技术问题。

4. 试点民营企业职责

(1)提供电子阅览室场所、设备、网络线路等硬件设施。

(2)负责电子阅览室设备的维护和上网环境的管理,为农民工提供一个健康、舒适的上网空间。

(3)根据网络安全、文化安全等有关规定,办理各种备案手续,指派专人担任电子阅览室管理员,加强对网络安全和阅览秩序的管理和指导,实现电子阅览室的安全管理。

(4)开展丰富多彩的电子阅览室服务。充分利用文化共享工程网上资源,开展形式多样、丰富多彩、农民工喜闻乐见的文化活动,扩大文化信息资源利用率。

三、试点工作步骤

(一)部署阶段(2011 年 9 月 1 日—10 月 31 日)

召开文化共享工程服务农民工座谈会,修改完善试点工作方案;召开服务农民工工作会议,部署试点工作;试点省明确试点任务,指导试点城市制定并上报本地试点实施方案。

(二)实施阶段(2011 年 11 月 1 日—2012 年 4 月 30 日)

试点城市根据试点工作实施方案,开展试点工作;适时召开经验交流会,互相借鉴先进做法,共同推动试点工作顺利开展。

(三)检查验收阶段(2012 年 5 月 1 日—5 月 31 日)

管理中心组织验收组,根据试点工作实施方案,对试点城市与民企合作服务农民工的工作进行检查验收。

(四)总结推广阶段(2012 年 6 月 1 日—6 月 30 日)

召开文化共享工程服务农民工试点工作总结会议,总结推广先进经验,对下一步在全国推进“文化共享工程服务农民工”工作进行部署。

四、有关要求

(一)高度重视,提高认识。要从战略高度认识服务农民工工作的重要性,高度重视农民工文化生活,切实保障农民工的文化权益,是关系社会主义精神文明建设、城市稳定、社会和谐的一项重要任务。文化共享工程作为政府投资的国家重大文化惠民工程，搞好服务农民工的工作，是工程义不容辞的责任。

（二）加强管理，做好服务。加强对民企电子阅览室——文化共享工程农民工服务点的管理，建立健全各项规章制度，抵制不良信息的侵入和传播，为农民工提供"绿色上网"空间。

（三）加大宣传，扩大影响。结合各种服务活动的开展，加大宣传报道的力度，扩大社会影响力，吸引更多的民营企业申请建立文化共享工程农民工服务点，吸引更多的农民工走近文化共享工程，提升工程资源的利用率。

（四）及时沟通，促进交流。要打通从国家中心——省级分中心——市级支中心——试点民企双向互动的信息沟通渠道，通力合作，确保试点工作顺利推进。

（成稿于 2011 年 7 月）

参考文献

1. 文化部计划财务司. 中国文化文物统计年鉴(2005). 北京:国家图书馆出版社,2005
2. 吴慰慈,董焱. 图书馆学概论(修订二版). 北京:国家图书馆出版社,2008
3. 公共图书馆研究院. 中国公共图书馆发展蓝皮书(2010). 深圳:海天出版社,2010
4. 王芬林. 实施文化共享工程 构建服务型数字图书馆. 图书情报工作,2004(9)
5. 罗林,陈远. 知识挖掘与数字图书馆个性化服务. 中国图书馆学报,2004(3)
6. 杨宗英,郑巧英. 未来数字图书馆的发展方向之一——服务主导型数字图书馆. 现代图书情报技术,2004(9)
7. 徐周亚,镇锡惠,许绥文. OAIS 参考模型与中文元数据方案. 图书情报工作,2003(4)
8. 张晓林. 数字信息的长期保护问题. 图书馆,2001(5)
9. 侯汉清,薛鹏军. 基于知识库的网页自动标引和自动分类系统的设计. 大学图书馆学报,2004(1)
10. 王兰成,李超,何志浩. 数字图书馆都柏林核心集网页文本的知识集成与检索研究. 中国图书馆学报,2007(2)
11. 辞海编辑委员会. 辞海. 上海:上海辞书出版社,1999 年缩印本
12. 蔡旺春. 文化与经济增长文献述评. 科学经济社会,2010(2)
13. 广电总局. 中国广播电视音像资料编目规范,2005
14. 王民. 探索教学资源的共建共享机制. 上海教育,2011(6)
15. 赵国君. 行业信息资源共建共享的机制研究. 现代情报,2011(12)
16. 陈卫华. 高校图书馆信息资源共建共享机制探析. 情报杂志,2010(12)
17. 程德杰. 建立合理资源定价机制是共建共享实施关键. 中国电子报,2009-02-27
18. 刘蔚函. 网络教育资源共建共享机制研究. 现代情报,2007(12)
19. 丁新. 网络教育优质资源共享机制分析与思考. 中国远程教育,2003(21)
20. 张晓星,蒋卫东,罗云川. 科学构建文化共享工程技术体系. 数字图书馆论坛,2007(1)
21. 吴晓,孙承鉴. 文化共享工程技术体系的发展与展望. 图书馆建设,2008(2)
22. 罗云川. 对文化共享工程多种传输手段的初步分析和思考. 图书馆建设,2008(2)
23. 高文华,张大尧. 实事求是 科学发展 创新公共文化传播体系——黑龙江省"共享工程"创新探索与思考. 图书馆建设,2008(2)
24. 刘晓清. 浙江省文化信息资源共享工程建设与思考. 图书馆研究与工作,2008(1)
25. 张彦博,刘刚,王芬林. 全国文化信息资源共享工程的创新实践. 数字图书馆论坛,2007(1)
26. 焦雯. 风雨兼程:共享工程的八载拼搏与奋进. 中国文化报,2010-08-25
27. 杜洁芳. 文化共享工程:中秋活动情暖农民工. 中国文化报,2011-09-15

28. 张文恒,银军. 西藏军区边防文化信息共享工程为戍边官兵带来福音. 解放军报,2005 - 12 - 21
29. 郁鑫鹏. 文化"共享工程"走进军营. 江西日报,2006 - 08 - 27
30. 刘刚,徐建萍. "版权先行"原则在文化共享工程资源建设中的应用. 数字图书馆论坛,2007(1)
31. 王春燕. 网络环境下知识创新与传播的解决方案. 电子知识产权,2009(6)
32. 董涛. 中华人民共和国著作权法实施条例释义/中华人民共和国法律释义丛书. 北京:法律出版社,2003
33. 张旭,孙海龙. 知识产权制度中的利益平衡原则. 北京航空航天大学学报(社会科学版),2003(4)
34. 沈丽丹. 浙江省"县级数字图书馆推广计划"实现全覆盖. 图书馆研究与工作,2011(1)
35. 彭细正. 电子政务绩效评估体系探讨. 信息化建设,2005(5)
36. 曾令果,徐辉. 科技项目绩效评估指标体系研究. 科技咨询,2009(20)
37. 孟祥芳,夏来保. 科技创新专项资金项目绩效评价指标体系研究. 科研管理,2009(S1)
38. 彭莉. 公共投资项目绩效评价的国际经验与借鉴. 科教文汇,2007(7)
39. 于小千. 公共服务绩效考核理论研究与实践经验. 北京:北京理工大学出版社,2008
40. 李景源,陈威. 中国公共文化服务发展报告 2007. 北京:社会科学文献出版社,2007
41. 周和平. 关于公共文化服务体系建设的几点思考——在宣传思想文化系统干部和高校哲学社会科学教学科研骨干学习贯彻党的十七大精神培训班上的讲课提纲,2007 - 05 - 15
42. 文化部社会文化图书馆司. 全国公共文化服务体系建设调研报告,2007
43. 陈波,徐雯. 我国公共文化服务体系研究的理论与实践,2007
44. 王芬林. 新农村公共文化服务体系建设探析. 图书馆工作与研究,2009(12)
45. 解晓毅. 国家图书馆数字资源为文化共享工程服务的实践与思考. 现代情报,2010(1)
46. 鲁兴勇. 搭资源共享平台 唱文化服务大戏. 保山日报,2011 - 06 - 16
47. 高贤. 论 21 世纪的公共图书馆读者服务. 中国图书馆学报,2001(4)
48. 林国华. 图书馆在网络信息资源配置中的作用探讨. 国家图书馆学刊,2001 (3)
49. 赵小凡. 国家信息化和电子政务. http://www. oit. umd. edu/ projects/ cans/ 2002/ Presentations/ Zhao. Ppt
50. 中国互联网络信息中心(CNNIC). 中国互联网络发展状况统计报告. http://news. enet. com. cn/ special/ 2004/ 200401142817724/ 20040114281774. xml
51. 授权发布:政府工作报告(全文). http://news. xinhuanet. com/misc/2006 - 03/15/content_4305660. htm
52. 两会授权发布:政府工作报告(全文). http://news. xinhuanet. com/misc/2007 - 03/17/content_5859480. htm
53. 两会授权发布:政府工作报告(全文). http://news. xinhuanet. com/newscenter/2008 - 03/19/

content_7819983. htm
54. 授权发布:中华人民共和国国民经济和社会发展第十一个五年规划纲要(全文). http://news. xinhuanet. com/misc/2006 - 03/16/content_4309517_1. htm
55. 国家"十一五"时期文化发展规划纲要(全文). http://finance. people. com. cn/GB/70392/4817058. html
56. 授权发布:中华人民共和国国民经济和社会发展第十一个五年规划纲要(全文). http://news. xinhuanet. com/politics/2011 - 03/16/c_121193916. htm
57. 国家"十二五"时期文化改革发展规划纲要(全文). http://politics. people. com. cn/GB/70731/17126442. html
58. 2006—2020 年国家信息化发展战略全文. http://www. chinanews. com/news/2006/2006 - 05 - 08/8/726880. shtml
59. 国家中长期教育改革和发展规划纲要(2010—2020 年)全文. http://www. china. com. cn/policy/txt/2010 - 03/01/content_19492625_3. htm
60. 授权发布:中共中央关于深化文化体制改革 推动社会主义文化大发展大繁荣若干重大问题的决定. http://news. xinhuanet. com/politics/2011 - 10/25/c_122197737. htm
61.《我国数字图书馆标准与规范建设》项目组. 科技部科技基础性工作专项资金重大项目研究成果. http://lib. tynu. edu. cn/librarywork/Elib/txt/CDLS - S03 - 008. pdf
62. 文化建设是国家软实力提升的核心——蔡武接受中国网络电视台和中国文化传媒网联合专访. http://www. ccdy. cn/xinwen/content/2011 - 03/11/content_814053. htm
63. 浙江省文化共享工程进企业活动启动. http://www. ccnt. gov. cn/xxfb/xwzx/dfdt/200908/t20090824_72799. html
64. 大力建设文化共享工程"农文网培学校" 云南省努力实现"文化乐民文化育民文化富民. http://www. ccnt. gov. cn/sjzz/shwhs/tsgsy/201106/t20110610_127256. html
65. 外来务工人员的文化盛宴——深圳市宝安区大浪街道农民工文化工作综述. http://www. ccnt. gov. cn/sjzz/shwhs/qzwhhdhwcnrwhjs/201012/t20101215_85493. html
66. 同在蓝天下 情系农民工——广西壮族自治区农民工文化工作总结. http://www. ccnt. gov. cn/sjzz/shwhs/qzwhhdhwcnrwhjs/201012/t20101215_85494
67. 信息网络传播权保护条例(2006). http://www. ncac. gov. cn/cms/html/205/1872/200701/671741. html
68. 中华人民共和国著作权法(全国人大常委会 2001 年 10 月 27 日发布). http://www. gapp. gov. cn/cms/html/21/395/200601/447323. html
69. 中华人民共和国著作权法实施条例(2002 年). http://vip. chinalawinfo. com/newlaw2002/SLC/SLC_Jin. asp? db = chl&gid = 40997
70. 著作权集体管理条例(中华人民共和国国务院令第 429 号). http://www. sipo. gov. cn/sipo/flfg/bq/fljxzfg/200703/t20070328_147822. htm

71. 杨玉麟等. 文化信息资源共享工程背景下陕西省农村图书馆发展优化对策探究. http://www.evergreeneducation.org/data/itie2010/621%20B/5yang.doc
72.《文化部关于实施全国文化信息资源共享工程的通知》(文社图发[2002]14 号)
73.《文化部关于印发〈全国文化信息资源共享工程"十一五"规划〉的通知》(文社图发〔2006〕16 号)
74.《文化部关于印发〈全国文化信息资源共享工程"十二五"规划〉的通知》(文社图发〔2006〕16 号)
75.《文化部关于全国文化信息资源共享工程暨公共电子阅览室建设试点工作督导情况的通报》(文社文发〔2012〕6 号)
76. 中共中央办公厅 国务院办公厅转发《文化部、财政部关于进一步加强全国文化信息资源共享工程建设的意见》(厅字〔2005〕5 号)
77. 财政部.《中央级教科文部门项目绩效考评管理办法》(财教[2005]149 号)
78. 中共中央办公厅 国务院办公厅转发《文化部、财政部关于进一步加强全国文化信息资源共享工程建设的意见》(厅字〔2005〕5 号)
79. 全国文化信息资源共享工程领导小组办公室《关于进一步做好艺术表演获奖作品征集工作的通知》(共享办〔2005〕3 号)
80. 文化部 财政部《关于进一步推进全国文化信息资源共享工程的实施意见》(文社图发〔2007〕14 号)
81.《教育部 文化部关于在农村中小学实施全国文化信息资源共享工程的通知》(教基〔2005〕1 号)
82.《关于做好农村党员干部现代远程教育试点工程与全国文化信息资源共享工程资源整合工作的通知》(远通联发〔2006〕1 号)
83. 文化部全国文化信息资源建设管理中心.《全国文化信息资源共享工程省分中心视频资源建设格式规定》(文办社图函〔2007〕319 号)
84.《文化部关于印发〈全国文化信息资源共享工程"十一五"规划〉的通知》(文社图发〔2006〕16 号)
85.《关于全国文化信息资源共享工程与农村信息化综合信息服务工程开展合作共建的通知》(文社图函[2007]2070 号)
86. 劳伦斯·莱西格教授在知识共享中国大陆版许可协议发布会上的主题发言(2006 年 3 月 29 日,北京,中国人民大学):"知识共享在知识经济中的角色";Lawrence Lessig:Remix,Part I Cultures,The Penguin Press,2008
87. 张晓星在知识共享中国大陆版许可协议发布会上的主题发言(2006 年 3 月 29 日,北京,中国人民大学):"共享——弭平数字鸿沟的桥梁"
88. Consultative Committee for Space Data Systems,Reference Model for an Open Archival Information System(OAIS). Red book,1999

89. National Library of Australia. Preservation Metadata for Digital Collections(draft) ,1999
90. Forum for Metadata Schema Implementers. Standards Framework Report 2,2001
91. Russel K,et al. Metadata for Digital Preservation:the Cedars Project Outline Specification,2000
92. Information Society Division, United Nations Educational, Scientific and Cultural Organization. General Guidelines to Safeguard Documentary Heritage. http://unesdoc. unesco. org/images/0012/001256/125637e. pdf
93. About American Memory. http://memory. loc. gov/ammem/about/about. html
94. Jonathan Band. The Google Print Library Project:A Copyright Analysis. http://wenku. baidu. com/view/4b8b8dc6aa00b52acfc7ca40. html
95. Yuchen Zhang. A Short Survey for Google Scholar. http://www. cnblogs. com/takeitandgo/archive/2011/03/10/1980234. html
96. Paul Ganley. Google Book Search – Fair Use_ Fair Dealing and the Case for Intermediary Copying. http://wenku. baidu. com/view/28da7de69b89680203d82541. html